南京及其周边地区
地理综合实习指导纲要

翁翎燕 等　　编著

南京大学出版社

图书在版编目(CIP)数据

南京及其周边地区地理综合实习指导纲要 / 翁翎燕等编著. 一 南京 : 南京大学出版社, 2018. 8

ISBN 978 - 7 - 305 - 19785 - 7

Ⅰ. ①南… Ⅱ. ①翁… Ⅲ. ①南京一地理学一教育实习一高等学校一教学参考资料 Ⅳ. ①K925. 31 - 45

中国版本图书馆 CIP 数据核字(2018)第 081994 号

出版发行 南京大学出版社
社　　址 南京市汉口路 22 号　　邮　编 210093
出 版 人 金鑫荣

书　　名 南京及其周边地区地理综合实习指导纲要
编　　著 翁翎燕 等
责任编辑 严 婧 荣卫红　　编辑热线 025 - 83685720

照　　排 南京南琳图文制作有限公司
印　　刷 江苏凤凰数码印务有限公司
开　　本 787×1092 1/16 印张 12 字数 277 千
版　　次 2018 年 8 月第 1 版 2018 年 8 月第 1 次印刷
ISBN 978 - 7 - 305 - 19785 - 7
定　　价 40. 00 元

网址：http://www. njupco. com
官方微博：http://weibo. com/njupco
官方微信号：njupress
销售咨询热线：(025) 83594756

前　言

地理学是一门实践性很强的学科，野外实习教学是地理学理论教学的延续和关键环节，是专业教学的根基。在过去一个较长的时期内，自然地理和人文地理分割与对立的二元论阻碍了地理学整体综合研究的发展，导致地理野外实习的内容过于孤立。随着社会经济的发展与科学技术的进步，人类对自然环境的影响日益剧烈，人地关系更密切地交织在一起。自然地理研究不再是纯自然主义，它也研究人对自然环境的作用与反馈，人文地理研究也离不开自然环境的生态学基础，因此，综合地理学研究在社会经济建设中的作用日益凸显，并且自然地理各要素之间、自然地理要素与社会经济发展之间的关系研究越来越受到重视。

地理综合实习将自然地理学与人文地理学的若干地理现象有机地融合在一起，把自然地理与人文地理等多方面的要素结合起来进行综合分析。同时，以自然地理要素为基础，以人地关系为主线，分析自然地理环境对社会经济发展的影响，以及人类活动对自然地理环境的影响，这对培养学生形成地理综合观、地理区域观及培养学生的综合素质等方面具有重要的价值和意义。

南京位于江苏省西南部，跨长江而居，地层发育齐全，构造现象清楚，地貌典型丰富，资料完整，研究程度高。南京是国家区域中心城市，长三角辐射带动中西部地区发展的国家重要门户城市，也是“一带一路”战略与长江经济带战略交汇的节点城市、南京都市圈核心城市。因此，南京的自然地理要素及人文地理现象十分丰富，有着许多典型的实习点。南京北连江淮平原，东接长江三角洲。以南京为核心，形成了一个自然地理要素存在一定程度连续变化的地带。因此，将南京及其周边的镇江、扬州及淮安联合起来，成为地理学综合野外实习的理想基地。

南京大学金陵学院自 2010 年开辟南京及其周边地区的地理综合实习，通过对南京及其周边地区进行大量的、详细的考察、调研与讨论，经过多年的地理综合实习教学实践，积累了较为丰富的经验，掌握了较为翔实的资料，在参考大量公开发表的研究成果的基础上，完成本书的编写。本书在阐述南京及其周边地区地理概况的基础上，分别从地质、地貌、土壤、植被、水文、人文等方面叙述地理学野外实习的基本技能、内容和要求，适用于学习过自然地理学、人文地理学等课程的本科生在南京及其周边地区进行广泛、系统的地理学教学实习，也可供以南京及其周边地区为实习基地的有关高校作为教学指导书。

本书由翁翎燕拟定编写思路，提出全书框架。实习路线与实习内容由杨达源、彭补拙、任黎秀、翁翎燕、丁蕾、张芳怡、朱振宇、高倩、汪煜等考察、调研及讨论确定。第一章由翁翎燕、戴毅豪执笔，第四章由朱振宇、汪煜执笔，第六章由韩许高执笔，第八章由冯英杰执笔，其余各章由翁翎燕执笔。其中，张芳怡参与了第五章的编写，杨伟伟、李曦参与了第六章的编写，丁蕾参与了第七章的编写，高倩参与了第八章的编写。杨达源、任黎秀为本书提供了大量的数据与资料，朱振宇完成了全书图件的制作与修改。全书由翁翎燕统稿。

由于作者水平有限，书中难免存在遗漏、不当甚至错误之处，敬请专家和读者指正。

目　录

第一章　南京及其周边地区地理概况

第一节　南京市地理概况

一、南京市自然地理概况

（一）地理位置

南京，简称“宁”，位于长江下游中部地区，江苏省西南部，是国家区域（华东）中心城市，中国东部战区司令部驻地，长三角辐射带动中西部地区发展的国家重要门户城市，也是“一带一路”战略与长江经济带战略交汇的节点城市，南京都市圈核心城市（见图 1－1）。地理坐标为北纬 31°14′～32°37′，东经 118°22′～119°14′。南京市土地总面积 6 587.02 km²，2015 年末建成区面积 1 125.78 km²。境内山岗、平原、河流交错。市区东倚钟山，山高海拔 448.9 米，恰似龙蟠，气势雄伟；西傍长江天堑，大江从西南滚滚奔腾而来，向东北滔滔而去，下关江面最窄处也有 1 公里多，浩荡磅礴。

南京市现下辖玄武区、秦淮区、鼓楼区、建邺区、栖霞区、雨花台区、浦口区、江宁区、六合区、溧水区、高淳区共 11 个市辖区、87 个街道、13 个镇（见表 1－1）。2015 年末全市常住人口 823.59 万人，户籍人口 653.40 万人（见表 1－2）。

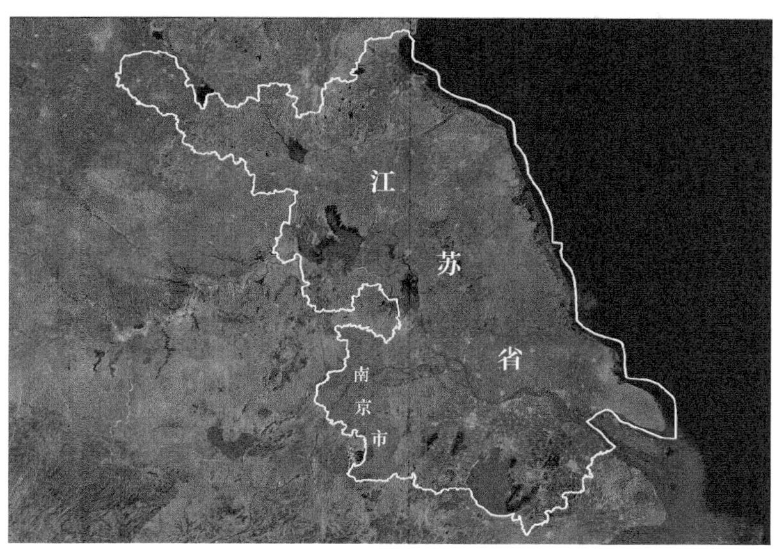

图 1－1　南京市在江苏省的位置

表 1－1　行政区划与行政区域土地面积(2015 年末)

地　区	行政区划				行政区域土地面积/平方公里
	街道办事处	社区居民委员会	镇人民政府	村民委员会	
总计	87	942	13	287	6 587.02
玄武	7	59			75.46
秦淮	12	111			49.11
建邺	6	55			81.75
鼓楼	13	118			54.18
浦口	9	89		31	910.51
栖霞	9	85		30	395.38
雨花台	6	56			132.39
江宁	10	128		72	1 563.33
六合	11	88	1	55	1 471
溧水	2	69	6	39	1 063.68
高淳	2	84	6	60	790.23

资料来源:南京统计年鉴,2016

表 1－2　2015 年末南京各区户籍人口及常住人口

地　区	2015 年末户籍总人口(万人)	2015 年末常住人口(万人)
全市	653.40	823.59
玄武	48.65	65.24
秦淮	69.91	102.24
建邺	30.07	45.45
鼓楼	93.05	127.56
浦口	64.28	74.94
栖霞	45.08	67.98
雨花台	25.83	42.69
江宁	99.36	119.14
六合	90.34	93.44
溧水	42.96	42.44
高淳	43.88	42.47

资料来源:南京统计年鉴,2016

（二）地质地貌

从地质构造上来看，南京地区属于扬子准地台中的二级构造单元——下扬子准地台褶皱带。扬子准地台形成于新元古代，距今有7亿～8亿年。南京地区的地层主要是属扬子地层分区宁镇地层小区，各时地层较为齐全。

南京地貌特征属宁镇扬丘陵地区，以低山缓岗为主，低山占土地总面积的3.5%，丘陵占4.3%，岗地占53%，平原、洼地及河流湖泊占39.2%。宁镇山脉和江北的老山横亘市域中部，南部有秦淮流域丘陵岗地南界的横山、东庐山。南京平面位置南北长、东西窄，成正南北向；南北直线距离150公里，中部东西宽50～70公里，南北两端东西宽约30公里。南面是低山、岗地、河谷平原、滨湖平原和沿江河地等地形单元构成的地貌综合体。

（三）气候特征

南京属北亚热带湿润气候，四季分明，雨水充沛。2015年南京年平均降水量1 765.6毫米，年平均温度16.4 ℃（见表1-3），全年日照1 848.2小时。年极端气温最高37.3 ℃（出现日期:8月4日），年极端最低气温－4.9 ℃（出现日期:1月2日）。春秋短、冬夏长，冬夏温差显著。每年6月下旬到7月上旬为梅雨季节。冬季受欧亚大陆气团影响，天气晴朗、寒冷、干燥；初夏受锋面雨带影响，南京进入梅雨季节，降雨明显增多，大、暴雨频繁出现；梅雨季节后进入盛夏，天气晴燥，常会形成伏旱；春秋两季是冬夏交替过程中的季节，多以干燥凉爽天气为主。

表1-3　2015年南京基本气候情况

月　份	平均气温（℃）	月平均气温（℃）		月降水量合计（mm）
		最高	最低	
全年	16.4	20.7	13.0	1 765.6
一月	4.9	9.6	1.5	29.9
二月	6.3	10.4	2.9	58.1
三月	10.6	15.0	7.0	104.8
四月	15.7	21.1	11.1	121.6
五月	21.4	26.0	17.6	96.1
六月	24.1	28.0	21.0	661.5
七月	26.4	30.0	23.4	258.0
八月	27.3	31.4	24.0	187.4
九月	23.6	27.8	20.0	63.6
十月	18.5	23.3	14.8	61.6
十一月	11.7	15.2	9.0	110.7
十二月	6.4	10.2	3.6	12.3

资料来源：南京统计年鉴，2016

南京地处北亚热带的北缘，一年四季兼受西风带、副热带和热带天气系统的影响，天气气候复杂，加之南京的自然地理特征属低山丘陵区，地貌形态多样。在天时、地理因素的共同作用下，灾害性天气频次高，灾种多，分布广，成灾比例高。洪涝、干旱、梅雨、暴雨、连阴雨、台风、高温、强对流天气(雷暴、飑线、冰雹等)、寒潮、低温、霜冻、大风、雾等灾害时有发生。

(四) 土壤与植被

南京地区处于暖温带向中亚热带过渡的北亚热带，地带性土壤为黄棕壤，受母质、地貌和人类作用的影响，棕壤、紫色土、沼泽土和人为土等也广泛分布。

南京地区的地带性植被为落叶、常绿阔叶混交林。虽然垂直地带性差异不显著，但各种群落类型的分布受地貌、岩性、水分、光照等因素的影响十分明显。落叶阔叶林树种主要有麻栎、白栎、栓皮栎、槲栎等，常绿阔叶林树种多为耐寒的种类成分，如青冈、冬青等。针叶林主要的类型有马尾松林和黑松林，阔叶林主要有栎林、枫香林及洋槐林等。

二、南京市资源与环境

(一) 矿产资源与开发

1. 矿产资源开发利用基本情况

(1) 矿产资源较为丰富、优势突出

截至2015年年底，全市已发现各类矿产58种，其中已探明储量的矿产35种，各占全省的44%。已探明储量的矿产地近百处，多分布于江宁区、六合区、浦口区、雨花台区及溧水区。

19种矿产保有储量占全省的40%以上，多种矿产在国内和省内有较大影响。铁、铅锌、锶、熔剂用灰岩、水泥和建筑石料用灰岩、石膏、石英岩等具有明显的资源优势；金、硫铁矿、高岭土、陶瓷土、凹凸棒石粘土、建筑用砂等矿产具有潜在资源优势。铁、铜、铅锌矿床中赋存钒、钼、金、银、硼、硫等多种共伴生矿产资源，综合利用潜力大，具有较高的经济价值。

宁镇、宁芜地区铁、铜多金属深部找矿潜力大，在采矿山深部及周边的范围仍有后备资源挖掘潜力。地热资源勘查前景良好。

(2) 矿产资源开发科学有序、利用水平明显提高

2015年，全市共有矿山企业29个，比2007年减少90%；开采矿石总量2 320万吨，比2007年减少53%；矿业工业总产值18.80亿元，比2007年减少28%；从业人员总数1万余人，比2007年减少近50%。矿山企业数、开采矿石总量、矿业工业总产值和从业人数分别占全省的2.55%、9.95%、5.98%和8.00%。矿业规模保持全省前茅，在省内仅次于徐州。矿山平均开采规模为12.3万吨，高出全省平均水平30%。

矿业规模结构得以优化，大中型矿山比例由2007年的30%提高到2015年的66%。梅山铁矿、中国水泥厂、江南小野田水泥有限公司等3家矿山企业进入了全市工业企业100强。矿业布局趋向合理，禁采区内矿山全部关闭，限采区内开采活动得到有效控制，

开采区内矿山开采科学有序。

矿产资源综合利用水平进一步提高。梅山铁矿、南京银茂铅锌矿业有限公司、冶山铁矿、云台山硫铁矿、江南水泥厂等大中型矿山以技术创新、管理创新为手段，瞄准国内外先进水平，资源综合利用效率显著提高，节能减排成效突出。

(3) 矿山地质环境保护与治理步伐加快、效果显著

大中型矿山企业积极发展生态矿业，加大环境保护力度，取得显著成绩。开采重要矿产资源的矿山注重“三废”利用，固体废弃物利用率约为71%，废水利用率达到88%左右，粉尘污染得到有效控制。江南小野田水泥有限公司注重采矿、粉碎、运输、加工等生产环节的环保措施，达到了经济效益、社会效益和环境效益的协调统一。南京银茂铅锌矿业有限公司实现“尾矿、尾水”的“零排放”，矿山地质环境保护达到了国际先进水平。

全市关闭露采矿山地质环境治理进度明显加快，探索出多种管理模式和治理技术模式，在管理机制上保证了治理进程的可控性，在资金管理上保证了各类投入的公开性，在治理技术上保证了治理效果的长期有效性。

禁采区内露采矿山治理率达65%以上。幕府山风景区内露采废弃宕口环境治理取得阶段性成果，200 万平方米采矿废弃地重新披上“绿衣”，再塑幕府山绿色屏障。沪宁高速两侧已治理近100 万平方米，绕越高速两侧治理面积约50 万平方米，治理效果明显，往日斑驳裸露的采矿宕口已不复存在，山体景观得到美化，生态环境大有改善。浦口、栖霞、六合、溧水、高淳等地的矿山治理工作开展良好。

(4) 矿产资源管理不断创新、形成新局面

认真贯彻实施江苏省人大常委会《关于限制开山采石》的决定，公布实施首轮禁采区方案。全市共划定开山采石禁采区14 个，禁采带23 条。禁采区面积占全省的26.8%，关闭矿山占全省的27%。“十二五”期间，进一步加强限制开山采石工作，关闭矿山122 家。

全市采矿权市场建设取得了较好的业绩。以规划为指导，在开发利用方案中明确合理的采矿方式和矿山地质环境保护的具体要求，严格按照矿山准入条件，通过招、拍、挂方式出让采矿权160 多家，获得采矿权价款4.37 亿元。从源头上解决了禁采区关停对建筑石料供给造成的冲击，促进了矿山布局的合理化调整，形成了规范有序、统一开放、合理竞争的采矿权市场。

将关闭露采矿山地质环境治理纳入市长、区县长环境保护考核目标体系后，有效改善了南京市生态环境和景观。全省“百矿环境整治现场推进会”以江宁区沪宁高速沿线矿山地质环境综合整治工程为典型，在我省发挥了示范带头作用。六合国家地质公园建设取得新进展，江宁汤山重要地质遗迹保护工作已引起社会各界高度重视。

2. 矿产资源形势

(1) 矿产资源需求形势

① 经济社会发展对矿产资源需求的影响

近年来，我国经济增长势头强劲，矿产资源需求旺盛，矿产品价格普遍上升，为矿业经济的发展提供了有利的机遇。虽然近期国际矿产品价格调整幅度较大，给矿山企业的发

展带来了巨大的挑战，但我国对矿产资源存在巨大需求的基本面没有改变。国家宏观调控政策的及时出台，加快了基础设施的建设步伐，扩大内需振兴规划的实施，为挖掘国内矿产品的市场潜力提供了新的发展空间。

② 科技进步对矿产资源供需形势的影响

科技进步对矿业发展正在产生越来越大的影响。科技进步使可利用矿产资源的品位显著降低。许多以前难利用的低品位、难选冶矿变得具有经济意义，从而增加了矿产资源储量。新技术、新方法的应用提高了矿产资源的利用效率，延缓了矿产资源的耗竭速度，扩大了矿产资源的应用领域，减轻了经济发展对矿产资源供给的压力。

③ 矿业结构调整对矿产资源开发利用的影响

江苏省政府在加强地质工作的实施意见中提出，加强国家急缺和省内优势矿产勘查，按照立足优势、攻深找盲、突破重点的原则，开展新一轮矿产勘查，力争取得“攻深找盲”新突破。南京辖区的宁镇、宁芜地区的铁、铜、铅、锌、金、银矿等重要金属矿产资源已经列入国家“十一五”深部找矿重点工程。梅山、冶山铁矿等重点老矿山将实现找矿重大突破。随着重点矿山不断探索资源节约和循环利用的新模式，结合矿产资源综合利用示范工程的推进，本市的资源优势完全能够转化为发展优势。

④ 矿产资源开发整合对开发利用的影响

《国务院关于全面整顿和规范矿产资源开发秩序的通知》要求全面整顿和规范矿产资源开发秩序，狠抓治散、治乱，达到治本目的。江苏省出台的矿产资源开发利用整合总体方案对全市矿产资源的开发利用提出了更高的要求。通过对矿产资源和矿山生产要素的重组，高效利用矿产资源，以实现矿山企业规模进一步扩大、效益进一步提高、数量进一步下降、布局进一步合理，促进矿产资源开发利用向生态矿业发展，增强矿业可持续发展能力。

(2) 矿产资源保证程度

南京市目前开采利用的 20 多种矿产中，铁、铅锌矿、石膏、水泥用灰岩、建筑砂石、矿泉水等少数矿产的保证程度较高，总体上可满足 30 年以上的开采需要。地热为可再生清洁资源，但一定时期内的可利用资源总量有限，只有科学布局、合理开采，才能保证地热资源的可持续利用。砖瓦用粘土资源虽然分布广泛，但随着“禁实限粘”进程的加快，属于限制开采之列。

正在开采的矿山，其矿产资源保证程度不容乐观。冶山铁矿和南京云台山硫铁矿的尚可服务年限不超过 5 年，南京金焰锶业有限公司和南京银茂铅锌矿业有限公司的尚可服务年限低于 15 年。水泥企业的矿产资源相对丰裕，尚可服务年限基本上在 20 年以上，但大部分资源位于开山采石禁采区内，资源利用对环境的压力大。

(3) 存在的主要问题

① 地质勘查相对滞后，矿产资源保障程度不足

公益性地质矿产调查评价与商业性矿产勘查存在脱节现象，导致勘查成果不够显著，主要矿种可供储量不足，新增矿产地不多、可供矿山生产的精查储量不足、储采比失调等矛盾日益突出。地质找矿尤其是深部找矿有待加强，找矿新技术、新方法有待深入研究和

应用。矿产综合勘查缺乏足够的认识,对共伴生矿产的综合勘查没有给予充分的重视。

② 矿业结构调整尚需加强,矿山布局需进一步改进

矿山"小、多、散"的现象依然存在,建筑石料和砖瓦粘土小型矿山比例近 2/3,尤其是砖瓦粘土矿山数量比例过高,矿业结构仍需继续优化,矿产资源开发整合需继续加强。禁采区内开山采石矿山关闭后,禁采区外的矿山布局不合理,点多面散,需要对矿产资源开发进行整合,控制开采范围,压缩开采空间。

③ 矿山地质环境保护和治理需要加强,治理质量需进一步提高

矿山地质环境保护面临诸多挑战,亟须树立生态文明理念,推进绿色矿山建设。采矿活动破坏了大量土地,毁坏地貌景观资源及生态环境。不少关闭露采矿山存在地质灾害隐患,治理工程复杂,治理经费缺乏。宁杭高速、312 国道、绕越高速等主要交通干道两侧可视区域内和仙林大学城周边的关闭露采矿山亟须加快治理进度。在少数治理区内,治理难度大、治理投入高的陡立开采面仍然没有得到彻底治理。

(二) 水资源与保护

南京地区平原圩区占 24.0%,低山占 15.7%,丘陵占 48.9%,水面占 11.4%。境内共有大小河道 120 条,分属两江(长江、青弋江—水阳江)、两湖(固城湖、石臼湖)、两河(滁河、秦淮河),以跨省、市的流域划分水系,可划分为长江南京段、滁河、秦淮河、青弋江—水阳江四大水系。

1. 南京本地水资源

多年平均降水量 1 073.8 mm。年平均水资源总量 25.6 亿 m^3,人均占有量 480 m^3,其中地表水资源 18.6 亿 m^3,地下水资源 7 亿 m^3。

2. 南京过境水资源

年平均水资源总量可达 9 206 亿 m^3,是南京市本地区水资源总量的 360 倍,其中从长江过境的水资源总量年平均 9 110 亿 m^3,从水阳江过境的水资源总量年平均 74.23 亿 m^3,从滁河过境的水资源总量年平均 21.32 亿 m^3。

3. 2015 年全市水资源情况

2015 年,全市平均降水量 1 443.3 mm,折合降水总量 95.07 亿 m^3,比多年平均值多 32.4%,比 2014 年少 16.0%,属丰水年。2015 年,全市本地水资源总量 46.15 亿 m^3,比多年平均水资源总量少 48.4%,相当于年降水总量的 31.98%。其中,地表水资源量 39.33 亿 m^3,折合年径流深 591.6 mm;地下水资源量 8.36 亿 m^3,比多年平均值多 28.5%。2015 年过境客水资源总量为 9 206 亿 m^3,比 2014 年多 12.64%,其中长江过境的客水量为 9 110 亿 m^3,水阳江的客水量为 74.23 亿 m^3,滁河的客水量为 21.32 亿 m^3。

水库蓄水动态。根据全市 13 座中型水库的统计资料:2015 年初蓄水总量为 1.59 亿 m^3,年末蓄水总量为 1.53 亿 m^3,全年减少 3.2%。全市最大的两座水库金牛山水库和方便水库年末蓄水量分别为 0.55 亿 m^3、0.20 亿 m^3,分别占全市年末蓄水总量的 36.0%和 12.8%。

水资源利用。2015 年全市实际用水总量 40.24 亿 m^3,其中工业用水 10.91 亿 m^3、农

业灌溉用水 14.58 亿 m^3、林牧渔业用水量 2.54 亿 m^3、城镇公共用水量 1.99 亿 m^3、居民生活用水 8.56 亿 m^3、生态用水量 1.67 亿 m^3。

南京沿江地区水资源的承载能力较好。

(三) 土地资源与利用

1. 土地利用现状

2015 年末，全市土地总面积 658 702.27 ha，其中农用地 415 621.26 ha，建设用地 186 786.30 ha，其他土地 56 294.71 ha，分别占土地总面积的 63.10%、28.36%和 8.54%。

农用地中，耕地 236 988.54 ha、园地 10 951.77 ha、林地 71 546.86 ha、其他农用地 96 116.68 ha，分别占农用地面积的 57.02%、2.64%、17.21%、23.13%，另有牧草地 17.41 ha。耕地以灌溉水田为主，主要分布在六合区、江宁区、溧水区、高淳区和浦口区。园地以果园和茶园为主，主要分布在溧水区和江宁区。林地主要分布在江宁区、浦口区和溧水区。

建设用地中，城镇工矿用地 88 584.38 ha、农村居民点用地 54 640.31 ha、交通水利用地 37 918.12 ha、其他建设用地 5 643.49 ha，分别占建设用地面积的 47.43%、29.25%、20.30%、3.02%。

其他土地中，未利用土地 8 952.74 ha、其他土地 47 341.97 ha，分别占其他土地面积的 15.90%、84.10%。

2. 土地利用特点

(1) 人多地少，土地开发强度较高。作为江苏省省会，南京市人口密度高达 1 250 人/km^2，是全省平均水平(744 人/km^2)的 1.7 倍，单位土地人口承载水平相对较高。全市建设用地面积为 186 786.30 公顷，土地开发强度达 28.4%，高于全省 21.0%的平均水平。

(2) 地形地貌复杂，土地利用类型多样。南京市是丘陵岗地，平原、洼地及河流湖泊分别占土地总面积的 60.8%、39.2%。全市已利用土地中，林地占土地总面积的 17.2%，高于全省 2.4%的平均水平，复杂的地形地貌造就了南京市山、水、城、林的城市特色。

(3) 土地产出效益高，区域差异明显。2015 年末全市单位建设用地二三产业增加值为 507.98 万元/公顷，但主城六区、江北两区、南部两区差异显著，其中主城六区高达 1 052.7 万元/公顷，江北两区为 270.6 万元/公顷，南部两区为 339.9 万元/公顷。

(4) 大都市土地利用特征明显，历史文化资源丰富。主城、近郊和远郊区土地利用差异显著，机关团体、教育科研、军事设施等用地比重大，占城市用地的 10.2%以上；对外交通用地类型全、总量大，占建设用地的 6.9%以上。

(5) 城镇用地呈“两带一轴”的空间格局集中布置。城镇和产业用地高度集中于拥江发展的江南和江北城镇发展带与沿宁连、宁高交通走廊形成的城镇发展轴，呈现着“多心开敞、轴向组团、拥江发展”的城乡空间结构。

3. 土地利用存在的问题

(1) 耕地快速减少，保护压力加大。随着南京市工业化和城市化水平的快速提高，耕地作为经济发展的重要投入要素面临着巨大的需求压力，耕地资源日益减少，导致耕地保护压力进一步加大。

（2）农用地质量不高，区域分布不平衡。耕地大部分分布在岗地、丘陵地区。按区域分布来看，浦口区、江宁区、六合区的丘陵乡镇，耕地属于中低产类型；溧水区、高淳区、栖霞区以及浦口区的部分圩区，分布有一定数量的高产、准高产耕地。

（3）城乡建设用地增长较快，但节约集约利用水平仍需提高。2010—2015 年间南京市城乡建设用地增长 7.9%，其中城镇用地增长 15.3%，而农村建设用地减少 3.6%。土地节约集约利用水平尚有较大提升空间。

（4）耕地后备资源匮乏，补充耕地难度较大。全市其他土地比重较小，且主要为长江、河流、湖泊等水域，耕地后备资源较为匮乏，且受地形地貌条件的限制，以及保护生态环境和防汛抗洪等需要，开发利用的难度很大。

（5）生态用地规模大，但生态安全格局不完善。南京市自然资源优势明显，但生态用地空间分布不均匀，且区域交通基础设施以及部分旅游项目侵入生态保护区域，生态安全格局有待完善。

（四）旅游资源与开发

1. 旅游资源基本特点

（1）旅游资源丰富

南京旅游资源丰富，具有开发和研究的资源相对优势。南京是著名的六朝古都、十朝都会，又是我国著名的历史文化名城和风景旅游城市，优美的自然风光与丰富的历史文化内涵相融合，是南京众多名胜古迹的共同特点。全市共有著名风景名胜点 50 多处，文物古迹近 200 处，主要景区、景点或参观地有：东郊的中山陵、明孝陵、灵谷寺；城南的夫子庙、中华门、雨花台；城西的莫愁湖、朝天宫、侵华日军大屠杀遇难同胞纪念馆；城东的梅园新村、总统府旧址；城北的玄武湖、台城、鸡鸣寺；沿江一线的静海寺、阅江楼、长江大桥、长江二桥、燕子矶；东北远郊的栖霞山、南朝石刻；浦口的珍珠泉，以及江宁的阳山碑材、牛首山、南唐二陵等（见表 1-4）。其中钟山风景区和秦淮风光带两处被列为“全国旅游胜地四十佳”。古都南京以其古老悠久的文化遗产、蔚为壮观的自然景观构成了独特的旅游风貌，秀山丽水、名胜古迹与现代建筑、林木绿洲有机地融为一体，构成了古今兼容天人合一的特色，具备旅游业发展的得天独厚的资源优势。

（2）区位交通便捷

南京位于长三角地带，水路、陆路、航空等交通方式便捷。市内有密集的公路、完善的公共交通和轨道交通系统，大大缩短了到达旅游景区的时间距离，旅游景点之间的联系也非常紧密。

表 1-4　南京 A 级旅游景区名录（截至 2015 年 12 月 31 日）

序号	景区等级	市域	单位名称
1	5A	南京	南京钟山风景名胜区—中山陵园风景区
2	5A	南京	南京夫子庙秦淮风光带
3	4A	南京	南京雨花台风景区

续 表

序号	景区等级	市域	单位名称
4	4A	南京	南京阅江楼景区
5	4A	南京	南京总统府景区
6	4A	南京	南京市朝天宫景区
7	4A	南京	南京市玄武湖景区
8	4A	南京	南京明文化村(阳山碑材)景区
9	4A	南京	南京市梅园新村纪念馆
10	4A	南京	南京市栖霞山风景名胜区
11	4A	南京	侵华日军南京大屠杀遇难同胞纪念馆
12	4A	南京	南京市科技馆
13	4A	南京	南京市高淳老街历史文化景区
14	4A	南京	南京红山森林动物园
15	4A	南京	南京珍珠泉风景区
16	4A	南京	南京白马如意文化艺术中心
17	4A	南京	南京博物院
18	4A	南京	南京高淳国际慢城
19	4A	南京	南京游子山休闲旅游区
20	3A	南京	南京市天生桥风景区
21	3A	南京	南京市将军山景区
22	3A	南京	南京市溧水县傅家边科技园
23	3A	南京	南京市银杏湖生态旅游区
24	3A	南京	南京市南山湖旅游度假区
25	3A	南京	南京求雨山文化名人纪念馆
26	3A	南京	南京金牛湖景区
27	3A	南京	南京市宝船厂遗址
28	3A	南京	南京市乌龙潭景区
29	3A	南京	南京大金山风景区
30	3A	南京	南京石头城遗址公园
31	3A	南京	南京方山风景区
32	3A	南京	南京幕燕滨江风貌区
33	3A	南京	汤山紫清湖生态温泉度假区
34	3A	南京	南京老山森林公园
35	3A	南京	南京江宁台湾创意农业旅游区

续　表

序号	景区等级	市域	单位名称
36	3A	南京	平山森林公园
37	3A	南京	冶山国家矿山公园
38	3A	南京	南京万驰国际汽车体育公园
39	2A	南京	南京高淳县迎湖桃源景区
40	2A	南京	南京市燕子矶景区
41	2A	南京	南京市龙山上庄园景区
42	2A	南京	南京市蔬菜花卉科技园
43	2A	南京	南京市高淳县银林生态农业园
44	2A	南京	南京市江宁区六顺生态农艺园
45	2A	南京	南京市江宁区锁石生态旅游村
46	2A	南京	南京市江宁区金波渔港
47	2A	南京	南京市江宁区黄桥滩渔家乐
48	2A	南京	南京市六合区国家地质公园瓜埠山景区
49	2A	南京	南京市六合区灵岩山旅游风景区
50	2A	南京	南京市六合区桂子山石柱林景区
51	2A	南京	南京牛首山唐明文化旅游区
52	2A	南京	南京市江宁区鑫农庄
53	2A	南京	南京市江宁区奇水园景区
54	2A	南京	南京市江宁区雁南飞景区
55	2A	南京	南京森林摩尔艺术旅游区

资料来源：江苏省旅游局

表 1－5　南京市主要旅游商品

	类别	代表资源
地方旅游产品	食品类	雨花茶、盐水鸭、活珠子、龙袍蟹黄汤包
		固城湖大闸蟹、田家茶叶、浦桥玉剑、青山碧螺春
		洪蓝玉带糕、星甸清真烤鸭
	工艺类	南京云锦、雨花石、金陵折扇、南京仿古牙雕
		金陵金箔、南京木雕、雕花天鹅绒、羽毛贡扇
		老街布鞋、金陵辟邪、慢城叶画、金陵竹刻
		高淳陶瓷

2. *南京旅游资源开发存在的问题*

根据罗浩（2009）研究发现，南京旅游资源开发存在的问题主要有以下几点：

(1) 旅游竞争力有待提高

与长三角和国内重点旅游城市相比,南京的旅游竞争力不足,尤其是在国际旅游方面,境外旅游者人数和外汇收入有明显不足,国际旅游市场所占份额偏少。

(2) 旅游产品欠缺深度,新兴旅游产品发展不足

南京市的旅游产品仍旧以传统的观光型为主,对优质的旅游资源的深度开发不够,造成一部分旅游资源的闲置。同时,休闲度假、生态旅游等新兴旅游产品虽有发展,但仍显不足,参与型产品稀缺,特色专项型产品种类不多,旅游供给不能很好地满足旅游者多样化的旅游需求。

(3) 旅游资源开发用地约束,资源整合缺乏力度

受历史、现实等因素的制约,目前不少旅游景区的现有用地不能很好地满足保护、开发、利用的需求,旅游资源的深度挖掘因此受到影响,同时,现有旅游资源的整合缺乏力度,造成了旅游资源的巨大浪费,削弱了旅游资源的整体竞争力。

(4) 城市旅游尚未形成品牌,郊区县旅游业相对落后

旅游者心目中尚未形成一个关于南京旅游的统一的、清晰的形象。同时,郊县区旅游业发展相对滞后,农业游、生态游、民俗游等特色旅游产品尚未形成规模,旅游配套设施等也未能跟上。

(5) 旅游购物、美食和娱乐发展滞后

目前在来宁旅游的国内游客的旅游消费中,旅游购物、美食和娱乐等方面的支出所占比例普遍不高,在当前南京市传统观光型旅游产品的开发已近饱和的状态下,购物、美食、娱乐等方面消费的不足限制了国内旅游总收入的提高,削弱了对大量优质旅游资源的有效利用。

3. 旅游资源开发的新方向

根据官卫华(2006)研究发现,南京旅游资源开发的新方向主要有:

(1) 创建特色鲜明的南京旅游形象和旅游品牌

南京旅游形象定位,应从国内著名的旅游目的地转向全球的高度和视野,依托优势资源,把南京建成世界主要的观光旅游目的地,成为融汇商务旅游、国际会议、休闲观光等综合功能的具有国际影响的文化旅游城市,强力打造“三大”国际观光品牌,即国际性历史文化名城、现代化滨江名城和生态绿都。

(2) 努力构筑城市形象和旅游特色的代表性区域

南京应依托优美的自然环境、厚重的历史文化内涵和日新月异的现代化建设风貌等优势资源,建成一批具有不可替代性的、体现南京特色的代表性、标志性区域和精品景点,以树立区别于其他城市或地区的旅游形象特色,不断提升城市形象。

(3) 积极开发出具有特色的旅游新产品

“山水城林”合一是南京独特的优势和特色。应把“山水城林”等特色景观要素转化为旅游资源优势,充分挖掘和发挥其价值,并针对多元化的旅游需求,依据高度细分的目标市场,推出体现个性与特色的旅游新产品和新服务,以提高旅游品位和城市品位,延长游客停留时间,进一步扩展旅游消费市场需求。

(五) 生态环境与保护

2015 年,南京环境质量总体稳定。环境空气质量较上年有所改善;水环境质量同比基本持平,城市主要集中式饮用水源地水质持续优良;声环境质量和辐射环境质量保持稳定。

1. 大气环境状况

全市建成区环境空气质量达到二级标准的天数为 235 天,同比增加 45 天,达标率为 64.4%,同比上升 12.3 个百分点;未达到二级标准的天数 130 天(其中,轻度污染 93 天,中度污染 27 天,重度污染 10 天),首要污染物为 $PM_{2.5}$。主要污染物指标监测结果如下:$PM_{2.5}$年均值为 57 $\mu g/m^3$,超标 0.63 倍,同比下降 23.0%;PM_{10}年均值为 96 $\mu g/m^3$,超标 0.37 倍,同比下降 22.0%;NO_2年均值为 50 $\mu g/m^3$,超标 0.25 倍,同比下降 7.4%;SO_2年均值为 19 $\mu g/m^3$,达标,同比下降 24.0%;O 均值为 1.0 mg/m^3,同比基本持平,日均值均达标;O_3日最大 8 小时值超标天数 50 天,超标率为 13.7%,同比下降 1.9 个百分点。

2. 水环境状况

2015 年,全市监测水环境断面(点)233 个,148 个断面水质达到功能类别标准,达标率为 63.5%;其中优于Ⅲ类的断面比例为 54.1%,劣Ⅴ类断面比例为 16.7%;监测水环境功能区断面(点)124 个,80 个断面水质达到功能类别标准,达标率为 64.5%,同比上升 1.6 个百分点;列入现代化考核的 28 个断面中,优于Ⅲ类的断面比例为 57.1%,与上年持平。

3. 声环境状况

全市交通噪声监测点位 247 个,城区交通噪声均值为 67.8 dB,较上年上升 0.6 dB,五郊区(江宁、浦口、六合、溧水、高淳)交通噪声均值为 67.9 dB,同比上升 0.3 dB;区域噪声监测点位 539 个,城区区域环境噪声均值为 54.8 dB,同比上升 1.0 dB,郊区区域环境噪声 54.6 dB,同比上升 3.5 dB;功能区噪声监测点位 28 个,昼间噪声达标率为 98.2%,同比上升 2.7 个百分点,夜间噪声达标率为 83.9%,同比下降 4.5 个百分点。

4. 生态环境保护

(1) 大气污染防治

采用日常巡查、突击检查、夜间抽查等手段落实扬尘监管;对重点行业的废气进行整治;加强在用车执法检查,加强油气污染防治;禁烧秸秆;烟花爆竹禁放。

(2) 水污染防治

加强饮用水源地环境监管;对重点流域进行水污染防治;深化落实“河长制”管理制度,整治黑臭河道。

(3) 固废、辐射及噪声污染防治

对 3 枚Ⅳ类和Ⅴ类密封放射源、2 处非密封放射性物质场所及 277 台Ⅲ类射线装置进行现场核查;举行“方舟—2015”江苏省辐射事故综合应急演练;推行危险废物转移网上报告制度,建立危废动态信息监管平台,提高管理效率;建成投运两家危废处置企业,增强焚烧处置能力;推进区域声环境治理。严格夜间施工噪声管理,开展日常监督巡查。

三、区域经济与社会

(一) 历史与文化

1. 悠久的历史

50 万年前,今东郊汤山葫芦洞一带已有被后世称为“南京人”的原始先民活动。6 000 多年前,在今市中心的鼓楼岗北阴阳营、江宁区陶吴昝缪等地,原始先民已广泛使用石制器具。3 000 多年前,沿江河一带已相当密集地分布着被后世称为“湖熟文化”的青铜器时代的居民聚落。公元前 571 年,楚国在今六合区境设棠邑,置棠邑大夫,是南京有历史记载的最早地方建置。公元前 541 年,吴国在今高淳区境建濑渚邑,因城池坚固,又名“固城”。公元前 495 年前后,吴国在今主城朝天宫一带开办冶铸铜器的手工作坊,称“冶城”。公元前 473 年,越灭吴,翌年筑城于秦淮河口,后世称“越城”,是为南京主城区建城之始。公元前 333 年,楚威王大败越国,占其地建金陵邑,筑城于石头山(今市内清凉山),为南京主城区政区治所建置之始,南京自此得名“金陵”。公元前 210 年,秦始皇东巡,改金陵邑为秣陵县。212 年,孙权在楚国金陵邑故址石头山筑城,作为驻军和屯粮之所,称石头城;改秣陵为建业,寓意“建立帝王大业”。孙权在武昌(今湖北鄂州)称帝后于 229 年 10 月迁都建业,是为南京建都之始。

1368 年,朱元璋在此(应天府)称帝建立大明王朝,实行南北两京制,于应天府置南京,是为南京地名之始。清代改应天府为江宁府。1911 年 12 月 29 日,伴随着辛亥革命推翻清王朝君主统治的隆隆炮声,起义的 17 省代表齐聚南京选举孙中山为临时大总统,国号中华民国。1912 年 1 月 1 日,中华民国临时政府在南京成立,孙中山就任临时大总统。3 日,废江宁、上元两县,置南京府。1927 年 4 月 18 日,国民政府在南京成立,定南京为首都,改江宁县主城部分为南京市。1949 年 4 月 23 日,人民解放军“百万雄师过大江”解放南京。中华人民共和国成立后,南京初为中央人民政府直辖市。1952 年 9 月,南京与苏南、苏北行政区合并成立江苏省,南京为省会。1990 年,国务院定南京在国家计划中单列,赋予相当于省一级的经济管理权限。1993 年,中央撤销省会城市计划单列。1994 年 2 月,中央明确南京为副省级城市。

2. 独特的传统文化

南京历经魏晋南北朝、唐宋明清、中华民国时期的多次人口大迁徙,十朝都会人文荟萃,南北文化交汇融合,加之中华人民共和国成立后的文化发展、繁荣,汇纳四方之精粹,形成了独特的传统文化,在中国文化史上具有重要的地位。

南京的方言几经变迁。早期金陵属吴地,本土语音为已经初步汉化的中古吴语。晋代中原汉民衣冠南渡定都南京后,中原雅语和吴语逐渐融合,形成南京的江淮官话。明代定都南京,将以南京音为基础的音系确立为标准国语,形成通行中国直至近代的南京官话。直到北洋政府时期以北京话为基础确立国语,作为汉语官方标准语的南京官话在民国时期逐渐退出历史舞台。

南京有十多种历史悠久、各具特色的民间传统曲艺和歌舞。白局是源于明清南京织锦工厂工人在织机房哼唱的民间俗曲和江南小调,说方言,唱俚语,逐步发展成为曲艺曲种，因演唱者不取报酬，“白唱一局”，故名“白局”。南京评话和南京白话，都是流行于南京市区及周边的民间曲艺。此外，南京江宁区的方山大鼓、高淳区的跳五猖、溧水区的跳当当和栖霞区的龙舞，都是始于明清时期的民间舞蹈，均被列入首批南京市非物质文化遗产名录。

南京的传统工艺巧夺天工，享誉全国。南京云锦始于六朝，鼎盛于清，因图案花纹典雅、色彩绚丽宛如天上云霞，得名“云锦”，位列中华“三大名锦”之首。明末艺术家胡正言所创的“十竹斋”，以技艺精湛的书画谱、笺谱播誉中外，在中国古代印刷史上具有划时代的意义。金箔工艺、剪纸艺术、金陵刻经、折扇、绒花均为著名的南京传统民间手工艺。2009 年，南京云锦织造技艺、金陵刻经（中国雕版印刷技艺）、南京剪纸（中国剪纸）3 个项目入选人类非物质文化遗产代表作名录。

南京具有独特的美食文化。清明时节，金陵百姓喜食野蔬，将八种食用最多的春蔬野菜并称为“旱八鲜”；而“桂花飘香水八鲜”之说，则是指在中秋佳节百姓饭桌常备的八种水生食物。南京人喜好食鸭也是全国闻名，南京板鸭、盐水鸭历史悠久，皮鲜肉嫩，为南京赢得了“鸭都”的雅号和“金陵鸭馔甲天下”的美誉。此外，夫子庙的金陵风味小吃，也伴着秦淮灯船的桨声灯影，声名远扬，成为秦淮文化不可或缺的一部分。

正月里的秦淮灯会、春游牛首踏青、东郊赏梅、秋游栖霞、重阳登高，夫子庙的花鸟虫市、朝天宫的古玩市场，处处体现了南京百姓传统的生活风貌。如今的南京国际梅花节、江心洲葡萄节、雨花石艺术节、茉莉花节、灵谷桂花节、高淳螃蟹节、六合龙袍蟹黄汤包节、迎新年听钟声活动……传统文化的继承中又绽放出新的华彩。

（二）人口与社会

1. 人口数量与分布

距今 5 万年前，南京就有原始人群聚居。至奴隶社会时期，今南京地区，出现灿烂的“湖熟文化”。进入封建社会，从战国到清道光二十年（1848 年）鸦片战争爆发的两千多年中，南京地区的人口规模虽有多次盈缩与波动，但总体呈现上升趋势。晚清时期，从太平军占领南京至天京陷落的 12 年时间内，人口增减起伏较大。清同治三年（1864 年）以后，南京人口进入缓慢的恢复阶段，民国元年（1912 年）达 26.9 万人。民国十六年（1927 年）国民政府定都南京，人口以 36 万为起点，快速突破百万大关。民国二十六年（1937 年）侵华日军南京大屠杀后，南京市民一度仅剩 17 万。抗日战争胜利后，国民政府还都南京，人口继续回升，至民国三十五年（1946 年）又突破百万大关。

中华人民共和国成立后，人口总量发生重大变化。至 1999 年市区人口已增加到 282.28 万人，比 1949 年增长 1.72 倍。按照 1983 年以后辖有五县的区划范围作同比统计，全市人口总量 1999 年达 537.44 万人，比 1949 年增长 1.89 倍。

历史上几次中原战乱，北人大量南迁，对南京市域范围内人口发展状况影响重大。南京十代为都，又多是人口汇聚的高峰。人口发展与城市发展同兴衰，大起大落，是一个突出的特点。

南京解放以后，人口自然变动经历三个出生高峰和一个出生低谷，而死亡率逐渐下降，已经突现“三低一高”的特点，即低出生率、低死亡率、低自然增长率和平均寿命增高，人口再生产进入现代类型。人口机械变动除南京社会经济的发展吸引来的人口以外，区划调整，特别是 1983 年实行市管县体制而辖有 5 县，是全市人口总量激增的重要原因。人口分布也因江宁、江浦、六合、溧水、高淳 5 县先后划入南京市，地域范围扩大，使分布趋向合理。

2015 年南京市常住人口 823.59 万人，户籍人口 653.4 万人，城镇化率为 81.4%，主城已完全城镇化。

2. 人口教育结构

南京人口受教育程度全国领先，大学文化程度人口比重为 26.11%，在副省级市中列第 1 位，低于北京(31.5%)，高于上海(21.9%)。南京常住人口中，具有大学程度的人口有 209.1 万人，占总人口数的 26.12%，相当于每 4 人就有一个大学生，相比江苏每 10 人有一位大学生和全国每 11 人有一位大学生，大幅领先。

3. 人口民族结构

根据第六次全国人口普查数据显示，南京市共有 55 个民族，其中汉族占总人口的 98.76%，少数民族约 9.92 万人。其中回族 7 万余人，占少数民族人口总数的 70%以上，其他千人以上的少数民族有：满族、蒙古族、苗族、壮族、朝鲜族、土家族、维吾尔族、布依族、彝族。

(三) 经济与城市规划

1. 经济运行稳定

2015 年，南京经济运行总体稳定。全年实现地区生产总值 9 720.77 亿元，按可比价格计算，比上年增长 9.3%。其中，第一产业增加值 232.39 亿元，增长 3.4%；第二产业增加值 3 916.11 亿元，增长 7.2%，其中全部工业增加值 3 395.26 亿元，增长 8.0%；第三产业增加值 5 572.27 亿元，增长 11.3%。按常住人口计算，全年人均地区生产总值达到 118 171 元，按平均汇率折算为 18 973 美元。三次产业增加值比例调整为 2.4∶40.3∶57.3(见图 1-2)。服务业主体地位继续强化，服务业增加值占全市地区生产总值的比重达到 57.3%，比上年提高 1.5 个百分点。工业结构升级加快，规模以上工业企业完成高新技术产业产值占全市工业的比重为 45.3%。

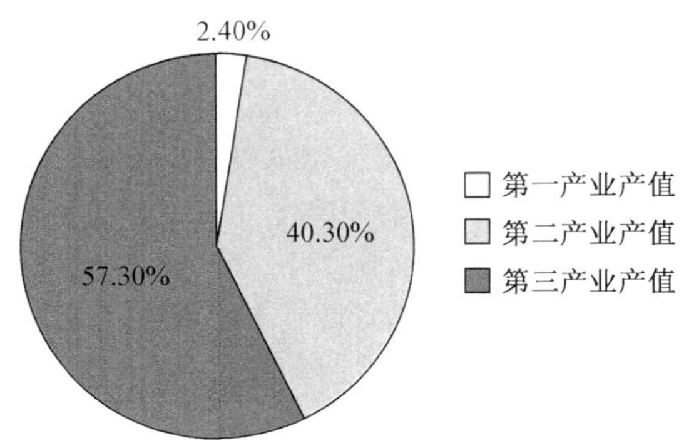

图 1-2 2015 年南京三产比重

2. 城市发展与规划

(1) 构造"中心城—新城—新市镇"三级城镇体系

南京规划形成"中心城—新城—新市镇"三级城镇体系，其中中心城由主城，东山、仙林和江北 3 个副城构成。新城包括龙潭新城、汤山新城、禄口新城、板桥新城、滨江新城、桥林新城、永阳新城、淳溪新城。新市镇则是指建制镇和街道所在地的集中建设地区。

都市区将形成城市中心、城市副中心、新城(地区)中心组成的公共活动中心体系。其中城市中心由"新街口—河西—南站地区"共同构成，承载南京区域中心城市服务职能。

规划形成江北(浦口)、东山和仙林三个城市副中心，江北将"相对独立发展"。江宁规划的中心是在凤凰港一带。仙林则主要进行大学城片区的发展，江北新城的中心定位于石佛寺一带。

(2) 构建以"2133、3155"为畅达目标的城际交通圈

南京交通规划构建"2133、3155"为畅达目标，"2133"是指长三角中心城市 2 小时内通达；南京都市圈 1 小时通达；都市区通勤交通 3 刻钟(45 分钟)通达；主城内 30 分钟通达。"3155"是指城市任意一点驱车 15 分钟上快速路、高速公路，市域所有规划村(或集中居民点)15 分钟内能通达国省干线公路网；城市居民步行 5 分钟内可达公交、地铁车站。

(3) 形成"一带两廊三环六楔十四射"都市区绿地结构

结合"多心开敞、轴向组团、拥江发展"的城市布局，规划形成"一带两廊三环六楔十四射"都市区绿地结构。

一带：由长江及其洲岛、湿地和两侧带状绿地构成。

两廊：由滁河、秦淮河及其两侧湿地和带状绿地构成。

三环：由沿明城墙、绕城公路、公路二环两侧的环形绿地构成。

六楔：城镇发展轴之间外围区域绿地向城镇内部楔入的楔形绿地。

十四射：由沿主城向外辐射的高速公路两侧绿地构成。

第二节　镇江市地理概况

一、镇江市自然地理概况

(一) 地理位置

镇江市，江苏省的地级市，镇江市地处江苏省西南部，长江下游南岸，长江三角洲西段。地理坐标为北纬 31°37′～32°19′、东经 118°58′～119°58′。东西最大直线距离 95.5 公里，南北最大直线距离 76.9 公里。东南接常州市，西邻南京市，北与扬州市、泰州市隔江相望(见图 1-3、表 1-6)。

镇江境内京沪铁路、京沪高铁、沪宁高铁、沪蓉高速公路、扬溧高速公路、泰镇高速公路、镇丹高速公路、312 国道、104 国道等通达全国各主要城市。长江和京杭大运河在此交汇，素有"天下第一江山"之美誉。中国大运河镇江段入选世界遗产名录。拥有长江流域

第三大航运中心——镇江港。

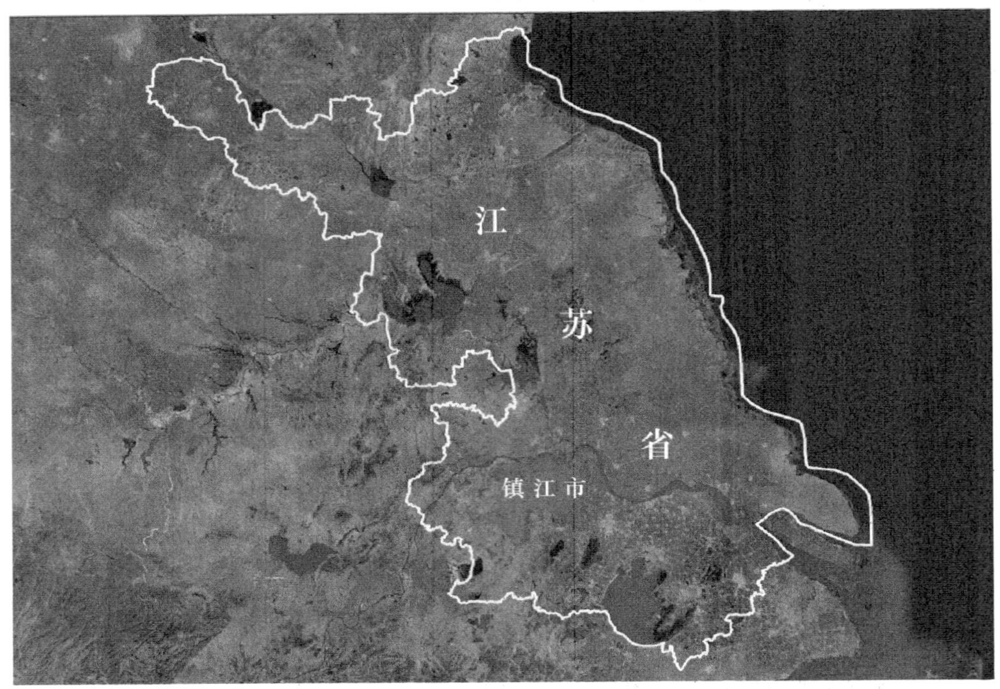

图 1-3 镇江市在江苏省的位置

表 1-6 镇江人口与行政区划

名称	土地面积（平方公里）	户籍人口（万人）	常住人口（万人）	街道	乡镇
京口区	126	32.291 6	60.167 1	6	1
润州区	132.68	24.787 7	29.645 3	7	0
丹徒区	611	28.664 3	30.227 6	2	6
镇江新区	218.9	17.874 1	21.344	2	3
镇江高新区	39	—	—	—	—
丹阳市	1 059	81.280 7	96.041 8	2	12
扬中市	331	28.204 6	34.21	2	4
句容市	1 385	58.904 1	61.768	3	8

（二）地质地貌

镇江市地形大势表现为西高东低。宁镇山脉在境内呈稍向北突出的弧形东西向展布，茅山山脉略作南北走向。地貌类型中低山丘陵和岗地比重最大，占土地总面积的 51.1%，而平原相对较小，只占 35.2%。由于地貌类型的多样，形成镇江土地资源多样性的特点。

低山丘陵包括宁镇低山丘陵和茅山低山丘陵两部分。宁镇低山丘陵，分布在句容、丹徒、润州及丹阳东北，呈阶梯状结构。最低一级高 20～30 m，为黄土堆积阶地；第二级为 50～60 米高的基座地；三至五级为剥蚀面。茅山低山丘陵，主要分布在丹徒南端、句容东部，为七级阶梯状地形。一至四级为阶地，五至七级为剥蚀面。低山丘陵除蕴藏着在一定历史条件下的石灰石、白云石、膨润土、铁、煤等多种矿产外，雄伟多姿（宁镇山脉宝华山高 437.2 m，茅山山脉大茅峰高 372.5 m），层峦叠翠，形成了一批风景名胜区及自然保护区。在江苏省 11 个省级风景名胜区及自然保护区中，镇江有 4 个。这就是“三山”（金山、焦山、北固山）风景区、南山风景区、茅山风景区及宝华山自然保护区，总面积为 81.11 km^2。

平原主要分布在东北部与东南部，包括滨江低地沙洲平原、丹阳东部高亢平原、丹阳南部平原、赤山湖平原。这一地区地势平坦、河渠纵横、土质肥沃，是境内农业主要高产地区。镇江境内平原，最明显的特色为江中沙洲占有相当比重。长江在镇江境内全长 103.7 km，自西向东散布着一批大小沙洲。这些沙洲面积超过 10 km^2 的有世业洲、征润洲、新民洲、江心洲、顺江洲、太平洲、中心沙等 7 个，总面积达 468.95 km^2，约占全市平原面积的三分之一，其中太平洲（包括小沙泡沙、中心沙、雷公嘴等 3 个沙洲）面积达 332 km^2，为现扬中市的全部面积，是万里长江中除崇明岛外最大的沙洲。

（三）气候特征

镇江市属北亚热带季风气候的温暖亚带，四季分明，温暖湿润，热量丰富，雨量充沛。镇江市区常年平均气温 15.4 ℃，丹阳 14.9 ℃，丹徒为 15.4 ℃，句容、扬中均为 15.1 ℃。市区 1 月平均气温 2.3 ℃，7 月平均气温 27.8 ℃，年较差 25.5 ℃，日较差 8.2 ℃。市区极端最高气温 41.1 ℃（1934 年 7 月 13 日），市区极端最低气温－12.9 ℃（1933 年 1 月 27 日）。夏至日可照时间为 14.22 小时，冬至日 9.98 小时，全年 4 428.1 小时。按中华人民共和国成立后平均资料计算，市区常年实际日照时间为 2 050.7 小时，年日照百分率为 46%；市属三辖市常年实际日照时间均大于市区，最大为扬中 2 135 小时，最小为丹阳 2 090 小时。市区全年无霜期 239 天，丹徒 230 天，句容 229 天，扬中 227 天，丹阳 224 天，市区年摄氏 0 度以上积温 5 631.4 ℃，各县市为 5 431.6 ℃～5 526.5 ℃。中华人民共和国成立后常年平均降水量，市区为 1 063.1 mm，丹徒为 1 071.6 mm，丹阳为 1 056.5 mm，扬中为 1 062.4 mm，句容为 1 018.6 mm。季节分配为春季 23%，夏季 45%，秋季 21%。全年平均相对湿度 76%。从农业和农作物需要方面看，降水是富裕的，季节分配也比较适宜。光、热、水同期配置合理，4—10 月降水量占全年的 80%。

（四）土壤与植被

因受地形、气候、成土母质和人为耕作影响，镇江全市土壤类型的质量差异明显。丘陵地区土壤质地比较粘重，通透性差，酸性至微酸性，肥力较低。洮滆平田土壤质地重壤至轻粘，通透性较差，微酸性，肥力中等。孟河平田土壤质地中壤，粉砂含量较高，微碱性，通透好，结构差，跑水，跑肥，肥力较低。沿江洲地土壤质地中壤至重壤，微碱性，肥力较高。土壤分布具有明显的地域性规律，低山丘陵区随着山坡由陡到缓，砾石含量渐少，土层渐厚，土壤属地带性的黄棕壤，主要土种有香灰土、粗骨土和黄砂土。比较平缓的岗坡地，则分布着经旱耕熟化的黄刚土，亦叫耕作黄棕壤，在丘陵塝冲田和平田、洲地、圩区分布大面积的水稻土。沿江冲积平原分布灰潮土。城镇附近有部分菜园土，此外在石灰岩的山坡和山脚有棕色石灰土以及零星分布的紫色砂页岩发育而成的紫色岩土。全市5类土壤面积总和为25万ha。

镇江的自然植被分为针叶林、落叶阔叶林、落叶与常绿阔叶混交林、竹林、灌丛、草丛和水生植被等7个类型，栽培植被则包括大田作物、蔬菜作物、经济林、果园及绿化等5个类型。针叶林有马尾松林、黑松林、湿地松、杉木林、侧柏林、水杉林和池山林等，落叶阔叶林有麻栎、黄檀林、枫香林、刺槐林和朴树等，常绿阔叶林有枹树、青冈栎林、黄檀和石栎林等。常见的植物种类有苔藓植物、蕨类植物、裸子植物、单子叶被子植物和双子叶被子植物。被列为国家一级保护植物的有珙桐、红豆杉、金钱松、银杏、苏铁等，被列为国家二级保护植物的有宝华玉兰、榉树、秤锤树、喜树、厚朴、香樟和翠柏等。

二、镇江市资源与环境

（一）矿产资源与开发

1. *矿产资源特征*

（1）矿产资源特征

镇江市已发现矿种44种，其中查明资源储量的矿产有27种。查明矿产地87处，其中勘查程度达到详查以上的52处，达到普查的35处。水泥用灰岩、白云岩、硅石、岩盐、膨润土等矿产具有显著的优势。玄武岩、珍珠岩、沸石、耐火粘土、水泥配料用粘土、铁等矿产具有相对优势。地热资源成矿条件较好，存在多种类型的地热储层，分布范围广，埋藏深度适中。

（2）资源保证程度

水泥用灰岩、熔剂用灰岩、膨润土、砖瓦用粘土等矿产保证程度较高；建筑石料、岩盐、红柱石、珍珠岩、玄武岩、铁、耐火粘土、沸石、矿泉水等矿产能满足市场需要；铜、金、钼等矿产保证程度低。并且，铁矿接替资源不足，面临关停。

（3）矿产资源潜力

镇江市位于宁镇重要成矿区，铁、铜、铅锌的资源查明程度不到50%，深部的铁、铜等金属矿找矿潜力较大。铜山铜钼矿、九华山多金属矿等已有矿产地的周边具有良好的资源潜力。区域性深大断裂和构造界面增强了热储层的富水性、导水性，是地热资源勘查开发的有利地段。

2. *矿产资源开发利用现状*

（1）矿产资源开发利用

2015年，全市开发利用的矿产有11种，包括铜矿、铁矿、盐矿、熔剂用灰岩、水泥用灰岩、建筑石料用灰岩、建筑用砂岩、膨润土、砖瓦用粘土、矿泉水、地热。

全市矿山企业62家，矿石开采总量1 474.43万t。矿业工业总产值为72 736.01万元，从业人员为4 853人。

（2）资源利用与管理

矿产资源开发利用分类分区管理得到有效实施，禁采区内采石企业全部关停。划定山体资源特殊保护区 59 个，保护区面积共计 222.11 km^2，占域内山体面积的 59.71%。

(3) 矿业权设置与交易市场建设

编制了镇江市矿业权设置方案和镇江市高风险矿种矿业权设置方案。严格执行《矿业权交易规则(试行)》和《江苏省矿业权交易管理暂行办法》规定，所有矿产资源一律进入矿业权交易市场，采取公开招拍挂出让方式进行公平、公正、公开交易。

3. 矿山地质环境治理与绿色矿山建设

建立了较完善的露采关闭矿山地质环境治理工作机制，通过治理资金的不断持续投入，努力推进露采关闭矿山地质环境治理工作。发挥国家级矿山地质环境治理重大工程的示范引领作用，全面推进露采关闭矿山地质环境治理。截至 2015 年，全市已投入治理资金近 10 亿元。治理和正在治理的 134 个关闭露采矿山面积达 1 465.8 万 m^2。全市仍有 206 个未治理的关闭露采矿山，需要治理面积约 1 294.6 万 m^2。

句容台泥水泥有限公司顺利通过国家级绿色矿山试点单位建设验收。中盐镇江盐化有限责任公司荣炳盐矿、江苏船山矿业股份有限公司等两家矿山被列入全国第三批国家级绿色矿山试点单位，句容市仙人桥矿业有限公司仙人桥铜矿、句容市宝源矿业有限公司石砀山铜矿被评选为省级绿色矿山试点单位。绿色矿山建设工作走在全省前列。

(二) 水资源与保护

镇江市共有河流 63 条，总长 702.34 km(人工运河占相当比重)。全市河网密度为每平方公里 0.18 km，其中丹阳市河网密度最大，每平方公里达到 0.22 km。全市水面(不含长江)面积占 13.7%，是江苏省水面较少的地区之一。根据地形分布情况，以宁镇山脉与茅山山脉为自然分水岭，河流可分为长江沿江水系、秦淮河水系和太湖湖西水系三部分，而秦淮河水和太湖之水最终通向长江，实际上后两个水系也是长江水系的组成部分。

1. 长江沿江水系

包括市区、扬中全部及句容、丹徒、丹阳的沿江一带，流域面积约 1 060 km^2。长江流经境内共长 103.70 km。其中长江镇江段自句容大道河口起至丹徒五峰山止，长 52 km；长江五(五峰山)澄(江阴)段的镇汇部分(从五峰山至九圩港)长约 51.7 km；另扬中与丹徒、丹阳、武进之间长江的夹江有 54 km。直接注入长江的主要河流有大道河、便民河、高资港、太平河、沙腰河、捆山河、九曲河等，因直接从山丘流入江中，河流长度较短，超过 20 km 者仅太平河、九曲河两条。扬中 12 条港道全通长江，长度均在 10 km 以下。

流经市区的主要河流，有运粮河御港、古运河。运粮河是两头通江河道，西庆徒区九摆渡江口，东流经八摆渡入镇江市区，再过金山桥由新河桥入长江，全长 12.8 km(属古便民河东段)，其中市区自江口至御桥港口长 9.2 km，御桥港以东至东江口长 3.6 km。御桥港是运粮河上的主要支流，它承受长山、五州山等面积为 36 km^2 的来水，自长山提水站至运粮河全长 5.9 km，西岸脉桥附近的河是主要源流，源于长山与州山之间。现河底高程 1.5～2 m，底宽 7 m，是长江水引向提水站的主要通道。大运河的入江口原有 5 个，自西向东分别为大京口、小京口、甘露口、丹徒口和谏壁口。民国初年甘露首先淤废，1932—1933 年大京口填筑为中华路。小京口自平政桥经京口闸，到丹徒闸与丹徒口汇合，再南至谏壁与大运河汇合，全长16.70 km，其中平政桥至南门塔山桥长5.12 km，塔山桥至丹徒闸长约5 km，已成为市区排污水、引水冲污的河道，丹徒口以下6 km许，尚能利用丹徒闸引水起调节作用。谏壁口经1958—1960年开挖，已成为主要入江水道。

2. 秦淮河水系

全部在句容境内，流域面积960 km²，占句容市面积的70%。主要河流有句容河(49.09 km)、南河(52.40 km)、中河、北河、汤水河、高阳河等。

3. 太湖湖西水系

包括丹阳大部，句容、丹徒的部分地区，流域面积1 590 km²。主要河流有通济河(境内20.50 km)、香草河(全长22.4 km)、胜利河(全长11.7 km)、丹金溧漕河(18.4 km)、鹤溪河(境内19.5 km)、简渎河(全长16.5 km)等。

4. 湖泊

镇江市湖泊数量不多，较大的有丹阳练湖和句容赤山湖。练湖与大运河相通，在历史上即起蓄水作用。两晋时湖面方圆达20 km，以后几度淤塞和疏浚，现有水面仅0.456 km²，其余都已垦为农田。赤山湖现有湖面8 km²，最大蓄水深度5米左右，集水面积806.13 km²，下注秦淮河。另外丹徒南部有横塘湖、三岔湖、洋湖、澄湘湖；丹阳南部有白龙湖、姘湖、大湖、木湖等，但湖面较小，湖水不断淤浅。丘陵内陆，缺乏河川，但塘坝星罗棋布，总计约近10万个，个体虽小，总蓄水量可达1.87亿m³，是当地人民生产和生活的主要水源。

(三) 土地资源与利用

1. 土地利用现状

2015年末，全市土地总面积384 031.97 ha，其中农用地250 719.59 ha，建设用地99 587.01 ha，其他土地33 725.37 ha，分别占土地总面积的65.29%、25.93%和8.78%。

农用地中，耕地156 004.95 ha、园地17 496.18 ha、林地24 139.97 ha、其他农用地53 077.53 ha，分别占农用地面积的62.22%、6.97%、9.62%、21.17%，另有牧草地0.96 ha。

建设用地中，城镇工矿用地42 649.80 ha、农村居民点用地35 238.38 ha、交通水利用地18 480.12 ha、其他建设用地3 218.71 ha，分别占建设用地面积的42.83%、35.38%、18.56%、3.23%。

其他土地中，未利用土地1 445.19 ha、其他土地32 280.18 ha，分别占其他土地面积的4.29%、95.71%。

2. 土地利用特点

(1) 地形地貌比较复杂，丘陵岗地面积比重大。镇江市位于江南平原与丘陵山地之间的过渡地带，地形地貌比较复杂。其中丘陵岗地面积占63.4%，圩区、洲地占19.5%，平原占17.1%，是江苏省丘陵面积比重最大的地级市之一。

(2) 土地利用程度高，以农用地为主且利用类型多样。2015年末，全市已利用土地350 306.6 ha，土地利用率为91.21%，其中农用地占土地总面积的65.29%，比全省平均水平(60.74%)高出4.6个百分点。耕地面积156 004.95 ha，占土地总面积的40.62%，占农用地的62.22%。林地面积24 139.97 ha，占土地总面积的6.29%，占农用地的

9.62%。与全省平均水平相比，土地垦殖率低于全省平均水平(42.75%)，林地比重则大大高于全省平均水平(2.40%)。

(3) 建设用地呈现快速增长的态势，土地集约利用水平不断提升。镇江市经济社会发展非常迅速，地区生产总值从2007年的1 206.69亿元增加到2015年的3 502.48亿元，城市化水平从2005年的59.6%提高到2015年的69.2%。随着城镇化与基础设施建设进程加快，各项建设用地需求越来越大，总体呈现快速增长的趋势。与此同时，2007—2015年，全市单位面积建设用地固定资产投资从51.21万元/公顷提升至255.16万元/公顷，单位面积建设用地二三产业增加值从105.38万元/公顷提升至338.36万元/公顷，均高于全省平均水平。

(4) 交通运输用地比重较大。镇江地处沪宁城镇密集区和新宜城镇聚合轴，又是长江航线和苏南运河的交通枢纽，交通运输用地比重较大。2015年，全市交通运输用地10 564.2 ha，占土地总面积和建设用地的比重分别为2.75%和10.61%。镇江市占全省3.60% 的土地面积，承载了4.82%的交通运输用地，贡献了4.99%的GDP。

(5) 土地利用区域差异较大，协调程度有待提高。2015年镇江市区和扬中市城市化水平分别为76.92%和62.30%，高于丹阳市的56.70%和句容市的54.21%。从农用地和建设用地的比例来看，镇江市区和扬中市的农用地与建设用地之比分别为1.67∶1与1.41∶1，低于丹阳市的3.03∶1和句容市的3.40∶1。规划期内需要实行差别化的土地利用政策，促进区域间协调发展。

3. 土地利用存在的问题

(1) 土地资源紧缺，供需矛盾日益尖锐

镇江市域土地总面积在江苏省的13个地级市中最小，占全省土地总面积的比重仅为3.6%。在国家保障经济发展、严守耕地红线的政策背景下，未来15年城镇建设和交通等基础设施建设用地需求将持续加大。同时，在资源环境容量约束下，必须保障必要的耕地、林地和生态用地，土地供应与需求、开发与保护的矛盾日益尖锐。

(2) 耕地后备资源不足，补充耕地难度增大

2015年末，全市其他土地33 725.37 ha，占土地总面积的8.78%。其中水域面积30 566.5 ha，占其他土地的75.22%；包括长江水面19 453.5 ha，约占其他土地的一半；荒草地、苇地、滩涂面积仅占22.06%，受地形地貌等自然条件的限制，以及需首先满足保护生态环境和防汛抗洪等需要的前提下，开发利用为耕地的难度较大。

(3) 农用地总体质量不高，区域分布不平衡

全市中低产田、中低产园地比重较大。其中中低产耕地面积占总量的73.05%。按区域分布来看，句容市、丹徒区和润州区的丘陵乡镇，大部分农用地属于中低产类型。

(四) 旅游资源与开发

1. 旅游资源

镇江自古就以“天下第一江山”“城市山林”而闻名海内外。这里风光秀丽，名胜荟萃，是国务院命名的第二批历史文化名城之一，不仅具有真山真水特色的自然旅游资源，而且具有蕴含深厚历史文化底蕴的人文旅游资源(见表1-7和表1-8)。具有“江山风光”“城

市山林”“佛道文化”“名人古迹”等特色，还具有得天独厚的区位优势和便捷的交通条件，因而具有广阔的开发前景。但是镇江的旅游资源的丰富程度和知名度都不及周边的南京、苏州、无锡等城市，其旅游吸引力相对较弱，这制约了镇江旅游业的发展(表1-7、表1-8)。

镇江“三怪”是镇江著名的旅游商品。20世纪80年代以来，镇江市面上形成“肴肉不当菜，香醋摆不坏，面锅里面煮锅盖”的三怪俚谚。(1) 肴肉不当菜。肴肉即镇江水晶肴蹄，也称“肴”，原名硝肉，特点是精肉绯红，酥嫩易化，食不塞牙；肥肉去脂，食之不腻；胶冻透明晶亮，柔韧，常用于制作宴席中的冷盘。镇江人有吃早茶食肴肉的习惯，食用时配上姜丝、香醋，遂成镇江“一怪”。镇江肴肉选用猪前蹄，用传统工艺腌制后，再经烹饪煮制而成。(2) 香醋摆不坏。香醋是镇江传统名特产品，色、香、酸、醇、浓俱全，酸而味鲜，香而微甜，存放愈久味道愈醇，不易变质。“香醋摆不坏”遂成镇江“一怪”。镇江恒顺香醋采用优质糯米为原料，历经“制酒、制醅、淋醋”三大过程，大小40多道工序。其独特固态分层发酵工艺被列入首批国家级非物质文化遗产保护名录。(3) 面锅里面煮锅盖。锅盖面是镇江人的家常面食。镇江位于南北交通要冲，由于面条洁净、调味多样、制作方便，成为大众化的餐饮。锅盖面原名火(伙)面，在镇江本地至少有150年历史，也称小刀面、跳面，属浓碱型面条。或因“是北方移民带来的，具有军营的编制带过来的遗迹”，故名“火面”。下面条时将小锅盖滂在大锅里，面条在小锅盖下面，受热均匀，面锅不溍，面既不会生，也不会烂，“面锅里面煮锅盖”遂成镇江“一怪”。镇江锅盖面汤汁和浇头花样较多。

表1-7 镇江A级旅游景区名录(截至2015年12月31日)

序号	景区等级	市域	单位名称
1	5A	镇江	镇江市金山·焦山·北固山景区
2	5A	镇江	镇江市句容茅山风景区
3	4A	镇江	句容宝华山国家森林公园
4	4A	镇江	镇江市镇江博物馆
5	4A	镇江	镇江南山风景名胜区
6	4A	镇江	镇江市西津渡历史文化街区
7	4A	镇江	中国镇江醋文化博物馆
8	4A	镇江	中国米芾书法公园
9	3A	镇江	镇江市扬中中国职业装博览馆
10	3A	镇江	江苏禾木农博园
11	3A	镇江	中国(丹阳)眼镜城
12	3A	镇江	句容九龙山庄
13	3A	镇江	镇江市规划展示馆
14	3A	镇江	江苏句容神牛红木艺术馆
15	3A	镇江	句容怡景湾度假村景区
16	3A	镇江	镇江句容岩藤农场景区
17	3A	镇江	新区城市中央公园

续　表

序号	景区等级	市域	单位名称
18	3A	镇江	江心洲橘江里景区
19	2A	镇江	镇江民间文化艺术馆
20	2A	镇江	镇江丹阳九里风景区
21	2A	镇江	镇江句容市南山农庄
22	2A	镇江	镇江市冷遹纪念馆
23	2A	镇江	丹阳市万善公园
24	2A	镇江	扬中市江馨怡度假村
25	2A	镇江	镇江市丹徒区江心洲大套风光带“农家乐”
26	2A	镇江	丹阳嘉山旅游风景区
27	2A	镇江	扬中市环太渔乐园
28	2A	镇江	丹徒区世业洲旅游度假区
29	2A	镇江	镇江市丹徒区龙恩木屋旅游度假山庄
30	2A	镇江	镇江新区银山公园
31	2A	镇江	镇江市润州道院
32	2A	镇江	丹阳市九曲河枞纽风景区
33	2A	镇江	镇江市丹徒区新四军四县抗敌总会纪念馆
34	2A	镇江	镇江市赛珍珠文化园
35	2A	镇江	丹阳市上海战役总前委旧址纪念馆
36	2A	镇江	镇江市凤凰山庄旅游区
37	2A	镇江	镇江市赵伯先故居
38	2A	镇江	镇江市古城公园
39	2A	镇江	丹阳水晶山公园
40	2A	镇江	扬中市滨江生态园
41	2A	镇江	丹阳 176 文化绿洲
42	2A	镇江	扬中梓阳植物园
43	2A	镇江	江大源生态生物科技园
44	2A	镇江	跑马山公园

表 1－8　镇江主要旅游商品

基本类型	代表商品
菜品饮食	水晶肴肉
农林畜产品与制品	香醋
水产品与制品	长江三鲜
中草药材及制品	镇江膏药
传统手工产品与工艺	汉白玉插屏

资料来源：根据相关资料整理

2. 旅游资源开发

根据仇银娜(2011)研究显示，可以从以下几个方面大力开发镇江特色旅游。

(1) 开发长江水上游，开辟沿江风景带

镇江被誉为“城市山林”“天下第一江山”，有丰富的山水资源，镇江在对外营销时主打的就是“三山”品牌，却忽略了对水体资源的有效开发和利用。长江是中国第一大河，中国人自古就有一种长江情结。在长江沿岸城市中，镇江的地位又极为特殊，长江穿城而过，金山、焦山、北固山点缀其间，形成了镇江最负盛名的三山风景区。由于传统的观光型游览已不能满足现代人的旅游需求，镇江可以凭此先天优势发展集观光、生态、游览、度假为一体的新兴风景区。一方面开辟打造以长江为依托、以三山为主线的水上观光线，如乘豪华游船沿长江游金山—润扬大桥—北固山—焦山—江河交汇处线，从而使游客更好地领略山之雄奇、江之壮观；另一方面可以与观光互补，开辟水上游乐项目，带动游览气氛。

其次，可以充分利用景区的环境优势，大力植树造林，绿化美化沿江环境，开发菜园、果园、鱼塘等生态农业，发展农家生态旅游。也可以在此基础上建设大型旅游度假村，建设以长江为屏障，以三山为依托的度假休闲地，更多地满足现代人对健康生活的养身需求。

(2) 发挥宗教、民俗优势，发展宗教旅游

镇江市宗教文化源远流长。寺庙众多，佛事兴隆，名扬海内外的镇江宗教文化源远流长。金山江天禅寺以佛事胜，焦山定慧寺以佛学胜，宝华山隆昌寺是律宗第一山，茅山又是道教的“第一福地”“第八洞天”。精心打造金山江天禅寺、焦山定慧寺、宝华山隆昌寺、茅山道院和九里季子庙等“山林寺院”宗教文化旅游特色品牌，挖掘丰富的宗教文化资源，开辟沟通寺观的旅游专线，形成深度宗教旅游产品，吸引国内和东南亚国家的游客前来参禅、朝拜。另外，可以通过举办宗教性质的活动如庙会来推动旅游业的发展。还可以依据“白娘子水漫金山寺”“刘备甘露招亲”“宋江智取润州城”等家喻户晓的神话传说、历史故事来举办神话旅游节、制作相关工艺品等来吸引游客。

(3) 发展文化旅游

保护并开发利用各级文保单位和各类历史文化遗存，充分挖掘历史文化名城的丰富内涵，形成多个文化旅游点，并串联成线。基本完成伯先路近代建筑一条街的保护建设，与荣获联合国教科文组织颁发的亚太地区文化遗产保护杰出项目奖的西津渡街形成有机整体；保护利用南山南朝文化和丹阳南朝陵墓石刻；制定以挖掘“季子文化”和“古吴文化”为主体的丹阳九里旅游景区规划，打造“中国吴文化博物苑”文化品牌；加快市区梦溪园的开发和镇江博物馆建设；打造焦山“大字之祖”瘗鹤铭书法品牌；制定以完善赛珍珠故居为主体的研究活动规划，开拓赛珍珠“大地之旅”旅游线路，制作赛珍珠系列旅游纪念品，并向海内外推介。

(4) 适度进行商业建设

在资源开发的同时，加大商业建设的力度。除了现有的大市口外，应另开辟建设一批集镇江特色饮食、购物、休闲、娱乐为一体的街区和商业场所。例如可以在西津渡街吸引和恢复更多的镇江老字号。开发饮食文化与旅游可以相互促进。把“江鲜一条街”打造成

精品餐饮品牌，培育1～2个省内外知名餐饮品牌，建设1～2个特色美食街或美食广场，研究挖掘和开发丹阳九里“季氏家宴”。

（五）生态环境与保护

1. 空气环境

（1）废气排放

镇江市关于能源消耗主要以燃煤、燃油和天然气为主。2015年，全市工业煤耗总量为2 360.34万t；燃料油消耗量为0.88万t；天然气消耗总量为120.70亿m^3。工业废气排放总量为2 749.61亿m^3，废气中二氧化硫排放总量为45 299.13 t，氮氧化物排放总量为44 027.67 t，烟（粉）尘排放量为25 309.58 t。

（2）城市与城镇空气

镇江市区二氧化硫年平均浓度为25 $\mu g/m^3$，优于国家二级标准；二氧化氮、可吸入颗粒物、细颗粒物年平均浓度分别为42 $\mu g/m^3$、82 $\mu g/m^3$、59 $\mu g/m^3$，均劣于国家二级标准，其中细颗粒物同比下降13.2%；一氧化碳日均浓度范围为0.210～2.594 mg/m^3，优于国家二级标准；臭氧最大8小时均值浓度范围为2～319 $\mu g/m^3$，超标率为17.8%。

丹阳市二氧化硫、二氧化氮年平均浓度分别为21 $\mu g/m^3$、22 $\mu g/m^3$，均优于国家二级标准；可吸入颗粒物、细颗粒物年平均浓度分别为81 $\mu g/m^3$、56 $\mu g/m^3$，均劣于国家二级标准；一氧化碳日均浓度范围为0.266～2.382 mg/m^3，优于国家二级标准；臭氧最大8小时均值浓度范围为6～225 $\mu g/m^3$，超标率为4.4%。

句容市二氧化硫、二氧化氮年平均浓度分别为19 $\mu g/m^3$、34 $\mu g/m^3$，均优于国家二级标准；可吸入颗粒物、细颗粒物年平均浓度分别为73 $\mu g/m^3$、48 $\mu g/m^3$，均劣于国家二级标准；一氧化碳日均浓度范围为0.290～2.151 mg/m^3，优于国家二级标准；臭氧最大8小时均值浓度范围为4～243 $\mu g/m^3$，超标率为10.4%。

扬中市二氧化硫、二氧化氮年平均浓度分别为22 $\mu g/m^3$、36 $\mu g/m^3$，均优于国家二级标准；可吸入颗粒物、细颗粒物年平均浓度分别为84 $\mu g/m^3$、54 $\mu g/m^3$，均劣于国家二级标准；一氧化碳日均浓度范围为0.200～3.372 mg/m^3，优于国家二级标准；臭氧最大8小时均值浓度范围为6～256 $\mu g/m^3$，超标率为4.9%。

（3）酸雨

全市降水pH值在5.32～7.71之间，酸雨平均发生率为6.6%。镇江市区、丹阳市的酸雨发生率分别为6.4%、12.9%，句容市、扬中市未出现酸雨。

2. 水环境

（1）废水排放情况

2015年，全市工业废水排放总量为9 058.84万t，其中镇江市区、丹阳市、句容市、扬中市工业废水排放量分别为5 672.70万t、2 062.54万t、894.83万t和428.77万t。

工业废水中主要污染物排放量分别是：化学需氧量5 670.39 t，氨氮502.75 t，挥发酚0.87 t，石油类28.27 t。

（2）城市饮用水源

市区金山水厂和金西水厂2座集中式供水厂共用的1个长江取水口是镇江市的主要

饮用水源地，丹阳市和扬中市的城镇集中式饮用水亦取自长江，句容市集中式饮用水主要取自北山水库和句容水库。2015 年，全市各主要饮用水源地水质均优于国家地表水Ⅲ类水标准，市区、丹阳市、句容市、扬中市饮用水源水质达标率均为 100%。

(3) 长江流域

镇江市长江外江段水质类别保持在Ⅱ类，总体水质为优。市区的金山湖水质为优。捆山河水质为良好。古运河、运粮河、团结河水质为重度污染，其中古运河主要污染指标为氨氮，运粮河主要污染指标为氨氮、总磷，团结河主要污染指标为氨氮、总磷、化学需氧量、高锰酸盐指数。扬中市的长江夹江水质为优。扬中河渠水质为良好。

(4) 太湖流域

京杭大运河总体水质为轻度污染，主要污染指标为氨氮。丹徒区的通济河总体水质为良好。丹阳市的九曲河水质为良好；丹金溧漕河、鹤溪河、简渎河水质为轻度污染，其中丹金溧漕河主要污染指标为氨氮，鹤溪河主要污染指标为氨氮、化学需氧量，简渎河主要污染指标为生化需氧量、化学需氧量；战备河水质为中度污染，主要污染指标为氨氮。

(5) 秦淮河流域

句容市的句容河水质为轻度污染，主要污染指标为化学需氧量、挥发酚。

3. 声环境

镇江市区区域环境噪声昼间平均等效声级为 53.9 dB(A)，声环境质量为较好。功能区环境噪声中，4 类功能区昼间等效声级达标率为 100%，夜间等效声级达标率为 75.0%；其余 1、2、3 类功能区昼间、夜间等效声级均达标，达标率为 100%。道路交通噪声昼间平均等效声级为 66.9 dB(A)，评价等级为好，满足交通干线噪声标准。

丹阳市区域环境噪声昼间平均等效声级为 57.3 dB(A)，声环境质量为一般。功能区环境噪声中，4 类功能区昼间等效声级达标率 100%，夜间等效声级达标率为 75.0%；其余 1、2、3 类功能区昼间、夜间等效声级均达标，达标率为 100%。道路交通噪声昼间平均等效声级为 67.3 dB(A)，评价等级为好，满足交通干线噪声标准。

句容市区域环境噪声昼间平均等效声级为 59.1 dB(A)，声环境质量为一般。各类功能区环境噪声昼间、夜间等效声级均达标，达标率为 100%。道路交通噪声昼间平均等效声级为 65.7 dB(A)，评价等级为好，满足交通干线噪声标准。

扬中市区域环境噪声昼间平均等效声级为 54.0 dB(A)，声环境质量为较好。各类功能区环境噪声昼间、夜间等效声级均达标，达标率为 100%。道路交通噪声昼间平均等效声级为 67.8 dB(A)，评价等级为好，满足交通干线噪声标准。

4. 工业固体废物

2015 年，全市工业固体废物产生量为 1 009.88 万 t，其中一般工业固废产生量 989.36 万 t，综合利用量 988.27 万 t，处置量 3.32 万 t，贮存量 7.40 万 t。危险废物产生量 20.52 万 t，综合利用量 17.6 万 t，处置量 3.65 万 t，贮存量 0.29 万 t。

5. 辐射环境

2015 年，镇江市重点流域地表水中核素浓度在江苏省天然水平范围内，饮用水中放射性监测因子浓度满足 GB5749—2006《生活饮用水卫生标准》。全市辐射环境 2 个国控点和15个省控点监测结果表明，环境γ辐射吸收剂量率、空气中氡浓度、土壤中主要放射性核素含量均在江苏省天然本底水平范围内。电磁辐射环境质量测点的监测结果均小于《电磁辐射防护规定》(GB8702—1988)中公众成员的导出限值0.4 W/m^2，电磁环境总体上处于良好水平。

2015年，镇江市核技术应用等重点污染源企业周围辐射环境质量在江苏省天然本底水平范围；针对2015年移动通信基站、输变电线路（站）等引发的射频、工频电磁污染信访监测中未发现异常情况。

三、区域经济与社会

（一）历史与文化

1. 历史文化名城

历史文化名城镇江，至今已有2 500多年的历史。东汉末年，孙权从苏州迁到镇江建都，定名京城，不久又西迁南京，镇江改称京口。千百年来，历代名流大家纷至沓来，放歌题咏，挥毫泼墨，李白、白居易、苏轼、陆游、文天祥等人都留下了瑰丽的诗文。更有《白蛇传》“水漫金山”、《三国演义》“甘露寺招亲”“梁红玉击鼓战金兵”等神话传说和历史故事，给镇江增添了神奇美丽的色彩。

2. 宗教文化聚集

镇江市宗教文化源远流长。古时有八大名寺，香火旺盛，高僧辈出。千年古刹金山江天禅寺是水陆道场的首创之地，成为佛教圣地。焦山定慧寺已故主持茗山是全国十大高僧之一，佛学深湛，在华人世界有着很高的宗教地位。宝华山为“律宗第一山”，是明清时期全国最大的传戎道场，全国70%以上的僧侣都在此受戒。茅山道院被誉为“第一福地、第八洞天”。每到香期，上山香客达三四十万人。宝华山每年也有全国乃至东南亚许多国家的僧尼慕名前来朝佛受戒。此外，圌山绍隆寺、镇江清真寺都展现着镇江浓厚的宗教文化。

（二）人口与社会

1. 人口数量与结构

2015年，镇江市常住总人口317.65万人，比上年增加0.51万人。户籍总人口271.67万人，减少0.40万人，其中，男性人口134.46万人，女性人口137.21万人，男女性别比（女=100）为97.99；常住人口中，市区122.92万人，丹阳市98.02万人，扬中市34.21万人，句容市62.50万人。在户籍总人口中，市区103.17万人，其中，京口区31.39万人，润州区24.40万人，丹徒区28.99万人，镇江新区18.39万人；丹阳市81.21万人，扬中市28.16万人，句容市59.13万人。全市户籍人口总户数101.19万户，比上年减少0.10万户，户均2.68人。其中，市区40.13万户，增加0.06万户，户均2.57人。全市出生人口23 390人，其中男性11 577人，女性11 813人。人口出生率8.61‰，下降0.31个千分点，其中，市区8.28‰，丹阳市8.06‰，扬中市9.60‰，句容市9.46‰。全市死亡人口19 153人，人口死亡率7.05‰，下降0.1个千分点，其中，市区6.41‰，丹阳市7.87‰，扬中市 8.45‰，句容市 6.37‰。全市户籍人口自然增长率为 1.78‰。

2. 人口民族结构

第六次全国人口普查统计，全市有回、蒙古、苗、满、彝等 47 个少数民族，常住人口中少数民族人口 18 493 人，占全市总人口的比例为 0.594%。少数民族人口中，人数排在前五位的是回族 7 288 人、苗族 2 291 人、土家族 1 820 人、彝族 1 280 人、蒙古族 1 062 人，以上 5 个少数民族人口占全市少数民族人口的 74%。有 3 个少数民族聚居村、8 个省级民族工作示范社区、3 所民族学校、4 座清真寺、50 家清真网点、2 家民族贸易和民族用品定点生产企业，民族工作社会团体有市民族团结促进会。有市回民殡葬服务所和占地 0.84 公顷的王家湾回民公墓。

（三）经济与城市规划

1. 经济运行平稳

2015 年，镇江市经济运行总体平稳。全年实现地区生产总值 3 502.48 亿元，按可比价格计算，比上年增长 9.6%。其中，第一产业增加值 132.89 亿元，增长 3.6%；第二产业增加值 1 726.96 亿元，增长 9.5%；第三产业增加值 1 642.63 亿元，增长 10.2%。产业结构继续优化，三次产业比例由上年的 3.7 ∶ 50.2 ∶ 46.1 调整为 3.8 ∶ 49.3 ∶ 46.9，服务业增加值占地区生产总值比重比上年提高 0.8 个百分点。全市人均地区生产总值 110 351 元，增长 9.5%，按年均汇率折算为 17 720 美元。

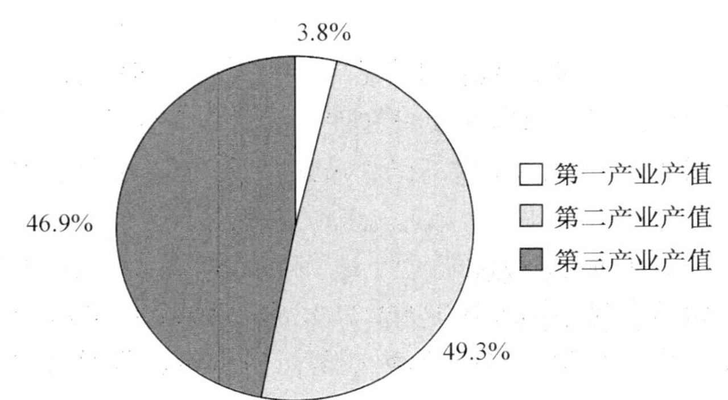

图 1－4　2015 年镇江三产比重

财政收支稳定增长。全年实现财政总收入 711.98 亿元，比上年增长 8.5%。其中，一般公共预算收入 302.85 亿元，增长 9.0%。在一般公共预算收入中，税收收入 245.40 亿元，增长 7.2%，占比重 81.0%。分税种看，分别完成增值税、营业税、企业所得税、个人所得税 34.5 亿元、110.89 亿元、22.54 亿元、13.90 亿元，增长 6.8%、14.1%、5.8%、34.4%。全年完成财政总支出 626.52 亿元，比上年增长 10.4%。其中，一般公共预算支出 351.62 亿元，增长 12.2%。在一般公共预算支出中，民生类支出 250 亿元，占比重 71.0%，比上年提高 2.2 个百分点。

2. 城市规划与发展

（1）规划范围

规划范围分市域、中心城区两个层次。

市域范围为镇江市行政管辖区，包括镇江市区，丹阳、扬中、句容三个县级市，总面积 3 840 km²。重点研究区域协调、市域空间结构、市域基础设施布局及重点城镇发展等。

中心城区范围东起大港，西至高资，南起 312 国道、宜通大道（原南环路）和金润大道

(原沿江公路),北至长江,总面积约 360 km^2,是总体规划修订的重点地域。中心城区的城市规划区范围为镇江市区行政管辖区,面积 1 088 km^2,该区域的建设和发展实行统一规划与管理。

(2) 市域历史文化保护

将历史文化遗产作为城市发展的资源,完善保护体系,建立整体保护框架,在保护的前提下可持续发展。历史文化遗产按市域、市区、中心城区、历史文化街区、文物古迹五个层面进行保护。

历史文化名城、名镇、名村应当整体保护,保持传统格局、历史风貌和空间尺度,不得改变与其相互依存的自然景观和环境;历史文化名城(镇江)、名镇(宝堰)、名村(华山、九里、儒里、葛村、柳茹等)必须依法编制保护规划,并按照保护规划保护和管理。焦山碑林、镇江英国领事馆旧址、昭关石塔等各级文物保护单位及其他历史文化遗产的保护,必须遵循历史载体真实性、历史环境完整性和功能利用延续性的原则,执行相关法律、法规的规定。

严格保护大运河(镇江段)文化线路上的河道遗产、水利工程遗产、聚落遗产以及其他物质文化遗产;综合整治遗产周边环境及运河水环境,开辟相应的旅游线路;加强文化遗产的展示,促进与历史文化相关的旅游产业的发展;优先启动城市考古、规划编制、综合管理及文化宣传等工作,促进对大运河(镇江段)文化线路的综合利用。

(3) "一体两翼,一核四区"的中心城区总体布局结构

"一体"指主城区,"两翼"指东西两翼多个功能组团。主城区空间突出"一核四区",由南山绿核、主城核心区、丁卯分区、南徐分区、谷阳分区组成。

(4) 分片布局

主城核心区:城市主中心,滨江城市山林和文化特色的标志区,城市中心商贸区和宜人的生活居住区。重点发展以商贸、金融、旅游和文化为主的现代服务业。

南徐分区:城市副中心,以政务商务、体育文化、高铁门户为主的新城区和中心商务区。重点发展文化会展、政务商务、信息服务和高品质的生活居住。

丁卯分区:城市副中心,以科技创新为主的新城区。重点发展以科技教育、软件服务外包和商务旅游为主的现代服务业。

谷阳分区:城市副中心,区级行政文化中心,生态宜居的新城区。重点发展教育、高新技术产业和服务产业。

南山绿核:城市中心绿地,以城市山林、古寺名泉为资源特色,融生态保障、文化体验、旅游休闲及历史遗存展示等功能于一体的都市型风景名胜区。

大港分区:城市副中心,滨江现代化新城区,全国主枢纽港区(区域物流中心),现代制造业集聚区。重点发展港口制造业、航空产业、新能源和循环经济产业。

谏壁分区:以能源、新材料、绿色化工和现代制造业为主的工业基地。重点发展内河航运物流业和先进制造业。

高资分区:以临港设备制造业和循环经济产业为主的工业园区。高资河以东重点发展装备制造业、海洋工程及港口物流业等;高资河以西转型发展循环经济产业。

（5）生态环境保护与四线管制

① 市域生态系统

充分利用城市现有的良好山水生态条件和江河山林格局，保护自然生态系统，培育人工生态空间，构建“廊道—斑块—节点—基质”的生态系统格局，保障生态系统安全，提高生态系统自我发展和修复能力，提升人居环境品质，塑造山水江南的城乡环境意象。

② 市域生态保护红线

按照“保护优先、合理布局、控管结合、分级保护、相对稳定”的原则，在重要生态功能保护区划定生态保护红线。生态保护红线内区域实行分级分类管理，以满足生产、生活和生态空间的基本需求。

③ 市域空间管制

镇江市域范围内根据地域资源环境、承载能力和发展潜力的不同，划分为禁建区、限建区和适建区，强化空间管制。

禁建区主要包括饮用水水源一级保护区，重要生态功能保护区核心区（一级管控区），集中成片、永久保留的基本农田。限建区主要包括重要生态功能保护区二级管控区范围、维护生态系统完整性的生态廊道和隔离绿地、市政设施控制用地、除禁建区以外的山体、《镇江市土地利用总体规划（2006—2020 年）》确定的一般农田范围。适建区包括尚未开发且适宜进行集中建设的区域，以及土地整理后新划定的可建设区域。

④ 中心城区绿地系统

中心城区构筑“一环两核、两楔两带”的生态框架，凸显镇江自然山水格局，维护城市生态安全。

⑤ 中心城区四线管制

城市绿线指市级公园、区级公园、专类公园、主要防护绿地等各类绿地的范围线。城市蓝线指古运河、运粮河、长山河、孩溪河、团结河、凤凰河、四明河等河流，以及金山湖、白龙潭、大港南北湖等主要地表水体的保护范围和建设控制地带界线。城市紫线指文物保护单位、历史文化街区和历史建筑的保护范围。城市黄线指对城市布局和周边环境有较大影响的城市基础设施用地的控制范围。

第三节 扬州市地理概况

一、扬州市自然地理概况

（一）地理位置

扬州市地处江苏省中部，位于长江北岸、江淮平原南端。北纬 32°15′～33°25′、东经 119°01′～119°54′。东部与盐城市、泰州市毗邻；南部濒临长江，与镇江市隔江相望；西南部与南京市相连；西部与安徽省滁州市交界；西北部与淮安市接壤（见图 1-5 和表 1-9）。

全市东西最大距离 85 km，南北最大距离 125 km，总面积 6 591.21 km^2，其中市区面积 2 306.0 km^2（其中建成区面积 140.0 km^2）、县（市）面积 4 285.2 km^2（其中建成区面积 133.8 km^2）。陆地面积 4 856.2 km^2，占 73.7%；水域面积 1 735.0 km^2，占 26.3%。

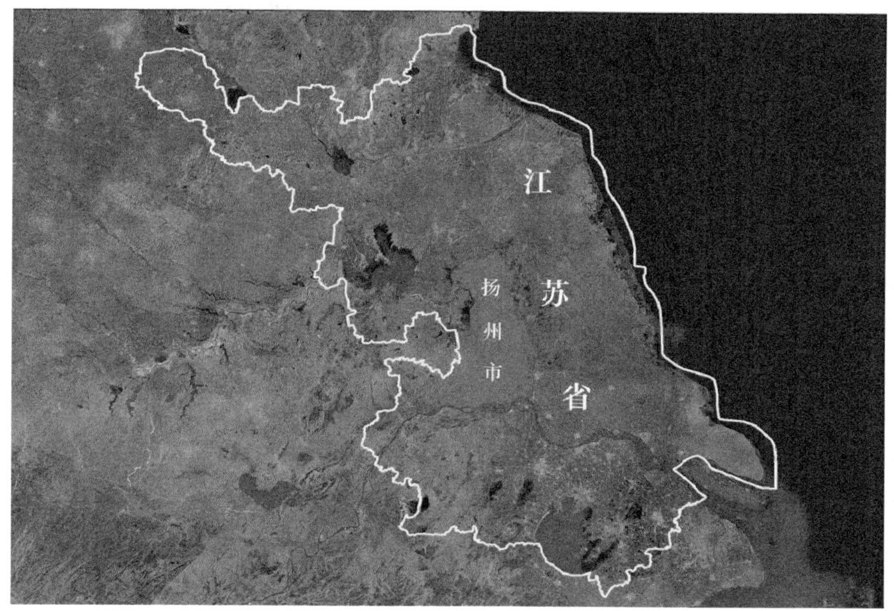

图 1－5　扬州市在江苏省的位置

表 1－9　扬州市行政区划

地区	镇（个）	乡（个）	街道（个）	居民委员会（个）	村民委员会（个）	土地面积（平方公里）
全市	62	5	17	357	1 003	6 591
市区	29	4	15	219	468	2 306
开发区	3		2	25	28	88
广陵	6	1	4	58	83	335
邗江	7	3	9	66	97	553
江都	13			70	260	1 330
宝应	14			43	223	1 462
仪征	9			43	137	902
高邮	10	1	2	52	175	1 922

资料来源：扬州统计年鉴，2016

（二）地质地貌

扬州市境内地形西高东低，以仪征市境内丘陵山区为最高，从西向东呈扇形逐渐倾斜，高邮市、宝应县与泰州兴化市交界一带最低，为浅水湖荡地区。境内最高峰为仪征市大铜山，海拔 149.5 m；最低点位于高邮市、宝应县与泰州兴化市交界一带，平均海拔 2 m。

扬州市区北部和仪征市北部为丘陵，京杭大运河以东、通扬运河以北为里下河地区，沿江和沿湖一带为平原。境内有大铜山、小铜山、捺山等，主要湖泊有白马湖、宝应湖、高邮湖、邵伯湖等。境内有长江岸线 80.5 km，沿岸有仪征、江都、邗江、广陵等一市三区；京杭大运河纵穿腹地，由北向南沟通白马湖、宝应湖、高邮湖、邵伯湖，汇入长江，全长 143.3 km。除长江和京杭大运河以外，主要河流还有东西向的宝射河、大潼河、北澄子河、通扬运河、新通扬运河。

（三）气候特征

扬州市属于亚热带季风性湿润气候向温带季风气候的过渡区。气候特点主要是四季分明，日照充足，雨量丰沛，盛行风向随季节有明显变化。春季多为东南风；夏季多为从海洋吹来的湿热的东南到东风，以东南风居多；秋季多为东北风；冬季盛行干冷的偏北风，以东北风和西北风居多。冬季偏长，4 个多月；夏季次之，约 3 个月；春秋季较短，各 2 个多月。

2015 年，扬州年降水量为 1 382 mm，年日照时数为 1 825 小时。年平均气温为 15.8 ℃。年极端最高气温全市为 37.9 ℃（8 月 3 日，仪征）；极端最低气温为 −7.6 ℃（2 月 9 日，宝应、江都）；35 ℃及以上的高温日数为 2 天（宝应）～12 天（扬州、江都）；初霜期比常年晚 9 天（常年为 11 月 7 日），终霜期比常年晚 10 天（常年为 3 月 31 日）（见表 1－10）。

2015 年，全市天气气候复杂，受暴雨、暴雪、雷电、龙卷、冰雹、低温连阴雨、冰冻、霾、秋冬大雾、高温、寒潮等灾害性天气的影响，全市 20 584 人受灾，转移安置 121 人，其中 2 人受伤，房屋损坏 783 间，农作物受灾面积 5 075 ha，成灾面积 9 841 ha，绝收面积 4 910 ha，直接经济损失约 2 755 万元。

表 1－10　2015 年扬州主要气象要素

月份	气温（℃）					日照合计小时	降雨量	
	平均气温	最高		最低			雨日（天）	雨量总量（毫米）
		℃	日期	℃	日期			
全年	15.8	37.9	8 月 3 日	−7.6	2 月 9 日	1 825.1	119	1 367
1 月	3.9	16.9	4 日	−7.0	1 日	118.7	7	21.6
2 月	5.4	18.8	14 日	−7.6	9 日	121.7	8	30.3
3 月	9.9	29.7	31 日	−4.7	10 日	149.3	8	74.6
4 月	14.8	29.6	28 日	−0.3	8 日	187.6	12	97.2
5 月	20.5	32.2	14 日	9.2	5 日	171.2	8	106.2
6 月	24.1	34.9	11 日	12.7	4 日	108.1	13	378.1
7 月	26.4	36.3	28、29 日	17.4	7 日	148.1	14	137.1
8 月	26.9	37.9	3 日	19.4	28 日	203.2	12	303
9 月	22.8	32.5	1 日	12.4	13 日	195.2	8	47.4
10 月	17.9	26.5	15 日	6.0	31 日	205	7	51.3
11 月	11.2	28.8	6 日	−6.5	27 日	78.9	15	107.5
12 月	5.2	16.5	1 日	−6.9	18 日	138.2	7	12.9

资料来源：扬州市统计年鉴，2016

二、扬州市资源与环境

（一）矿产资源与开发

扬州市处于新生代近海盆地—苏北至南黄海盆地西部，经历了前震旦纪的地槽、震旦纪—晚三叠纪的地台和白垩纪—第四纪的盆地三个发展演化阶段。区内断裂构造发育，高邮凹陷是江苏油气矿藏和地热资源的主要分布区。新生代火山活动形成的玄武岩是宝贵的石料资源；白垩系上统赤山组细砂岩和粉砂岩蕴藏着全市唯一的大型型砂矿床。上第三系雨花台组地层是砂、砾(卵)石建材和珍贵观赏石的来源。第四系淤尖组和下蜀组粘土构成了遍布全市的砖瓦粘土资源。

1. 矿产资源种类

扬州市迄今已发现矿产 15 种，其中已探明储量的 13 种，矿产地 76 处。石油、天然气储量居全省前列，邵伯湖滨地区和里下河洼地，素有“水乡油田”的美誉，为全市优势矿产资源；地热、泥炭、二氧化碳气为潜在优势的矿产资源；型砂、玄武岩、雨花石、花彩石为本市的特色矿产；石英砂、砖瓦粘土、陶瓷粘土、砾石、矿泉水等为一般矿产资源。

2. 矿产开发利用现状

(1) 矿山类型、数量及分布

扬州市现有矿山企业 211 家，具体为：石油 1 家，矿泉水 5 家，建筑用玄武岩 43 家，砖瓦用粘土 116 家，建筑用砂 46 家。由砖瓦粘土、砂石和玄武岩组成的建材矿山占矿山总数的 97%，其中砖瓦粘土占矿山总数的 55%，砂石占总数的 34.6%。

矿山分布地域不均匀，仪征市集中分布了 113 家矿山，占矿山总数的 53.5%，以开山采石企业居多。油气开采主要集中在高邮、江都境内。砖瓦用粘土企业散布于全市各地。

(2) 开采量

能源矿产中，石油产量为 155 万 t，天然气产量为 0.18 亿 m^3。固体矿产开采总量为 925 万 t，其中，玄武岩 269 万 t，砂 238 万 t，砖瓦用粘土 418 万 t。另外，综合利用卵石(砾石)10 万 t，生产特色矿产品花彩石 5 万 t，工艺雨花石 2 t。

(3) 矿业产值

全市矿业产值达 26.61 亿元。其中石油矿产 25.77 亿元；固体矿产 0.84 亿元，包括建筑用玄武岩 2 105 万元，建筑用砂 467 万元，砖瓦用粘土 3 676 万元。综合利用产生的经济效益明显，卵(砾)石的产值为 400 万元，花彩石 500 万元，具观赏收藏价值的工艺雨花石估计约 270 万元。

(4) 矿业开发在全市经济中的地位

采掘业占全市工业总产值 3.98%，是全省平均水平(0.6%)的 6.6 倍。矿产品加工业占市工业总产值的 1.86%。矿业不仅在全市工业经济中占有重要地位，而且对安排就业做出了重要贡献。全市从事采矿的职工人数 3.3 万余人，仅次于徐州市和南京市，居江苏省第三位。

(5) 石油和天然气是矿业的主要支柱

石油工业是扬州市的龙头产业之一。2015 年，以扬州为主要产地的江苏油田年产石油165万t,占全省原油产量的90%以上。石油加工业占市矿产品加工业总产值的40%。石油矿业已成为扬州市矿业的最大支柱。

(6) 砖瓦粘土开采实行有效控制

为落实国家严格限制在农田取土生产砖瓦城镇建筑地基以上禁用实心砖等政策,全市关闭平毁各类砖瓦窑1 334座,大力推广新型建筑材料。新型墙体材料产量折标准砖达4.75亿块,占全部墙体材料总量的30.86%。新墙体材料建筑竣工面积91.4万m^2,已占全部竣工面积的45%,用废渣和淤泥替代粘土比例已近1/3,有效地保护了耕地资源。

(7) 玄武岩和砂石资源得到开发利用

玄武岩和砂石资源主要分布于仪征市西部岗丘地带,高邮市也有少量分布。开采矿山企业计89家,占全市矿山总数的42%,年产值为4 500万元,基本保障了全市建设用砂、石的供给。

(8) 矿山科学化开采逐步推进

矿山生产从以手工操作为主,逐步转向效率高、安全程度高的机械化生产。仪征市所有采石厂实现了机械化生产。

3. *矿产勘查和开发利用存在的主要问题*

(1) 公益性、基础性地质工作尚不能适应经济社会发展的需要

1∶5万区域地质调查没有覆盖全市,部分资料陈旧。区域环境地球化学调查和城市地下水资源调查评价不够。地质灾害评价工作,尤其是城镇规划区内的地质灾害评估工作尚不能适应社会经济发展的需要。

(2) 矿产勘查投资不足,勘查程度有待提高

地勘投资项目少,"九五"期间新增矿产地很少,已知矿种和矿产地储量级别多为资源量,资源保证程度不高。大部分矿产,仅做过初步普查或矿点检查,地热资源勘查尚未全面、系统展开。

(3) 矿产开发利用水平不高,矿业结构性矛盾较突出

除石油外,绝大多数矿产直接以原矿销售。建筑石料等产品多为荒料及碎石。矿山规模结构不合理。露采矿山均为小型矿山,开采宕口散乱,缺乏整体规划。矿业及其后继加工业的组织结构不合理、规模小。

(4) 矿产资源管理与矿山环境管理仍需加强

管理方式目前以行政手段为主,资源配置市场化程度不高;仍然存在偏重矿山开采,忽视环境保护、安全生产和资源综合利用等问题。露采矿山"小、散、多"的局面没有得到根本好转,矿山生态环境恢复治理工作需进一步强化。

(二) 水资源与保护

扬州市境内有一级河2条、二级河7条、三级河2条、四级河4条,总长593.6 km,多年平均径流总量16.9亿m^3。主要湖泊有宝应湖、高邮湖、邵伯湖、登月湖、白马湖等。

(三) 土地资源与利用

1. *土地利用现状*

2015年末,全市土地总面积659 121.03 ha,其中农用地421 979.77 ha,建设用地

128 611.05 ha,其他土地 108 530.21 ha,分别占土地总面积的 64.02%、19.51%和 16.47%。

农用地中,耕地 285 589.7 ha、园地 12 454.63 ha、林地 5 082.43 ha、其他农用地 118 853.01 ha,分别占农用地面积的 67.68%、2.95%、1.20%、28.17%,牧草地为 0。

建设用地中,城镇工矿用地 39 778.80 ha、农村居民点用地 64 610.28 ha、交通水利用地 22 427.92 ha、其他建设用地 1 794.05 ha,分别占建设用地面积的 30.93%、50.24%、17.44%、1.39%。

其他土地中,未利用土地 610.35 ha、其他土地 107 919.86 ha,分别占其他土地面积的 0.56%、99.44%。

2. 土地利用特点

(1) 农用地尤其是耕地比重大,耕地质量较高

2015 年底,扬州市农用地 421 979.77 ha,占土地总面积的 62.02%。其中耕地是最主要的农用地类型,占农用地面积的 67.68%。全市耕地适耕期长,土层深厚,土壤质地适中,宜于种植粮、棉、油等粮食或经济作物。

(2) 其他土地面积较大,水域资源丰富

2015 年底,扬州其他土地面积占土地总面积的 16.47%。境内有一江四湖及大片浅水湖荡区,河流水面和湖泊水面是其他土地的主体部分,其比重达到 79.22%。

(3) 城镇工矿用地呈轴线式布局

全市城镇工矿用地多沿主要交通干线分布,其中,广陵区、维扬区、邗江区、仪征市及江都市主要沿宁通交通走廊及长江岸线分布;高邮市、宝应县及邵伯、范水等重点中心镇主要沿京杭运河、京沪高速和安大公路分布。

(4) 土地利用结构地区差异较大

2015 年底,宝应县农用地和建设用地之比大于 5,高邮市、江都市、仪征市分别为 4.7∶1、3.27∶1、2.87∶1,而扬州市区仅为 1.39∶1,土地利用结构地区差异较大,应根据分区土地利用特点,实施差别化的土地利用调控措施。

3. 土地利用中存在的问题

(1) 耕地保护压力加大

扬州市城镇建设用地的扩张和基础设施的建设将不可避免地占用部分耕地,加之农业结构调整和水利交通等基础设施建设对耕地的临时占用、破坏,耕地数量减少趋势较大。同时可供整理复垦开发的耕地后备资源有限,土地整治成本的提高和环境约束的日益显现,给全市"占补平衡"任务的落实带来了很大难度,保护耕地的压力将不断加大。

(2) 建设用地集约利用水平有待提高

2015 年,全市单位建设用地二三产业产值为 293.52 万元/公顷,地均固定资产投资额为 43.34 万元/公顷,在苏中、苏南各市排位靠后。全市工矿用地集聚度较低、单位用地投资强度较弱,低层级产业园区过多,农村居民点布局散乱、人均农村居民点用地超标,土地资源利用粗放,节约集约利用水平有待提高。

（四）旅游资源与开发

扬州是中国首批历史文化名城，古称广陵、维扬、江都等。扬州的旅游资源非常丰富，旅游环境极其良好，最近这几年扬州旅游事业发展得很快，国内旅游的总收入和接待游客数量一直呈上涨的趋势（见表1-11）。但是，与苏南等经济比较发达的地区相比，扬州旅游资源的开发相对来说比较落后。

表1-11 扬州A级旅游景区名录（截至2015年12月31日）

序号	景区等级	市域	单位名称
1	5A	扬州	扬州瘦西湖风景区
2	4A	扬州	扬州大明寺
3	4A	扬州	扬州市个园
4	4A	扬州	扬州市何园
5	4A	扬州	扬州中国雕版印刷博物馆/扬州博物馆
6	4A	扬州	扬州京华城休闲旅游区
7	4A	扬州	扬州市茱萸湾风景名胜区
8	4A	扬州	扬州市东兰历史文化旅游区
9	4A	扬州	扬州高邮盂城驿景区
10	3A	扬州	扬州汉陵苑
11	3A	扬州	扬州市凤凰岛生态旅游区
12	3A	扬州	扬州市叱可济纪念馆
13	3A	扬州	扬州吴道台宅第
14	3A	扬州	宝应县纵棹园
15	3A	扬州	仪征博物馆
16	3A	扬州	扬州市高邮镇国寺
17	3A	扬州	高邮文游台
18	3A	扬州	仪征市红山体育公园
19	3A	扬州	宝应宁国寺景区
20	3A	扬州	扬州陈园景区
21	3A	扬州	江都开元寺景区
22	3A	扬州	江都朴园景区
23	2A	扬州	江都市邵伯湖风景旅游区
24	2A	扬州	扬州市朱自清故居
25	2A	扬州	宝应县周恩来少年读书处
26	2A	扬州	宝应县射阳湖荷园生态旅游区

续　表

序号	景区等级	市域	单位名称
27	2A	扬州	宝应县柳宝二妹子模范民兵活动中心
28	2A	扬州	江都龙川盆景艺苑
29	2A	扬州	宝应博物馆
30	2A	扬州	宝应革命烈士纪念馆
31	2A	扬州	隋炀帝陵景区
32	2A	扬州	扬州玉文化景区
33	2A	扬州	江都仙女公园
34	2A	扬州	高邮菱塘古清真寺

1. 旅游资源特征

(1) 自然与人文资源丰富

扬州是一个历史文化悠久的城市，自然与人文资源都比较丰富。扬州的气候温和适宜，地理位置优越，河道纵横、水网交织，自然景色和田园风光极其优美，是名副其实的"鱼米之乡"。明清时期由于便利的水网交通形成了扬州独特的"盐商"文化，是扬州兴盛一时的象征。文化上的多元与自由使成果也比较丰盛。以淮扬菜为核心的饮食文化和以郑板桥等为代表的"扬州八怪"画派、扬州戏曲、雕版印刷、玉器等都兴盛一时。

(2) 特色鲜明

扬州古运河是扬州市最古老的景点，曾被誉为中国古代的一大工程奇迹；有"湖上蓬莱"之称的瘦西湖是扬州最具有特色的景点之一；大明寺因集佛教庙宇、文物古迹和园林风光于一体而历代享有盛名；个园是中国的四大名园之一，也是扬州最具有盛名的园林之一，在 1988 年个园就已经被国务院授予"全国重点保护文物单位"。

(3) 高科技化

随着科技的不断发展，扬州已经被国家旅游局确定为"智慧旅游试点城市"。现今扬州已经开启智慧导游，在扬州个园、何园景区的门口已经拥有"智慧景区手机自助导览系统"，来到这边的游客只需要在景区门口扫一下二维码，便能下载"电子导游"这个服务系统，享受贴身的导游服务，不再需要依靠导游来了解景点。

2. 旅游资源开发存在的问题

根据谢颖(2015)的研究显示，扬州旅游资源开发存在的主要问题如下：

(1) 交通道路设施发展略显滞后

长期以来，扬州采用紧凑型的"单中心圆心圈"发展模式，主要依托老城区。老城区承担了大量的城市功能，城市交通大量集中于老城区内，学校、商业设施、医院、体育设施、行政机关等公共设施十分密集。红绿灯时长等设置存在的弊端，道路网络的不合理，市民自身安全自我保护意识的缺乏以及政府部门、交通部门的管理不当等问题，导致堵车甚至交通事故时有发生。尤其是旅游旺季的时候，城市交通就显得非常拥挤。私家车数量严重超标，导致景点门口停车难、道路交通不流畅、旅游大巴车无处停放等问题。

(2) 旅游资源分散，产业融合度不高

县域旅游资源规划整合还不到位，一直未能形成“大旅游”格局。各地在开发上存在很多差异，所以降低了旅游资源利用效率，使优势互补的区域“大旅游”格局一直未能形成。资源和产业融合方面的发展比较缓慢，产业链不够发达。从旅游产业培育方面来看，吃、住、游、行、购、娱六大要素衍生的旅游产业在扬州市始终不温不火。“门票经济”制约了扬州旅游业的发展，使得扬州过度依赖景点资源，造成城市旅游整体萎缩。

(3) 旅游营销力量微薄，市场覆盖面狭窄

扬州市场推广措施力度不够，通常是一些景点独立进行旅游推介，整体城市营销尚未真正起步。旅游产品市场覆盖面较为狭窄，对新客源市场和新消费群体的开拓不力，前往扬州的游客主要集中在华东一带，国内其他省份以及境外游客数量极其有限。

(五) 生态环境与保护

1. 环境空气质量

(1) 市区环境空气质量

2015 年，扬州市区环境空气有效监测天数 361 天，达标天数共 245 天，达标率为 67.9%，同比上升 2.4 个百分点；其中优 26 天、良 219 天、轻度污染 89 天、中度污染 20 天、重度污染 7 天、无严重污染天数。全年细颗粒物($PM_{2.5}$)日均值、可吸入颗粒物(PM_{10})日均值、臭氧(O_3)日最大 8 小时平均值、二氧化氮(NO_2)日均值均存在不同程度的超标。

影响市区环境空气质量的主要污染物是细颗粒物。以细颗粒物为首要污染物的天数为 59 天，以臭氧为首要污染物的天数为 48 天，以可吸入颗粒物为首要污染物的天数为 9 天。

(2) 县(市、区)环境空气质量

2015 年，江都区有效监测天数为 365 天，环境空气达标率为 71.8%；高邮市有效监测天数为 365 天，环境空气达标率为 59.8%；仪征市有效监测天数为 359 天，环境空气达标率为 71.8%；宝应县有效监测天数为 365 天，环境空气达标率为 74.5%。

(3) 空气质量预警

2015 年，扬州市共发布重污染天气预警 5 次，重污染天气的形成主要是受不利气象条件下本地污染源的累积及外源输入的影响。

(4) 酸雨

2015 年，扬州市区全年降水量为 1 037 mm，酸雨频率为 24.2%，同比下降 7.4 个百分点；宝应县酸雨频率为 3.6%；江都区、高邮市、仪征市均无酸雨发生，其中仪征酸雨频率同比下降 21.1 个百分点。

2. 水环境质量

(1) 地表水

2015 年，扬州市地表水水质总体为轻度污染，Ⅱ～Ⅲ类水质比例为 53.2%、Ⅳ类水质比例为 25.8%、Ⅴ类水质比例为 3.2%、劣Ⅴ类水质比例为 17.8%。62 个市控以上断面水质达标率为 74.2%，同比上升 12.9 个百分点；国控断面水质达标率为 80.0%；省控以

上断面水质达标率为80.6%。

① 长江干流扬州段水质总体良好，其中六圩口东断面水质为地表水Ⅳ类，其他5个断面水质均为地表水Ⅲ类。

② 京杭运河扬州段水质总体为优，其中邗江运河大桥断面水质为地表水Ⅳ类，其他10个断面水质均为地表水Ⅲ类。

③ 古运河优于Ⅴ类断面比例为42.9%，主要污染物为氨氮，与去年相比，水体中氨氮浓度明显下降。

④ 瘦西湖、高邮湖、邵伯湖、宝应湖水体仍存在不同程度的富营养化，但营养化程度保持稳定。

⑤ 45条城市内河水质达标率范围为20.5%～50.0%，水体中主要污染物为氨氮、化学需氧量、高锰酸盐指数，与去年相比，各污染物浓度明显下降。

(2) 饮用水源地

2015年，扬州市共有集中式饮用水源地16处，其中城市集中式生活饮用水源地11处，乡镇集中式生活饮用水源地5处，水质达标率为100%。

(3) 地下水

2015年，扬州市10眼地下水监测水井中，良好井7眼，较好井2眼，较差井1眼。

3. 声环境

(1) 区域声环境

2015年，扬州市区昼间区域环境噪声平均等效声级值为54.3 dB，区域声环境质量处于二级(较好)。各县(市)昼间区域声环境质量均处于一级(好)。

(2) 功能区噪声

2015年，扬州市各类功能区昼间噪声达标率均为100%，夜间达标率1类区为96.4%，其余均为100%。

(3) 交通噪声

2015年，扬州市区昼间道路交通声环境质量监测点位共85个，监测道路总长132 380 m，平均等效声级为66.3 dB(A)，处于一级(好)。

各县(市)监测点位共147个，监测路段总长240 930 m，平均等效声级为63.9～65.6 dB(A)，处于一级(好)。

4. 生态环境

2014年，扬州市生态环境状况指数为72.87，生态环境状况级别为良，植被覆盖度较高，生物多样性较丰富，基本适合人类生存；各县(市、区)生态环境质量级别均为良，宝应县、仪征市、江都区生态环境状况指数值有所提高。

5. 土壤环境

2015年，列入监测计划的三个畜禽养殖场周边土壤均达到《土壤环境质量标准》中二级标准，污染等级为Ⅰ级，清洁(安全)。

6. 辐射环境

2015年，扬州市重点监管的核技术利用单位厂区内辐射环境满足相关标准要求，厂区周围水体、土壤、生物等介质中放射性核素含量在本底水平范围；广播电视发射台、移动通信基站、高压输变电工程等电磁设施周围环境电磁辐射水平均满足相应标准的要求。

7. 主要污染物排放

(1) 废气污染物

2015年，扬州市二氧化硫排放总量为4.55万t，其中工业源排放占93.2%、城镇生活源排放占6.79%、集中式治理设施排放占0.01%；氮氧化物排放总量为6.33万t，其中工业源排放占71.3%、城镇生活源排放占0.92%、机动车排放占27.6%、集中式治理设施排放占0.18%；烟(粉)尘排放总量为1.75万t，其中工业源排放占83.7%、城镇生活源排放占7.80%、机动车排放占8.41%、集中式治理设施排放占0.09%。工业源为废气污染物的主要来源。

与2010年相比，2015年扬州市二氧化硫、氮氧化物排放总量分别减少25.3%、34.3%，均达到《扬州市"十二五"主要污染物总量削减目标责任书》中削减要求。

(2) 废水污染物

2015年，扬州市化学需氧量排放总量为53 248.2 t，其中工业源排放占24.0%、农业源排放占20.5%、城镇生活源排放占55.0%、集中式治理设施排放占0.5%；氨氮排放总量为7 159.4 t，其中工业源排放占17.0%、农业源排放占24.3%、城镇生活源排放占58.4%、集中式治理设施排放占0.3%。

与2010年相比，2015年全市化学需氧量、氨氮排放总量分别减少12.9%、14.9%，均达到《扬州市"十二五"主要污染物总量削减目标责任书》中削减要求。

(3) 固体废物

2015年，扬州工业固体废物产生量为318.00万t，其中，综合利用量为282.33万t(其中综合利用往年量0.47万t)，处置量为31.80万t(其中处置往年量0.86万t)，贮存量为5.20万t，排放量为0，综合利用率为98.36%。工业危险废物产生量为17.85万t，危险废物综合利用量为7.93万吨(其中综合利用往年量0.47万t)，危险废物处置量为9.67万t(其中处置往年量0.86万t)，贮存量为1.58万t，排放量为0；工业危险废物处置利用率为91.15%。

三、区域经济与社会

(一) 历史与文化

1. 春秋及以前

大约距今7000—5000年前，淮夷人就在扬州一带劳动生息，并有了水稻栽种。

春秋时期，今扬州市区西北部一带称邗。公元前486年，吴灭邗，筑邗城，开邗沟，连接长江、淮河。越灭吴，地属越；楚灭越，地归楚。公元前319年，楚在邗城旧址上建城，名广陵。秦统一六国后，设广陵县，属九江郡。

2. 汉代

汉代，今扬州称广陵、江都，长期是诸侯王的封地。吴王刘濞"即山铸钱、煮海为盐"，开盐河(通扬运河前身)，促进了经济的发展。为改善和巩固民族关系，元封六年(公元前

105 年)，汉武帝将江都王刘建的女儿刘细君嫁到乌孙国，比王昭君和亲匈奴还早 80 多年。东汉末年，张婴率领的农民起义军在广陵一带转战 10 余年后，被广陵太守张纲劝降。但不久，许多曾参与起义的农民又响应并参加了黄巾起义。

3. 三国及南北朝时期

三国时期，魏吴之间战争不断，广陵为江淮一带的军事重地。

南北朝时期，广陵屡经战乱，数次变为“芜城”，但经过劳动人民数百年的辛勤开发，经济地位在恢复中不断提高。山东青州、兖州一带的移民南迁广陵一带，促进了扬州的经济发展。北周改广陵为吴州。

4. 隋唐五代时期

589 年，隋灭陈，建立了统一的隋政权，改吴州为扬州，置总管府。至此，完成了历史上的扬州和今天的扬州在名称、区划、地理位置上的基本统一。隋炀帝时，开大运河连接黄河、淮河、长江，扬州成为水运枢纽。大运河不仅便利交通、灌溉，而且对促进黄河、淮河、长江三大流域经济、文化的发展和交流起到重要作用，奠定了唐代扬州空前繁荣的基础。隋炀帝大业初年改州为郡，扬州随之改为江都郡。605—616 年，隋炀帝三下江都。618 年，隋炀帝被部将宇文化及所杀，葬于扬州城西北五里吴公台下，后迁葬于雷塘。619 年，李子通率农民起义军攻克江都，称皇帝，国号吴。620 年，扬州为唐军占，名称屡有更改；626 年，复称扬州，治所在今扬州。

唐代扬州农业、商业和手工业相当发达，出现了大量的工场和手工作坊，不仅富甲江淮，而且是中国东南第一大都会，时有“扬一益二”之称(益州为成都古称)。扬州是南北粮草、盐、钱、铁的运输中心和海内外交通的重要港口，曾为都督府、大都督府、淮南道采访使和淮南节度使治所，领淮南、江北诸州。在以长安为中心的水陆交通网中，扬州始终起着枢纽作用。唐代扬州和大食(阿拉伯)交往频繁，侨居扬州的大食人数以千计。侨居扬州的客商主要来自波斯、大食、新罗、日本等国。日本遣唐使到扬州和高僧鉴真东渡日本促进了中日两国的政治、经济、科学、文化交流。扬州人李善在吸收前人成果的基础上，重新注释《文选》，旁征博引，为后人保存了大量重要文献资料；其子李邕能诗善文，工书法，尤擅行书，是继虞世南、褚遂良之后的大书法家。张若虚为“吴中四杰”之一，《春江花月夜》有“以孤篇压全唐”之誉。684 年，徐敬业、骆宾王在扬州起兵反对武则天政权。

唐末五代，军阀混战，扬州遭到严重破坏。887 年，杨行密开始入主扬州。919 年，其子杨渭(隆演)就吴国王位，改元武义。920 年，杨渭卒，弟杨溥即吴王位；927 年，杨溥即皇帝位，改元贞元，史称“杨吴”。937 年，徐知诰迫杨溥禅位，自即帝位，国号为唐，史称“南唐”。957 年，后周取南唐江都府，复称扬州。

5. 宋时期

960 年，北宋建立。农业、手工业迅速发展，商业进一步繁荣，扬州再度成为中国东南地区的经济、文化中心，与都城开封相差无几。每年商业税收约 8 万贯，居全国第三位。1127 年，宋高宗赵构迫于金人进逼，在迁都过程中以扬州为“行在”一年，促进了扬州的繁荣。100 多年间，扬州一直是抗金、抗元的战场。韩世忠、刘琦、岳飞等南宋名将在这一地区进行了艰苦的斗争。1275—1276 年，李庭芝、姜才率军队和扬州人民一起与元军展开不屈的斗争，不幸殉难，扬州城仅剩数千人。战争使经济和社会遭到严重破坏，但在局势相对稳定的时期，扬州的经济又不断恢复发展。文化方面，欧阳修、苏轼、秦观、姜夔、王令等在扬州留下大量传世名作。

6. 元明时期

元、明两代，扬州经济发展加快。到扬州经商、传教、从政、定居的外籍人日渐增多，其中仍以波斯人和阿拉伯人为最。元代，运河扬州段经几次整治，基本形成了今天的走向，恢复了一度中断的漕运，扬州又迅速繁华起来。明代，商品经济的发展孕育了资本主义生产关系的萌芽。扬州的商业主要是两淮盐业专卖和南北货贸易，盐税收入几乎与粮赋相等。商业扩大到旧城以外。手工业作坊生产的漆器、玉器、铜器、竹木器具和刺绣品、化妆品都达到相当高的水平。为防止倭寇再次入侵，1556 年，扬州建“新城”。文化方面，出现了睢景臣等一批著名杂剧、小说作家。明朝灭亡后，为阻止清兵南进，南明督师史可法在扬州率军坚守孤城，宁死不降，表现出坚贞不屈的民族气节。城陷后，清军屠城十日，死者数以万计。

7. 清时期

清代，康熙和乾隆多次“巡幸”，使扬州出现空前的繁华，城市人口超过 50 万，成为中国八大城市之一，也是 18 世纪末、19 世纪初世界十大城市之一。当时的扬州，居交通要冲，富盐渔之利，盐税与清政府的财政收入关系极大。各地商人纷纷在扬州建起会馆，各有营业范围和地方特色。同时兴起的还有会票——信用汇兑。一些盐商广结文士，爱好藏书，捐资修建府学、县学，恢复名胜古迹，兴建园林，对扬州的文化发展有一定贡献。这期间出现了以金农、汪士慎、黄慎、李鱓、郑燮、李方膺、高翔、罗聘等“扬州八怪”为代表的扬州画派，以任大椿、汪中、焦循、阮元和王念孙、王引之父子为代表的扬州学派。扬州戏剧历史悠久，至清代大盛。1790 年，为庆祝乾隆皇帝 80 寿辰，以宝应高朗亭为班主的三庆班进京演出，与其他剧种一起，对京剧的形成和发展产生重要影响。扬州的雕版印刷和评话、清曲、扬剧、木偶剧以及棋、琴等均在清代达到较高水平，形成自己的特色，奠定了扬州成为当时中国文化中心的基础。

19 世纪中叶以后，由于运河山东段淤塞，漕粮改经海上运输，淮盐改由铁路转运，加上其他方面的原因，扬州在经济上逐渐衰落。第一次鸦片战争期间，扬州府属的瓜洲、仪征等地人民奋起抵抗英军侵略。太平天国农民起义军先后 3 次在扬州一带抗击清兵南北大营的分兵合击。在孙中山领导的民主主义革命中，扬州人熊成基在安徽以陆军炮营队官的身份，于 1908 年 11 月组织、领导了著名的安庆新军起义，开始武装夺取政权的尝试。1911 年 11 月，孙天生与同盟会联系，在扬州发动武装起义，史称“扬州光复”。

8. 民国时期

1912 年，中华民国废扬州府，置江都县。1922 年，扬州境内第一条公路建成。1925 年，中国共产党开始在扬州一带组织、领导人民进行新民主主义革命。1931 年，扬州洪水泛滥，长江和运河沿线决口 60 余处，死于水灾、饥饿和疫病者数十万。1937 年 10 月，中共中央长江局派员在扬州建立中共扬州特别支部，与扬州各界人士一同开展抗日救亡运动；12 月，侵华日军占据扬州，以陈文为首的扬州抗日义勇团在扬州北乡展开抗日斗争。

1939 年初，新四军贯彻中共中央东进北上的方针，着手创建苏中抗日根据地。1940 年 7 月，陈毅、粟裕率新四军主力北渡长江、挺进苏中，在江都建立新四军江北指挥部。在抗日战争和解放战争中，扬州人民在中国共产党领导下，进行了艰苦卓绝的斗争，为新民主主义革命的胜利，尤其为淮海战役和渡江战役的胜利做出了重要贡献。

辛亥革命以后，扬州的文化艺术领域名家辈出，比较有影响的有朱自清、刘师培、李涵秋、贡少芹、张丹斧、陈含光、潘月樵和革命作家李进、李俊民、韩北屏、许幸之、江树峰等。朱自清是对中国文学很有影响的人物；李涵秋创作的 33 部小说中，以反映扬州里巷风俗轶闻的《广陵潮》最为著名。

9. 解放前后

1948 年底至 1949 年 4 月，扬州各县相继解放。1949 年 1 月 25 日，今扬州市区解放，设置扬州市；以仙女庙镇为治所，另建江都县。

（二）人口与社会

1. 人口数量

扬州境内第一次有完整的人口记录为西汉元始二年（公元 2 年），当时广陵国领县人口达 14 万人，到南北朝南朝宋大明八年（464 年）下降到 4.5 万人。唐天宝到贞元年间，扬州府人口达 47 万人，宋崇宁年间又降至 10 万人，到宋大观年间仅剩 6.3 万人。元初至元二十七年（1290 年），扬州路领 8 县，人口达 98 万人。元末战乱，扬郡人口锐减。明洪武九年（1376 年）为 57 万人，洪武二十六年（1393 年）扬州府领 10 县，人口达 74 万人。明末清初的战乱，例如“扬州十日”，又使扬州人口下降，雍正六年（1728 年）扬州府领 7 县，仅有 25 万人。此后，清王朝实行一系列有利于人口发展的政策，使人口猛增，乾隆三十七年（1772 年）人口突破 200 万人，嘉庆十三年（1808 年）突破 300 万人，后来由于战乱灾荒，人口再度下降。19 世纪初，全世界有 10 个拥有 50 万以上居民城市，中国就有 6 个，即北京、江宁（今南京）、扬州、苏州、杭州、广州。

据《扬州市 2010 年第六次全国人口普查主要数据》，截至 2010 年 11 月 1 日零时，扬州市常住人口为 4 459 760 人，同第五次全国人口普查 2000 年 11 月 1 日零时的 4 672 684 人相比，十年共减少 212 924 人，减少 4.56%，年平均增长率为－0.47%。全市常住人口中，家庭户 1 402 969 户，家庭户人口为 4 206 652 人，平均每个家庭户的人口为 3 人，比 2000 年第五次全国人口普查的 3.1 人减少 0.1 人。

2015 年扬州市总人口 461.12 万人，自然增长率为 1.8‰，人口密度为 700 人/平方公里。

2. 人口民族结构

汉族占总人口的 99%以上。现有蒙古族、回族、藏族、维吾尔族、苗族、彝族、壮族、布依族、朝鲜族、满族、侗族、瑶族、白族、土家族、哈尼族、傣族、黎族、畲族、哈萨克族、俄罗斯族、鄂伦春族、高山族、水族、纳西族、土族、撒拉族、仡佬族、锡伯族、阿昌族、羌族、塔吉克族、京族等少数民族分布，少数民族总人口 2 万多，占全市总人口的 0.6%。高邮下属的菱塘回族乡是江苏省唯一的民族乡。

（三）经济与城市规划

1. 经济发展

2015 年，扬州市实现地区生产总值 4 016.84 亿元，可比价增长 10.3%。人均地区生产总值 89 646 元，增长 10.2%。产业结构不断优化，其中，第一产业增加值为 241.93 亿元，增长 3.5%；第二产业增加值为 2 011.97 亿元，增长 10.6%；第三产业增加值为 1 762.94 亿元，增长 10.8%。三次产业结构由上年的 6.1∶51.0∶42.9 调整为 6.0∶50.1∶43.9。

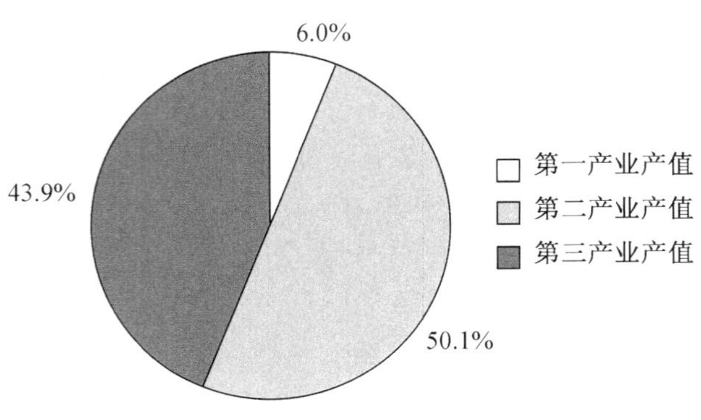

图 1－6　2015 年扬州三产比重

2015 年末，扬州市有各类法人单位 75 135 家，产业活动单位 11 036 家。全市新发展私营企业 21 125 户，新发展个体商户 39 053 户，民营企业注册资本金实际到资 611.05 亿元。

全市新增城镇就业 70 562 人，新增转移农村劳动力 49 305 人，期末城镇登记失业率 2.01%。城镇失业人员再就业 70 171 人，就业困难人员再就业 6 508 人。

市场物价基本稳定，市区居民消费品价格指数为 101.7。其中，消费品价格上涨 1.3%，服务项目价格上涨 2.4%。构成居民消费品价格指数的八大类指数分别是：食品类 103.3、居住类 101.9、医疗保健和个人用品类 101.3、烟酒及用品类 101.8、衣着类 100.3、家庭设备用品及维修服务类 101.0、交通和通信类 98.6、娱乐教育文化用品及服务类 101.0。商品零售价格总指数为 100.5。

2. 城市规划与发展

（1）城市发展目标

① 协调发展的区域中心：加强区域联动，着力发展经济，完善城乡基础设施和社会保障制度，把扬州建设成为对外辐射能力强、协调发展的区域性中心城市。

② 古今辉映的历史名城：妥善处理保护与发展的关系，保护利用历史与人文资源，加强特色空间塑造，注重城市品质提升，突出精致城市特色，加快产业发展与转型，将扬州建成古代文化与现代文明交相辉映的历史名城。

③ 水绿交融的宜居城市：着力改善生态环境，加强水系保护与合理利用，构建特色滨水空间与绿地系统，建设环境优良、安居乐业的宜居城市。

（2）市域城镇体系

① 构建“一带一轴”的城镇空间组织结构

市域范围内构建“一带一轴”的城镇空间组织结构，“一带”为沿江城镇带，“一轴”为淮江城镇发展轴。

市域范围内形成一级中心城市、二级中心城市、重点镇和一般镇的四级城镇结构体系。包括：1 个人口为 210 万的Ⅱ型大城市（扬州），3 个人口在 30～40 万的Ⅰ型小城市

(仪征、高邮、宝应),13 个重点镇,28 个一般镇。

(3) 市域历史文化保护

形成“一带、四区”的历史文化资源保护框架。

一带:大运河(扬州段),南北贯穿扬州市域,同时串联起沿河年代各异、规模不等的历史文化遗产,与扬州历史文化的发展、衍变一脉相承。

四区:包括扬州片区、高邮片区、仪征片区和宝应片区,其中扬州片区是市域历史文化资源最为集聚的区域,为重点保护片区。

(4) 城市交通发展目标

构建模式多元、区域联动、内畅外达、转运便捷的综合交通枢纽,支撑城市功能地位提升;构建公交优先、慢行友好、品质宜人、低碳主导的城市交通体系,促进用地集约、节能减排;最终建成与扬州经济社会和城市空间发展相协调、交通模式集约、网络功能完善、运行高效并具有扬州特色的现代化综合运输体系,提升城市交通品质。

第四节　淮安市地理概况

一、淮安市自然地理概况

(一) 地理位置

淮安市,位于江苏省中北部,江淮平原东部。位于北纬 32°43′～34°06′,东经 118°12′～119°36′。北接连云港市,东毗盐城市,南连扬州市和安徽省滁州市,西邻宿迁市(见图 1-7)。东西最大直线距离 132 km,南北最大直线距离 150 km,面积 10 030 km²。

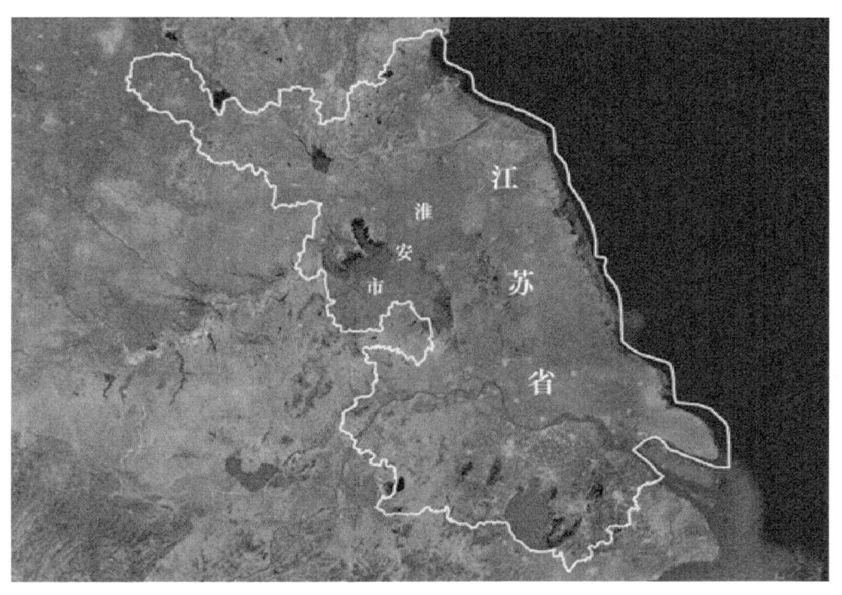

图 1-7　淮安市在江苏省的位置

淮安市地处长江三角洲地区，是苏北重要中心城市、南京都市圈紧密圈层城市。坐落于古淮河与京杭大运河交点，境内有中国第四大淡水湖洪泽湖，是国家历史文化名城、国家卫生城市、国家园林城市、国家环境保护模范城市、国家低碳试点城市、中国优秀旅游城市。与扬州等为淮扬菜的主要发源地，是江淮流域古文化发源地之一。淮安市是江苏省省辖市，下辖4区4县：清河区、清浦区、淮阴区、淮安区、洪泽县、涟水县、盱眙县、金湖县。此外，国家级淮安经济技术开发区计划单列。截至2015年底，淮安市拥有20个街道办事处，105个乡镇，其中21个乡、84个镇。

(二) 地质地貌

淮安市地处黄淮平原和江淮平原，无崇山峻岭。地形西高东低，除市境西南部的盱眙县有丘陵岗地外，全市以平原为主体，地势平坦。境内河湖交错，水网纵横，京杭运河、淮沭河、苏北灌溉总渠、淮河入江水道、淮河入海水道、古黄河、六塘河、盐河、淮河干流9条河流纵贯横穿，全国五大淡水湖之一的洪泽湖大部分位于市境内，还有白马湖、高邮湖、宝应湖等中小型湖泊镶嵌其间。淮安市的平原面积占总面积的69.39%，湖泊面积占总面积的11.39%，丘陵岗地面积占总面积的18.32%。盱眙县仇集镇境内无名山真高231 m，为全市最高点；淮安区博里地面真高仅2.3 m～3.3 m，为全市最低点。

(三) 气候特征

淮安市地处南暖温带和北亚热带的过渡地区，兼具南北气候特征，光、热、水整体配合较好。光能资源潜力较大，年日照时数在2 060小时～2 261小时。热量资源充裕，年平均气温14.1 ℃～14.9 ℃，无霜期为207天～242天，满足农作物一年两熟的需要。市境属典型的季风气候，自然降水丰富但分布不均，年平均降水量913 mm～1 030 mm，夏季降水量占全年降水量的50%以上。全市气候温暖且较为湿润，四季分明，雨热同季，气候资源十分丰富，光照充足。但气候年际间的稳定性较差，变幅较大，旱、涝、风、雹、冻等气象灾害较频繁。

全市分为两大气候区。淮南亚热带偏湿农业气候区：苏北灌溉总渠以南的盱眙、金湖两县全部，洪泽县、淮安区大部。该气候区气温较高，年平均气温在14.7 ℃～14.9 ℃，降水丰沛，年降水量在1 000 mm以上，日照稍少，年日照时数不足2 100小时。废黄河沿岸过渡带农业气候区：苏北灌溉总渠以北的清河区、清浦区、淮阴区、涟水县全部和淮安区、洪泽县部分地区。该气候区气温较低，年平均气温在14.1 ℃～14.4 ℃，降水略少，年平均降水量在910 mm～970 mm，日照较多，年日照时数在2 200小时左右。

2015年，淮安市年平均降水量1 123.4 mm，年平均温度14.8 ℃，全年日照1 579.7小时。年极端气温最高35.4 ℃(出现日期:7月14日)，年极端最低气温−6.6 ℃(出现日期:2月9日，11月27日)。

(四) 土壤与植被

淮安市属黄淮和江淮冲积平原。土壤主要为水稻土类、潮土类、砂礓黑土类、黄棕壤土类、基性岩土类、石灰岩土类。有机质含量低，一般不足0.2%，pH值在7～8之间。

淮安市有高等植物1 500多种，其中木本植物234种，隶属34科146属，其中属国家重点保护植物的有 11 种。洪泽湖的水生和湿地生物资源有水生高等植物 81 种。

二、淮安市资源与环境

（一）矿产资源与开发

1. 矿产资源特点

淮安市矿产资源较为丰富，分布相对集中。能源矿产资源有金湖县、洪泽县的石油和天然气，洪泽县、盱眙县以及金湖县的地热。非金属矿产资源丰富，品种多，有盱眙县的凹凸棒石粘土、玄武岩、白云岩；淮安区、清浦区、淮阴区的岩盐；洪泽县、淮阴区的芒硝等。

截至 2015 年年底，淮安市共发现各类矿产 36 种。现已查明资源储量并列入《江苏省矿产资源储量统计表》的矿产有芒硝、岩盐、水泥用灰岩、凹凸棒石粘土、膨润土、水泥配料用粘土、岩棉用玄武岩等 7 种，矿产地 37 处，大、中型规模矿床占比达到 43%以上；矿产勘查程度相对较高，达到详查以上的占到 75%以上，特别是岩盐、芒硝等优势和特色矿产全部达到详查以上。

2. 矿产资源潜力

岩盐和芒硝是淮安市也是江苏省的优势矿产资源，淮安和洪泽湖两大含岩盐、芒硝矿的盆地，近年来随着勘探工作程度的提高，资源储量逐年增加。盱眙县的凹凸棒石粘土资源储量在全省占绝对优势，盱眙县凹凸棒石粘土（含膨润土和混合粘土）的资源总量在 21.77 亿吨左右，资源潜力巨大。铁、钼等金属矿产根据江苏省矿产资源潜力评价对资源量的预测，预测资源量分别有 458.13 万 t 及 0.99 万 t，具有一定找矿潜力。淮安市的地热资源主要分布在洪泽湖老子山地区、金湖东部以及盱眙十里营北部、临淮、蒋坝等地区，可采资源总量达到 $12.701\times10^{7}\ m^{3}/a$，是江苏地热资源最丰富的地区之一，具有很好的开发利用前景。浅层地温能资源是一种清洁环保、可循环利用的新型能源，淮安市中心城区浅层地温能资源潜力巨大，浅层地温能存储量达 $7.06\times10^{13}\ kJ/℃$。

3. 矿产资源开发利用现状

截至 2015 年，淮安市正在开发利用的矿产有 7 种，分别为地热、芒硝、岩盐、建筑石料用灰岩、凹凸棒石粘土、砖瓦用粘土及矿泉水。全市共有矿山 96 个，矿业从业人员 7 740 人，年产矿量 1 564.28 万 t，采矿业总产值 25.31 亿元；矿山数量及从业人员 2008 年以来均呈现总体下降的趋势，分别比 2008 年减少了 38%及 35%；年产矿量及采矿业总产值呈现总体增长局部下降的趋势，分别比 2008 年增加了 9%及 6%。

淮安市大中型规模矿山占矿山总数的比例自 2008 年以来呈总体上升的趋势，2015 年大中型矿山的比例达到 30%，非砖瓦用粘土矿山中大中型矿山的比例近 82%。

经过近几年的开发利用，淮安市已基本形成了以盐化工、凹凸棒石粘土、建材非金属为主的矿业优势。为强势推进淮安盐化新材料产业快速崛起，把淮安丰富独特的盐矿资源迅速转化为产业优势、经济优势及跨越发展的优势，全市建设了规划面积 98.4 km^2 的盐化新区，其中盐化工项目用地 66.6 km^2，是目前国内面积最大的化工和盐化工基地之一，园区已创成国家火炬淮安盐化工特色产业基地、省新型工业化示范基地以及省农药产业集中区和省科技园区。盱眙县的凹凸棒石粘土产业在生产规模、技术水平、产品种类及市场占有率等方面均处国内领先地位，凹凸棒石粘土生产加工业已经成为全市重要的经济支柱产业。

4. 地质矿产工作中存在的主要问题

(1) 矿产资源节约与综合利用水平有待进一步提高

淮安市共(伴)生的矿产主要是岩盐中含钙芒硝、芒硝中含石盐，凹凸棒石粘土中含膨润土、海泡石粘土等，由于科技创新能力不足，与淮安市资源特点相适应的综合利用技术缺乏，有价元素尚未得到充分回收利用，“三废”的治理与利用仍待更进一步。凹凸棒石粘土这一优势矿产虽然在综合利用、矿产品深加工方面做了大量投入，但依然存在产品科技含量和附加值不高、产量不高、规模效益不高的现象。由于资金实力弱，市场开拓能力较差，企业研发水平比较低，一些制约产业发展的技术瓶颈问题尚未取得突破性进展，凹土产业链亦未完全形成，因而凹土产业仍有较大的发展空间和潜力。粘土类矿产开发利用方式多数仍为粗放型传统方式，大多数粘土类矿山企业的矿产品为初加工产品，品种单一，原矿和粗加工产品生产总量较大。

(2) 矿产资源开发与环境保护的矛盾突出

淮安市由于多年来矿山环境治理意识不足，造成大部分矿山企业只开采、不治理，在采选矿过程中，均未采取行之有效的环境保护措施，造成矿山环境问题“积淀”，加重了治理的难度。露采矿山在采石过程中，斜坡式开采留下陡峭、光滑的石壁，治理工程量大；部分矿区采石对地表植被和土壤结构的毁灭性破坏，生态环境难以恢复；复垦工程耗资巨大，致使大部分地方的复垦工作进展缓慢，生态恢复率不高。

(3) 矿产资源开发与基础设施建设相矛盾

淮安市岩盐远景资源储量约 1 300 亿 t、芒硝约 270 亿 t，主要分布在淮安盐盆和洪泽盐盆；矿区面积 329 km^2，其中淮安盐盆有近 200 km^2 处于城市规划区，无法设置矿业权。目前已取得探矿权的勘查面积为 31.64 km^2，已取得采矿许可证的采矿面积约 31 km^2，剩余仅 67 km^2 可增设探矿权。

(二) 水资源与保护

淮安市地处淮河流域中下游，素有“洪水走廊”之称。上游近 15.8 万 km^2 的来水进入洪泽湖后由淮河入江水道、苏北灌溉总渠、淮河入海水道、二河和淮沭河入江入海。京杭大运河穿越淮安南北，洪泽湖位于淮安市西南部。

淮安市境内河湖众多，水网密布，水利工程较多。以废黄河为界，以南属淮河水系，以北属沂沭泗水系。淮河水系主要水体有淮河、洪泽湖、白马湖、淮河入江水道、苏北灌溉总渠、淮河入海水道、里运河、二河等，沂沭泗水系主要水体有废黄河、中运河、淮沭河、盐河等。

1. 水资源总量

2015 年，淮安市全市水资源总量 54.272 亿 m^3。其中，地表水资源量 41.920 亿 m^3，地下水资源量 16.332 亿 m^3，重复计算量 3.980 亿 m^3。全市总供水量 29.428 亿 m^3。其中，地表水供水量 28.769 亿 m^3，地下水供水量 0.659 亿 m^3。全市总用水量 29.428 亿 m^3，总耗水量 19.445 亿 m^3。全市人均用水量 604 m^3，万元地区生产总值用水量 107 m^3，万元工业增加值用水量 13.1 m^3。全市参加评价的 19 个水功能区全年水质平均达标率 80.7%，全年饮用水源地水质达标率为 100%。

2. 水质

2015 年，全市共有淮河、淮河入江水道、苏北灌溉总渠、二河、淮沭河、里运河、古运河、中运河、废黄河、新河 10 条主要河流，洪泽湖、高邮湖、白马湖、宝应湖 4 个湖泊及龙王山水库，共计 50 个水质断面参加评价，其中符合Ⅱ类水的断面有 12 个，占 24.0%；Ⅲ类水的断面有 20 个，占 40.0%；Ⅳ类水的断面有 13 个，占 26.0%；Ⅴ类水的断面有 5 个，占 10.0%。

3. 水资源管理

(1) 严格水资源管理考核

建立健全最严格水资源管理制度考核体系，进一步明确职责，落实人员和经费渠道。

(2) 强化水资源利用保护

突出规划引领，组织开展全市水资源保护规划编制，开展市盐化新材料产业园区规划水资源论证编制工作。严格取水许可管理，开展取水权确权登记录入工作；加强入河排污口设置管理，全面核查全市排污口，在报纸上公布排污企业名单，接受社会监督；开展河湖健康评估工作。

(3) 加强水源地保护和监管

建立健全饮用水源地巡查组织网络体系，安装监控探头，开展无人机巡查。按旬检测分析饮用水源地水质，强化水污染应急管理能力建设，开展应急演练，提高应急反应能力。

(三) 土地资源与利用

1. 土地利用现状

2015 年末，全市土地总面积 1 002 954.00 ha，其中农用地 658 807.04 ha，建设用地 168 785.16 ha，其他土地 175 361.8 ha，分别占土地总面积的 65.69%、16.83% 和 17.48%。

农用地中，耕地 472 580.80 ha、园地 27 549.66 ha、林地 19 862.72 ha、其他农用地 138 813.86 ha，分别占农用地面积的 71.73%、4.18%、3.02%、21.07%，牧草地为 0。

建设用地中，城镇工矿用地 39 397.24 ha、农村居民点用地 97 443.32 ha、交通水利用地 29 870.81 ha、其他建设用地 2 073.79 ha，分别占建设用地面积的 23.34%、57.73%、17.70%、1.23%。

其他土地中，未利用土地 8 848.14 ha、其他土地 166 513.66 ha，分别占其他土地面积的 5.05%、94.95%。

2. 土地利用特点与问题

(1) 土地利用类型复杂多样，耕地所占比重较大。淮安地处江淮平原与宁镇丘陵的结合部，主要以平原水网为主，土地利用类型多样。2015 年全市耕地占土地比重高达 47.12%，高于全省平均水平(42.75%)。

(2) 土地开发利用水平较高，但开发效益不高。淮安市土地耕作条件较好，农用地和耕地占土地面积比例也要明显高于全省平均水平。但是淮安市经济基础薄弱，土地开发效益相对较低。2015 年淮安市地均地区生产总值 27.37 万元/公顷，单位建设用地第二产业增加值 69.72 万元/公顷，均相当于全省平均水平的 1/9。

(3) 建设用地扩张较快，供需矛盾日益突出。近年来，淮安市经济社会发展取得了长足的进步，后发优势已经逐步显现出来。城镇扩张、交通水利等基础设施兴建、开发区和工业集中区的拓展等都加速了淮安市农地非农化进程，土地城市化速度远快于人口城市化速度。从 2005 年至 2015 年，淮安市建设用地规模持续扩张，建设用地总量净增 33 261.07 ha(49.89 万亩)，而且随着经济社会发展速度加快，建设用地扩张的速度也是呈明显升高的态势，建设用地供需矛盾日益突出。

(4) 土地利用结构区域差异较大，统筹协调难度大。淮安市北部以平原为主，中部多河流湖泊，西南部为丘陵山地，明显的地貌差异导致各区县土地利用结构差异显著。各县区之中，靠近洪泽湖、宝应湖和高邮湖的洪泽县、金湖县和盱眙县的未利用地面积比重较大，其中洪泽县 2015 年未利用地比例达到了 46.38%，而涟水县未利用地比重最小，只有 1.19%。除洪泽县耕地占土地总面积比重偏低外，其他几个县区基本都在 37%以上，其中涟水县耕地比重达 61.15%。

(四) 旅游资源与开发

淮安市共有各级文物保护单位 100 多处，馆藏文物 4 万余件，已开发或正在开发的旅游景区、景点达 50 多处。2014 年，中国大运河正式列入世界文化遗产名录。淮安作为大运河申遗的重要节点之一，共有 2 处遗产区(清口枢纽、漕运总督遗址)、1 段河道(淮扬运河淮安段)、5 处遗产点(清口枢纽、双金闸、清江大闸、洪泽湖大堤、总督漕运公署遗址)被列入。淮安积极开发运河文化旅游，推进里运河文化长廊、世界运河文化旅游区建设，争建“中国漕运之城”“世界运河之都”。

淮安自然景观优美。有烟波浩渺的全国第四大淡水湖——洪泽湖，水上长城——洪泽湖大堤，有被誉为“江苏九寨沟”的铁山寺自然保护区，有国家级森林公园盱眙第一山，有农业观光好去处金湖万亩荷花荡。

淮安人文景观众多。里运河文化长廊、文通塔、镇淮楼、韩信故里、水下泗州城、明祖陵、吴承恩故居、梁红玉祠、关天培祠、周恩来故里景区、周恩来童年读书处、古淮河生态文化园等一批新的景区景点相继建成对外开放。

2015 年，淮安市实现旅游收入 266.87 亿元，比上年增长 13.2%。接待国内旅游人数 2 323.79 万人次，增长 11.2%；实现国内旅游收入 264.02 亿元，增长 14%。接待入境过夜游客 1.47 万人次，比上年增长 7.8%；其中，外国人 7 902 人次，港澳台同胞 6 773 人次。全年旅游外汇收入 1 558.15 万美元，比上年增长 18.7%。

2015 年，淮安市共有国家 A 级旅游景区 42 家(见表 1-12)，其中淮安市周恩来故里旅游景区获批为国家 5A 级旅游景区，4A 级景区 12 家；省星级乡村旅游区 41 家，省级自驾游基地 3 家，省级旅游度假区 2 家，省级生态旅游区 2 家。星级旅游饭店 48 家，其中五星级旅游饭店 1 家。旅行社 109 家，其中四星级旅行社 2 家、出境社 2 家。持证导游 4 176 人。里运河文化旅游区、白马湖生态旅游度假区入选全国优选旅游项目，西游记文化体验园入选储备项目。

表 1－12　淮安 A 级旅游景区名录(截至 2015 年 12 月 31 日)

序号	景区等级	市域	单位名称
1	5A	淮安	淮安市周恩来故里景区
2	4A	淮安	盱眙县铁山寺国家森林公园
3	4A	淮安	淮安市盱眙明祖陵
4	4A	淮安	淮安市博物馆
5	4A	淮安	淮安市盱眙县第一山景区
6	4A	淮安	淮安市清河新区古淮河文化生态景区
7	4A	淮安	盱眙县黄花塘新四军军部纪念馆
8	4A	淮安	淮安府署景区
9	4A	淮安	淮安市中国漕运博物馆景区
10	4A	淮安	淮安市吴承恩故居景区
11	4A	淮安	淮安市里运河文化长廊景区
12	4A	淮安	刘老庄连纪念园
13	4A	淮安	洪泽湖古堰景区
14	3A	淮安	淮安苏皖边区政府旧址纪念馆
15	3A	淮安	涟水县五岛公园
16	3A	淮安	淮安市清晏园
17	3A	淮安	周恩来童年读书处
18	3A	淮安	淮安钵池山景区
19	3A	淮安	淮安水利枢纽景区
20	3A	淮安	淮安金湖荷花荡景区
21	3A	淮安	涟水华夏云锦艺术馆
22	3A	淮安	淮安市韩信故里景区
23	3A	淮安	日月洲生态园
24	3A	淮安	金湖尧帝古城景区
25	2A	淮安	盱眙县八仙台旅游风景区
26	2A	淮安	淮安市勺湖园风景区
27	2A	淮安	淮安市樱花园
28	2A	淮安	淮安市桃花坞公园
29	2A	淮安	淮安市楚秀园
30	2A	淮安	金湖县白马湖生态旅游区
31	2A	淮安	洪泽县三河闸水利风景区
32	2A	淮安	淮安洪泽县老子山风景区

续 表

序号	景区等级	市域	单位名称
33	2A	淮安	洪泽渔家乐园
34	2A	淮安	大胡庄战斗纪念园
35	2A	淮安	新安旅行团历叱纪念馆
36	2A	淮安	金湖大佛寺
37	2A	淮安	金湖柳树湾湿地公园
38	2A	淮安	金湖尧帝公园
39	2A	淮安	金湖水上森林
40	2A	淮安	蒋坝老街
41	2A	淮安	西顺河二十六烈士陵园
42	2A	淮安	南水北调洪泽水利枢纽景区

（五）生态环境与保护

1. 环境质量

（1）水环境

2015 年，淮安市主要河流水质总体良好，38 个监测断面中，水质优良断面 31 个，占 81.6%；轻度污染断面为 5 个，占 13.2%；重度污染断面为 2 个，占 5.2%。主要污染物为氨氮和化学需氧量。

2015 年，全市 16 眼地下水监测水井，8 眼潜水井和 8 眼承压水井的水质均为良，良好率为 100%。受水文地质条件的影响，潜水层水污染程度一般重于承压层水。全市地下水主要污染物为氨氮和总硬度。

① 废水和主要污染物排放量

2015 年，淮安市废水排放量 2.416 亿 t，其中工业废水排放量 0.698 亿 t，占 28.9%；生活废水排放量 1.718 亿 t，占 71.1%。废水中化学需氧量排放总量为 6.854 万 t，其中工业源排放 0.881 万 t，占 12.85%；农业源排放 1.886 万 t，占 27.52%；生活源排放 4.051 万 t，占 59.10%；集中式治理设施排放 0.036 万 t，占 0.53%。氨氮排放总量 0.887 万 t，其中工业源排放量 0.047 万 t，占 5.30%；农业源排放 0.228 万 t，占 25.70%；生活源排放 0.606 万吨，占 68.32%；集中式治理设施排放 0.006 万 t，占 0.68%。

② 集中式饮用水源

城市饮用水以集中式供水为主。全市 8 个自来水厂（市区 4 个，县城 4 个）日供水能力 68 万吨。2015 年全市饮用水源地取水总量 18 937.81 万吨，达标水量为 18 937.81 万吨，达标率为 100%。各饮用水源地水质达到Ⅲ类水质要求，水质状况保持稳定。

③ 淮河流域

Ⅰ. 南水北调东线

淮安市 3 个控制断面分别为淮河老子山、入江水道塔集、京杭大运河五叉河口，2015

年水质均符合Ⅲ类，达标率为100%。

Ⅱ. 淮河流域国家考核断面

全市4个国家考核断面分别为淮河老子山、入江水道塔集、京杭大运河五叉河口、苏北灌溉总渠苏嘴，2015年水质均符合Ⅲ类，达标率为100%。

Ⅲ. 洪泽湖

2015年，洪泽湖水质除总磷外，其他各指标均达到Ⅲ类水标准。总磷达Ⅳ类，湖体水质为轻度富营养化状况。与2014年相比，水质有较明显的改善。

Ⅳ. 京杭大运河

大运河、里运河各断面2015年水质均为Ⅲ类，符合水质功能区划要求，总体水质状况良好。与2014年相比，水质总体保持稳定。

(2) 空气环境

① 废气和主要污染物排放量

2015年，淮安市二氧化硫排放总量为4.459万t，其中工业源排放3.779万t，占84.75%；生活源排放0.680万t，占15.25%。氮氧化物排放总量为5.890万t，其中工业源排放4.218万t，占71.61%；生活源排放0.109万t，占1.85%；机动车排放1.563万t，占26.54%。烟(粉)尘排放总量为2.256万t，其中工业源排放1.760万t，占78.01%；生活源排放0.36万吨，占15.96%；机动车排放0.136万t，占6.03%。

② 城市空气

淮安市共有空气自动监测站9个，其中市区5个站点，四县城各1个。市区环境空气质量总体保持稳定，全年AQI指数小于100的天数有246天，优良率达67.4%；二氧化硫、二氧化氮、可吸入颗粒物(PM_{10})、一氧化碳、臭氧、细颗粒物($PM_{2.5}$)年均值分别为0.021、0.022、0.096、1.052、0.105、0.058毫克每标立方米，可吸入颗粒物(PM_{10})和细颗粒物($PM_{2.5}$)均超过国家环境空气质量二级标准。与2014年相比，市区环境空气优良率上升了6.6个百分点，两项超标因子年均值浓度持续下降，可吸入颗粒物(PM_{10})下降了8.6%，细颗粒物($PM_{2.5}$)下降了14.7%。

涟水、洪泽、盱眙和金湖空气优良率分别为72.8%、86.0%、81.2%和82.1%。二氧化硫、二氧化氮年平均值均达到国家环境空气质量二级标准；可吸入颗粒物和细颗粒物年均值均超过国家环境空气质量二级标准。

③ 酸雨

淮安市年降水量为1 235毫米，pH值在5.15～8.34之间，全市酸雨发生率为0.55%(市区、淮安区和盱眙县各发生1次)。

(3) 声环境

2015年，淮安市城区区域环境噪声均值为53.3 dB(A)，处于较好水平，同比下降0.6 dB(A)。各县(区)区域环境噪声均处于“较好”级别。

2015年，淮安市各功能区噪声年均值全部达标，总体噪声状况较好，昼间噪声污染程度高于夜间。与2014年相比，工业区和交通干线两侧昼、夜噪声污染程度均减轻，其他功能区污染程度保持稳定。

2015 年，淮安市交通噪声均值为 63.6 dB(A)，处于“好”级别。年平均值同比下降 0.7 dB(A)，交通噪声污染程度保持稳定。其中市区和金湖县交通噪声年均值分别下降 2.8 dB(A)和 2.1 dB(A)。

(4) 生态环境

2015 年，淮安市生态环境状况指数为 71.07，各区域生态环境状况指数分布在 60.1～75.8 之间，生态环境质量均处于良好状态，植物覆盖度较高，生物多样性丰富，基本适合人类生存。洪泽湖监测到底栖生物 13 种，其中包括软体动物 8 种，洪泽湖底栖生物多样性较丰富；浮游动物 65 种，包括原生动物、轮虫类、枝角类及桡足类；浮游植物 199 种，包括蓝藻、硅藻、绿藻、隐藻、裸藻、甲藻、黄藻共 7 个门类，洪泽湖全年平均综合营养状态指数为 57.4，表现为轻度富营养化状态。白马湖综合营养状态指数为 46.4，水质处于中营养化状态。

(5) 辐射环境

2015 年，淮安市原野、道路 γ 辐射空气吸收剂量率属天然本底水平，整体环境尚未受到放射性污染，电离辐射环境符合国家标准。全市电磁辐射环境质量较好，主要污染源为广播电视发射设备、移动通讯基站等各种专业通讯设备和高压输变电设施设备。监测结果显示，全市公众照射导出限制满足《电磁辐射防护规定》(GB8702—1988)要求。

(6) 土壤环境

基本农田土壤环境质量较好，各类污染物的测定结果皆低于土壤环境质量评价标准值，综合污染指数除了 1 个测点外，其他皆小于 0.7，属于清洁(安全)。蔬菜种植基地土壤质量综合污染指数皆小于 0.7，属于清洁(安全)。集中式饮用水源地土壤质量综合污染指数除了 1 个点位属于轻度污染外，超标因子为镍，其余各点皆小于 0.7，属于清洁(安全)。畜禽养殖场周边土壤质量的综合污染指数各点皆小于 0.7，属于清洁(安全)。

2. *污染防治*

(1) 污染减排

截至 2015 年年底，县(区)实现了污水处理设施全覆盖，15 座城镇、园区污水处理厂(不含乡镇污水处理厂)建成投运，全市城镇、园区污水处理厂日处理能力达 59.25 万 t。2015 年，全市火电机组二氧化硫去除量 6.275 万 t，氮氧化物去除量 2.184 万 t。2015 年底，四项主要污染物(化学需氧量、氨氮、二氧化硫、氮氧化物)排放量较 2010 年分别下降了 14.62%、9.86%、8.39%、19.95%，超额完成了江苏省下达淮安市的“十二五”减排目标任务。

(2) 流域防治

积极开展流域水污染防治工作，完成了 23 个列入国家淮河流域水污染防治“十二五”规划项目，完成投资 14 亿元以上，有力改善了重点河流、湖泊断面水质。新建地下水监测井 15 口，完成重点地区地下水调查评估工作。开展全市饮用水源地保护“铁拳行动”，完成所有县级及以上和 10%以上村级的饮用水水源地的调查评估工作。

(3) 大气污染防治

2015 年，圆满完成南京国际马拉松、国家公祭日、第二届国际互联网大会等重大活动期间环境空气质量保障工作。全年 $PM_{2.5}$ 浓度比 2013 年下降 26.6%，下降幅度全省排名第二。强力推进工业废气治理，完成中电洪泽有限公司等 2 家电力行业脱硫脱硝和除尘提标改造，钢铁、水泥等行业提标改造项目 9 个，石化行业 LDAR 技术应用项目 1 个，原油、成品油码头油气回收项目 1 个，粉尘堆场治理项目 5 个，港口岸电系统 4 个，完成 379 台燃煤小锅炉综合治理，完成 52 家重点企业挥发性有机物综合治理。扎实抓好综合利用和秸秆禁烧，加强扬尘污染治理，出台《淮安市扬尘污染专项治理方案》，对城市建成区范围施工扬尘、烟粉尘、道路积尘开展综合治理。继续实行空气环境质量排名通报，推进大气治理，将年度考评情况纳入县区科学跨越发展目标考核。

(4) 机动车排气污染防治

2015 年，淮安市共有环检机构 15 家，共检测机动车 187 446 辆；共核发放环保标志 204 227 份，其中绿标 187 446 份，黄标 16 781 份，在用机动车检测合格车辆标志核发率达 100%，新购置机动车标志核发率达 100%。淘汰黄标车和老旧车辆 39 533 辆，其中 2005 年底前注册的营运黄标车淘汰 9 686 辆，超额完成省定任务。各县(区)完成黄标车限行区域划定，设定限行标牌，由政府下文对社会进行公告，率先启用省机动车排气污染监督管理中心组织开发的江苏省机动车排气监管系统，实现了全市 15 家环检机构检测数据的实时传输、环保标志的联网发放及排放数据的信息统计，对区域限行等实行过程化、自动化监管。

(5) 固体废物污染防治

2015 年，淮安市产生工业固废 530.2 万 t，工业固废处置率 100%，其中危险废物处置率 100%，医疗废物集中焚烧处置率 100%。

危险废物处置利用能力建设取得突破。全市现有 11 家危险废物处置(利用)持证单位，涉及近 30 个类别的危险废物，总处置利用能力近 10 万吨/年，其中，年处置焚烧危险废物能力 15 100 吨，共计 20 个类别。生活垃圾焚烧发电项目运行正常。

(6) 核与辐射防治

开展辐射安全整治专项行动，建成放射源在线监控系统，对淮安市 90%以上的放射源实施自动在线监控。建成空气辐射环境自动监测站，对全市空气环境辐射瞬时剂量率进行连续监测，并对空气中氡、气溶胶、降水进行连续采样。截至 2015 年年底，辖区内持证单位数量为 181 家，其中省发证 15 家、市发证 166 家；辖区内放射源数量：Ⅰ类放射源 4 枚，Ⅱ类放射源 30 枚，Ⅲ类放射源 11 枚，Ⅳ类放射源 31 枚，Ⅴ类放射源 52 枚，合计 128 枚。涉源单位检查率 100%，射线装置单位检查率 100%。

(7) 环境统计

淮安市列入统计的工业源有 423 个、农业源有 391 个、生活源有 11 个、集中式污染治理设施有 39 个，建立了市、县(区)两级环境统计数据库，对形成的各种数据资料进行全面、规范的归档，对重点污染源进行了统计分析。

(8) 城乡环境综合整治

2015 年，淮安市各县(区)继续开展农村环境整治工作，7 个涉农县(区)编制了年度农村环境综合整治实施方案，并积极组织实施。全市累计建成沼气池 14 万只，沼气池普及率达14.2%。拥有各类秸秆利用市场主体180个，建成180条秸秆固化生产线、130个秸秆收贮点。全市新增“三品一标”认证140个，新增三品基地12万亩，累计认定“三品”种植面积占全市耕地面积的88%。

三、区域经济与社会

（一）历史与文化

1. 悠久的历史

（1）夏商周时期

夏商周时期，淮安市境已获相当程度的开发，“交通灌溉之利甲于全国”，既有邗沟（即京杭运河的扬州至楚州段）沟通江、淮，又有陆上干道——善道通达南北，故成为春秋战国列强争夺的要地，先后为吴、越、楚所有。

（2）秦汉时期

秦汉时期推行郡县制。淮安市境始置县邑有淮阴（含今淮阴、楚州、清河、清浦四区大部分）、盱眙（今盱眙县城北）、东阳（今盱眙县马坝）。在秦末农民大起义中，著名军事家韩信即于此时仗剑从戎，立下赫赫战功。西汉年间，市境又增置淮浦（今涟水县西）、射阳（今淮安区东南）、富陵（今洪泽湖中）等县。秦汉时期，境内农业生产条件特别是灌溉条件得到显著改善。东汉末年广陵太守陈登筑高家堰（今洪泽湖大堤）30里，遏淮河洪水，保护农田，并修破釜塘灌溉农田。铁制农具和牛耕也得到推广，故虽迭经战乱，农业生产仍有较大发展。同时交通运输也有改善。秦始皇修筑的驰道自境内穿过，陈登则筑邗沟西道，使江淮交通更便捷。由此，承平之年，境内手工业和商业比较繁荣，文化也发展到较高水平，汉代兴起家学和私学，并涌现出一批文学大家，如汉赋大家枚乘、枚皋父子，“建安七子”之一的陈琳。

（3）魏晋南北朝时期

魏晋南北朝时期，淮安市境长期处于战争和对峙的前沿。长年战乱带来的是“江淮之间，赤地千里”的凄惨景象，经济和文化遭到严重破坏。值得一提的是，南齐永明七年（489年），割直渎、破釜以东，淮阴镇下流杂100户置淮安县，“淮安”之名始见。

（4）隋唐五代时期

隋唐五代时期，淮安境内长期处于安定的环境，经济得以持续发展和重新繁荣。其间大运河的开凿和淮北盐场的建滩对市境的繁荣产生了巨大的作用。隋大业年间，自洛阳至扬州的漕运（供给皇粮的水上运输）要道——大运河凿成，境内则成为漕运重要孔道。自隋至清末，朝廷一直在淮安设置官署，委派大员掌管、督办漕运。唐初，涟水成为全国四大盐场之一。为运销淮盐，垂拱年间开运盐河，淮安盐运又兴。楚州（治今淮安区淮城镇）、泗州（治今盱眙县城对岸）成为运河沿线的两座名城，其中楚州被白居易誉为“淮水东南第一州”，素有“襟吴带楚客多游，壮丽东南第一州”之称。

（5）宋元时期

宋元时期北宋年间，境内较为太平，漕运、盐运得到进一步发展。政府鼓励垦殖，修复和增建灌溉设施，引进推广“占城稻”。“黄柑紫蟹见江海，红稻白鱼饱儿女”，正是这一时期的生动写照。南宋和金、元对峙时期，市境再度成为前线，遭受兵火的长期荼毒。经历长期战乱，市境一片凄凉。而由黄河夺淮带来的频繁水灾，又使市境雪上加霜，益加萧条。宋元时期，境内文化在太平之年有所发展，府、州、县学普遍建立，受教育者增多。文化名人也颇多，如著名诗人、“苏门四学士”之一的张耒，主修《奉元历》的著名盲人天文历算家卫朴，开明清写意画先河的著名画家龚开，《画鉴》作者、著名书画鉴赏家和理论家汤垕等。特别值得一提的是盱眙第一山的宋元题刻，其中不乏苏轼、黄庭坚、米芾、蔡襄、赵孟頫等大家的珍品。

(6) 明清时期

明清时期境内置淮安府，府治于山阳县(今淮安区)。明永乐年间，淮安漕运又兴，境西北清江浦镇也随之开始兴起。明中叶以后，黄河全流夺淮，境内水患愈演愈烈，农业衰落，鱼米之乡的盛景不再。明清两朝都委派大员驻淮治河。淮安城(今淮安区)扼漕运、盐运、河工、榷关、邮驿之机杼，进入鼎盛时期，与扬州、苏州、杭州并称运河线上的“四大都市”。淮安城市的繁华，带来了人文荟萃的局面。明清两朝仅山阳(今淮安区)一县就有进士 200 余人，河下镇还出了状元、榜眼、探花，留下“河下三鼎甲”的佳话。这里还产生了《西游记》的作者吴承恩、著名经学大师阎若璩、“扬州八怪”之一的花鸟画家边寿民、中医四大经典之一《温病条辨》的作者吴鞠通等一批名人。

(7) 民国时期

民国时期淮安府撤销，府治山阳县更名为淮安县(今淮安区)，清河县更名为淮阴县(今淮安市)，市境大部始属淮扬道，后属淮阴行政督察区。而长年战乱又给刚刚兴起的近代交通运输业和工矿业以沉重打击。中国共产党组织于 1927 年成立。抗日战争和解放战争时期，境内成为重要的根据地和解放区，中共中央华中局、新四军军部、中共中央华中分局、华中军区、苏皖边区政府等都曾驻节境内，刘少奇、陈毅、黄克诚、彭雪枫、邓子恢、罗炳辉、李一氓等老一辈无产阶级革命家和人民军队高级将领都曾在此战斗过。淮安人民为中华民族的独立和解放建立了巨大功勋。1948 年 12 月，市境全部解放。1949 年 5 月，成立淮阴专区。

(8) 中华人民共和国成立后

中华人民共和国成立后，特别是在改革开放以来，淮安人民开拓创新，锐意进取，在社会主义革命和建设方面取得了巨大成就，把“一穷二白”的淮安建设成为长三角地区新兴的交通枢纽城市、江苏省新型的工业城市、全国重要的农副产品产加销基地、江淮平原的重要商埠。

2. 历史文化名城

淮安至今已有 2 200 多年的历史。秦时置县，境内有著名的“青莲岗文化”遗址。曾是漕运枢纽、盐运要冲，驻有漕运总督府、江南河道总督府。历史上与苏州、杭州、扬州并称运河沿线的“四大都市”，有“中国运河之都”的美誉。中国大运河淮安段入选世界遗产名录。

(1) 人杰地灵

淮安人杰地灵，是一代伟人周恩来总理的故乡。历史上诞生过大军事家韩信、汉赋大家枚乘、巾帼英雄梁红玉、《西游记》作者吴承恩、民族英雄关天培、《老残游记》作者刘鹗等。

(2) 淮扬菜

淮安与扬州为淮扬菜的主要发源地,淮扬菜与鲁菜、川菜、粤菜并称为中国四大菜系。淮扬菜,始于春秋,兴于隋唐,盛于明清,素有"佳味之美"之誉。许多标志性事件的宴会都是淮扬菜唱主角:1949 年中华人民共和国开国大典首次盛宴、1999 年中华人民共和国 50 周年大庆宴会、2002 年江泽民主席宴请美国总统乔治·布什等,都有淮扬菜上桌。

(3) 方言

淮安地处江淮方言区,属于北方方言区与吴越方言区的过渡地带。淮安语音,有"淮平子"之称。南称蛮北称侉,而淮安的语音也就是不蛮不侉的意思,相对较平。淮安内部来说,南部县区方言,具备典型的南方方言特征,入声词汇众多,无卷舌音,外地人尤其是北方人难以听懂,而北部县区,北方方言色彩开始呈现,一些词汇、发音有别于南部县区,并开始出现卷舌音。

(4) 戏曲

淮安北部流行粗犷、豪放的淮海戏,而淮安南部则流行较为柔情的淮剧。两个剧种都是"淮"字打头,然而唱腔风格各异,淮海戏与流行于安徽的泗州戏、徐州和鲁南地区的柳琴戏,同属拉魂腔;而淮剧起源于盐城,又名江淮剧,以盐城一带方言为基调,故显得柔情。

(5) 建筑

淮河以北的地区多干旱,以土墙草盖四合院为主,多施以红色瓦片;而以南建筑多为 U 型、L 型主房,厢房结构砖瓦房多,并施以青黑瓦片,在淮安古城区,还留存着大量的青砖黛瓦的民居建筑,具有典型南方特征。在婚俗习惯上,在淮河以北的宿迁女孩出嫁通常下午进门,而在淮河以南的市区则保持上午进门的惯例。

(二) 人口与社会

1. 人口结构

根据第六次人口普查统计结果,淮安市常住人口为 4 799 889 人,同第五次全国人口普查 2000 年 11 月 1 日零时的 5 130 605 人相比,十年共减少 330 716 人,下降 6.45%,年平均降低率为 0.66%。淮安市常住人口中共有家庭户 1 391 345 户,家庭户人口为 4 560 851 人,平均每个家庭户的人口为 3.28 人,比 2000 年第五次全国人口普查的 3.75 人减少了 0.47 人。淮安市常住人口中,男性人口为 2 386 802 人,占 49.73%;女性人口为 2 413 087 人,占 50.27%。总人口性别比(以女性为 100,男性对女性的比例)由 2000 年第五次全国人口普查的 104.66 下降为 98.91。淮安市常住人口中,0～14 岁人口为 806 508 人,占 16.8%;15～64 岁人口为 3 494 273 人,占 72.8%;65 岁及以上人口为 499 108 人,占 10.4%。同 2000 年第五次全国人口普查相比,0～14 岁人口的比重下降 5.96 个百分点,15～64 岁人口的比重上升 2.98 个百分点,65 岁及以上人口的比重上升 2.98 个百分点。

2. 人口数量

2015 年末,淮安市户籍总人口 564.45 万人,比上年增加 4.2 万人,增长 0.8%。年末常住总人口 487.20 万人,比上年增加 1.99 万人,增长 0.4%。城镇常住人口 283.31 万人,农村常住人口 203.89 万人。常住人口出生率为 11.5‰,死亡率为 7.51‰,自然增长率为 3.99‰。

3. 人口民族结构

淮安市有 48 个民族，是江苏省民族成分最多的市之一。其中汉族为绝大多数，约占总人口的 99.7%；47 个少数民族人口约 1.61 万人，以回族人口为最多，约占少数民族总人口的 67%。其他少数民族中，千人以上的民族有苗族；百人以上的民族有 14 个：蒙古族、彝族、壮族、布依族、满族、侗族、白族、土家族、哈尼族、傈僳族、傣族、藏族、黎族、朝鲜族；百人以下的民族有 31 个，如基诺族等。

(三) 经济与城市规划

1. 经济较快增长

经济平稳较快增长。2015 年，淮安市实现地区生产总值 2 745.09 亿元，按可比价格计算，比上年增长 10.3%。其中，第一产业增加值 307.67 亿元，增长 3.6%；第二产业增加值 1 176.66 亿元，增长 10.9%；第三产业增加值 1 260.76 亿元，增长 11.3%。经济结构进一步优化，三次产业结构比例由上年的 11.7 ∶ 44.2 ∶ 44.1 调整到 11.2 ∶ 42.9 ∶ 45.9，实现产业结构“二三一”到“三二一”历史性转变。全市人均地区生产总值 56 460 元，增长 10.1%，增长按当年平均汇率折算为 9 065 美元。

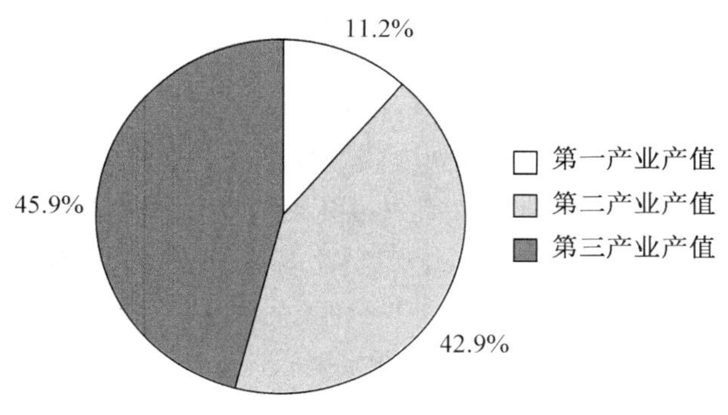

图 1－8　2015 年淮安三产比重

居民消费价格低位运行。全年居民消费价格指数比上年上涨 1.5%。八大类商品价格“七涨一跌”：食品类涨 1.0%，烟酒类涨 1.7%，衣着类涨 3.7%，家庭设备用品及维修服务类涨 2.8%，医疗保健和个人用品类涨 2.6%，娱乐教育文化用品及服务类涨 2.7%，居住类涨 0.8%，交通和通信类跌 0.4%。

就业形势保持稳定。全年城镇新增就业 6.67 万人，下岗失业人员再就业 3.59 万人，其中困难群体再就业 6 546 人。年末城镇登记失业率为 2.2%，保持在较低水平。新增转移农村劳动力 2.16 万人，城乡劳动者职业技能培训 2.75 万人。

城镇化建设加快。全市常住人口城镇化率 58.2%，比上年提升 1.7 个百分点。2015 年，全市经济社会发展中还面临着一些困难和问题。主要为：经济下行压力持续加大，企业运行困难增多，有效投入还不足，稳增长的任务十分艰巨；制约发展的瓶颈还比较多，新兴产业竞争力不强，促改革、调结构仍需大力攻坚；城乡居民增收难度加大，基本公共服务均等化水平有待提升，惠民生、促和谐工作与群众期盼仍有差距。

2. 城市规划与发展

(1) 规划层次

规划分为市域、规划区、中心城区三个层次。

市域，指淮安市辖清河、清浦、淮阴、淮安 4 区和涟水、洪泽、盱眙、金湖 4 县，面积为 10 030km^2。

规划区，指市辖区、涟水县陈师镇在宁连高速公路以西、空港部分地区，面积为 3 186 平方公里。

中心城区，指西、北至高速公路环、南至苏北灌溉总渠以南 102 省道、东至京沪高速公路以东 235 省道。

(2) "一主四副多点网络化"的城镇体系空间结构

市域形成"一主四副多点网络化"的城镇体系空间结构，推动"多节点—网络化"空间结构的形成。

一主：即淮安中心城市，通过聚合区域高端职能，辐射带动市域发展。

四副：即涟水县城、洪泽县城、盱眙县城和金湖县城四个市域次中心城市。

多点：即其他城镇。

网络化：以高速公路、一级公路和铁路等交通设施为骨架，以市县域中心城市和重点镇为节点，构建开放的网络化空间格局。

(3) 四级等级规模结构的市域城镇

市域城镇形成四级等级规模结构。

市域中心城市：即淮安中心城市，规划城市人口 220 万人。

市域次中心城市：包括涟水县城、洪泽县城、盱眙县城和金湖县城等 4 座，规划城市人口 20～30 万人。

重点镇：共 13 座，规划城镇人口 2～7 万人。

一般镇：共 40 座，规划城镇人口 0.5～2 万人。

(4) 市域铁路网规划

① 新建淮(安)宿(州)铁路、淮(安)连(云港)铁路、蚌(埠)盐(城)铁路等 3 条铁路和淮(安)扬(州)镇(江)、宁(南京)淮(安)、徐(州)淮(安)沪(上海)3 条城际铁路客运专线。

② 新长铁路既有线保留不变，2015 年前完成电气化改造和复线改造。远景新长铁路货运功能外移至京沪高速公路东侧。

③ 远景建设京沪高速铁路客运专线徐淮沪支线。

(5) 市域铁路枢纽规划

① 铁路枢纽：淮安北站和淮安南站。

② 铁路站场：淮安东站、淮安西站、袁北站、季桥站、朱桥站、和平站、涟水站、洪泽站、马坝站、金湖站、盱眙站。

(6) 三轴四带多组团的中心城区空间结构

中心城区的空间结构为三轴四带多组团。

三轴：东部新兴产业发展轴、中部城市服务功能轴和西部特色产业发展轴。

四带：分别为盐河现代物流产业带、古黄河生态功能带、里运河文化景观带和苏北灌溉总渠田园风光带。

多组团：分别为中心组团、淮阴组团、清浦组团、经济开发区组团、楚州组团、黄码组团和南部组团。

第二章 南京及其周边地区地理综合实习计划

第一节 地理综合实习的意义与方法

一、地理综合实习的意义

1. 学习地理学调查的方法

地理学是一门实践性很强的学科，实践教学是地理学教学中不可或缺的重要组成部分。地理现象及其成因复杂多变，课堂上所学的地理知识是前人研究和实践总结得到的最一般最普遍的原理，是高度概括归纳的结果，而实际地理现象往往是各种因素相互作用的结果，非常错综复杂。通过地理学野外实习可以把抽象的地理学理论与实际的地理现象结合起来，真正理解课堂上所学到的知识。因此，通过地理学综合实习，一方面可以结合实际应用来验证课程教学所学到的理论与知识，加深和巩固对教材内容的理解；另一方面可以通过地理学综合实习，学习地理学各组成要素的调查方法与技能，学会运用综合分析的思维来分析地理现象间复杂的相互关系。

2. 认识到地理基础数据获取的重要性

基础数据的获取是地理学研究的基础，而野外调查与考察是获取地理学研究所需的基础数据的最基本途径和方法之一。在野外实习过程中，通过手把手地教学生一些基本的地理学野外获取数据的方法，让学生认识到地理学研究中基础数据获取的重要性。在此过程中培养学生对所获取的基础数据、资料进行科学处理的能力，从而形成地理学研究所需要的数据资料的能力。

3. 提高学生的综合能力

在地理学实习中会遇到各种各样的自然现象和人文现象，要想理解和解释每一种现象都需要很多关于各学科的知识。在野外实习中，指导教师可以先不讲解，首先让学生提问，要求学生开动脑筋先思考，然后教师给予补充和总结，采用逐层扒皮的方式，最终将问题解释清楚。在这个过程中注重培养学生的逻辑推理能力、提出问题并解决问题的能力。

野外实习教学相对于课堂教学而言，教学要素较为丰富，教学形式较为灵活。在野外教学工作中，可以通过布置一些科研课题，要求学生在实习过程中去探索、去实现。这样能较好地激发学生的创新意识和欲望，从而培养学生的创新能力。

通过地理学综合实习，要求将学生在实习过程中看到的现象、发现的问题、记录的数据，运用所学知识最后写成实习报告，通过这一过程培养学生搜集资料，查阅、运用参考文献及文本写作的能力。

地理综合实习过程中涉及的很多调查及实习需要以小组的方式来完成，在这一过程中，学生与人相互沟通的能力得到有效锻炼与提高，学生的团队意识得到有效加强。

二、地理综合实习的方法

1. 实习准备阶段

第一，明确实习的目的与任务，实地的地点与时间，考核形式，实习纪律、物资准备等。

第二，成立一支责任心强、野外教学经验丰富、水平较高的实习指导教师队伍。

第三，召开实习动员大会，明确实习的目的与任务，要求学生在实习前通过多渠道搜集实习区域的背景资料，做好知识储备工作。

2. 野外实习阶段

第一，指导教师要对观察到的要素或现象，启发、引导学生积极观察，发现问题，认真思考和大胆分析。必要时，教师可给予讲解和指导，由此得出科学且准确的结论。

第二，注重引导学生学会对地理现象的分析方法，讲解测量、观察、问卷调查、记录等基本技能。对采样、填图、摄影等操作过程做出示范，并检查、指导学生的动手过程，培养学生独立操作的能力。

第三，指导学生及时地收集、整理各类标本，进行储备分类并填写标本卡。

第四，指导学生翔实地记录实习过程及实习过程中反映出的问题，为今后的实习安排提供更多的参考依据。

3. 总结阶段

第一，资料整理。对实习过程中所获取的观测记录、文字资料及图片资料进行整理、加工与分析，并采用计算机或“3S”技术进行数据的综合分析与建模。

第二，综合分析。在了解和掌握实习区域自然地理与社会经济等资料的基础上，结合实习所获取的数据对实习区域进行综合分析。

第三，撰写实习报告。实习报告应包括题目、前言、正文和总结等部分内容。根据实习中的所见所闻，结合数据整理与分析的结果，如实、完整地撰写实习报告。

第二节　南京及其周边地区地理综合实习计划

1. 实习准备阶段

(1) 2天。

(2) 思想准备，召开实习动员大会，介绍实习目标、实习内容。

(3) 人员组织，公布实习计划。

(4) 准备实习资料、用品。

2. 实习阶段

(1) 7天。

(2) 按照实习计划、实习内容开展实习工作。

3. 室内整理,撰写报告阶段

(1) 7 天。

(2) 对实习所获取的资料、数据进行整理、加工,必要时进行地理建模。

(3) 撰写实习报告。

第三节　南京及其周边地区地理综合实习线路与内容

一、板仓村—山腰平台—头陀岭—紫金山天文台

(一) 板仓村

1. 了解紫金山气候概况。
2. 选择土壤剖面位置,开挖土壤剖面。
3. 对土壤剖面进行观察、分层、取样与记录。
4. 进行土壤野外实验。

(二) 山腰平台

1. 沿途观察并记录植被类型,认识主要植物种类。
2. 测量温度、湿度等气象指标,并做记录。
3. 观察冲沟的形态,了解冲沟形成与流水作用的关系。

(三) 头陀岭

1. 测量温度、湿度等气象指标,并做记录。
2. 观察山顶两坡地层及岩性,测量产状及坡度。
3. 了解鞍部地形与流水作用的关系。

(四) 紫金山天文台

1. 参观天文陈列馆,了解天文相关知识。
2. 参观古观测台,了解中国古代天文知识。
3. 进行天文观测。

二、灵谷寺—中山陵—中山植物园

(一) 灵谷寺

1. 沿途观察主要植被类型,并做记录,认识主要植物种类。
2. 观察侏罗系象山群陵园组岩性特征。

(二) 中山陵

1. 观察侏罗系象山群陵园组岩性特征。

2. 沿途观察主要植被类型，并做记录，认识主要植物种类。
3. 观察中山陵的地理位置、地形，分析其选址条件及原因。
4. 发放调查问卷，开展旅游资源及游客满意度调查。
5. 模拟导游训练。

（三）中山植物园

1. 了解北亚热带植物群落的特点。
2. 参观植物园，了解植物分类知识。

三、老山

1. 地貌：山地—山麓剥蚀平台—河漫滩形成与演化。
2. 土壤：地带性土壤黄棕壤的形成与特点。
3. 植被：地带性植被，主要建群种识别。
4. 人文：老山兜率寺的人文特点。

四、板桥汽渡—高旺河口—兰花塘

（一）板桥汽渡

1. 地貌：侵蚀型河岸的识别。
2. 侵蚀型河岸的利用。

（二）高旺河口

1. 支流河口的堰塞及其生态特点。
2. 支流河口堰塞与市政工程建设的关系。

（三）兰花塘

1. 岗塝冲的形成及特点。
2. 非地带性土壤：水稻土的形成与特点。

五、泰山新村

1. 地貌：下蜀黄土堆积地貌的形态与特点。
2. 下蜀黄土地貌的利用。

六、六合桂子山

1. 火山地貌特征及其演变。
2. 火山岩母质上发育的土壤特征。

七、六合横山

1. 地貌：玄武岩覆盖的河流堆积地貌形成演化。
2. 土壤：玄武岩母质上发育的土壤特征。

八、阅江楼—三汊河口—武定门闸—玄武湖

（一）阅江楼

1. 认识长江右岸的变迁。
2. 下蜀黄土岗地的地貌特征、土壤特征及与城市建设的关系。

（二）三汊河口

1. 外秦淮河的变迁。
2. 三汊河口闸的功能。
3. 参观渡江战役纪念馆，了解红色旅游的含义与意义。

（三）武定门闸

1. 进一步分析外秦淮河的变迁。
2. 武定门闸的建设历史与功能。

（四）玄武湖

1. 玄武湖的形成与变迁。
2. 玄武湖的污染及治理。

九、长江大桥—幕府山—燕子矶

（一）长江大桥

1. 长江大桥处江底深槽的形成。
2. 大桥选址的主要自然因素。

（二）幕府山

1. 认识断层构造地貌。
2. 南京长江滨江风光带的改造及与地理环境间的关系。

（三）燕子矶

1. 燕子矶形成的原因。
2. 燕子矶的形成与长江南京段水环境的变迁。

十、金山、北固山、焦山—镇江港—西津渡

（一）金山、北固山、焦山

了解“京口三山”旅游资源特色与开发。

（二）镇江港

镇江港的变迁及人类活动对其影响。

（三）西津渡

1. 分析影响西津渡变迁的地理因素。

2. 考察西津渡，了解西津渡的规划设计。

3. 感受古街区的文化沉淀与特色。

十一、瘦西湖—扬州港

（一）瘦西湖

考察瘦西湖，了解瘦西湖景区的形成与自然地理关系。

（二）扬州港

扬州港变迁及人类活动对其影响。

十二、淮安水利枢纽

1. 淮安水利枢纽的形成。

2. 淮安水利枢纽对淮河中下游地区分洪调控的作用。

十三、盱眙第一山—洪泽湖—泗州城

1. 水文：洪泽湖水系变迁。

2. 植被：暖温带植被特征。

3. 土壤：黄棕壤。

4. 人文：泗州城的历史及变迁。

第四节　实习报告编写

一、实习报告要求

1. 主题鲜明，内容全面。实习报告要有明确的主题、严密的逻辑性，要全面反映实习内容，综合分析实习区各种地理规律。

2. 简明扼要，图文并茂。实习报告要求文字简练，能分析清楚地理现象、特征、规律即可。实习报告中要充分利用表格、插图、照片等资料，做到图文并茂。

3. 实习报告要求总字数在 1.5 万字左右，插图至少 10 幅，表格至少 5 张，照片至少 20 张。

4. 实习报告必须独立完成，严禁抄袭。

5. 实习报告的打印稿、电子稿、野外记录本、室内整理记录本一并上交。实习成绩综合实习报告，野外、室内记录情况及实习表现综合评定。

二、实习报告章节安排

前　言

第一章　实习区概况

地理位置、地质地貌、气象气候、植被土壤、人文概况

第二章　地质

1. 南京地区地层及岩性特征
2. 南京地区地质构造特征
3. 南京地区地质历史演化

第三章　地貌

1. 南京地区地貌类型及特征
2. 南京地区地貌形成与演变
3. 南京地区不同地貌类型上的土地利用

第四章　土壤

1. 南京地区土壤资源概况
2. 南京地区的土壤类型与分布规律
3. 各种土壤类型的特征及其发生发展规律
4. 不同母质上发育土壤的对比分析
5. 土壤资源的合理利用与改良设想

第五章　植被

1. 南京地区主要植被类型及演替
2. 盱眙地区主要植被类型及演替
3. 不同气候区植被类型的差异分析
4. 地区植被特点与园林植物配置特征分析——以盱眙第一山为例

第六章　水文水资源

1. 南京地区水文基本特征
2. 南京主城区水系的变迁
3. 淮河流域概况及变迁
4. 长江三角洲的形成与变迁
5. 长江中下游地区水文环境的变化与港口选址

第七章　人文地理

1. 南京老山自然与人文景观特征分析
2. 狮子岭兜率寺佛教建筑特征
3. 钟山风景区生态环境保护现状及问题分析
4. 钟山风景区游客市场特征分析
5. 钟山风景区山、水、城、林资源组合优势分析
6. 盱眙第一山旅游资源单体分类以及评价

7. 镇江港及扬州港的形成、变迁及对城市发展的影响

结束语

实习感想及建议

三、撰写小论文

结合实习过程中获取的资料、数据、图片，选择你感兴趣的问题，参照学术论文要求写作(摘要、关键词、正文、参考文献)，字数在3 000字左右。

第三章　地质野外实习

第一节　实习目的和要求

一、实习目的

地质实习的主要目的是通过野外调查和观测，了解和掌握以下内容：

1. 了解南京市的地质历史。
2. 了解南京市的地质特征、分布特点、岩石性质、出露地点等。
3. 掌握南京市地质构造的特征、空间展布状况。

二、实习要求

通过地质实习，掌握地质野外调查的以下基本技能：

1. 掌握地质野外工作的基本方法。
2. 学会野外初步判断主要岩石的岩性。
3. 学会地质罗盘的使用方法。

第二节　实习基本步骤

一、准备工作

1. 了解实习的有关资料，准备好地形图，并收集南京地区地图、地貌等资料。
2. 准备好野外实习用品：卷尺、罗盘、放大镜、记录本、铅笔等。

二、野外工作

实测地质剖面，记录野外地质状况，绘制地质剖面图。

三、室内整理

整理资料，室内使用计算机绘制地质剖面图，完成实习报告。

第三节　主要实习内容

一、地层与岩石

南京市境内的地层属于扬子地层区下扬子地层分区（见图 3-1 和表 3-1）。按地质单元，分属于此地层分区的镇江地层小区、江宁—芜湖地层小区和六合—巢湖地层小区。所见地层除缺失太古界和早古生界外，自元古界震旦系到新生界第四系（约距今 8 亿年前至距今 1 万年左右）地层出露齐全，发育良好。

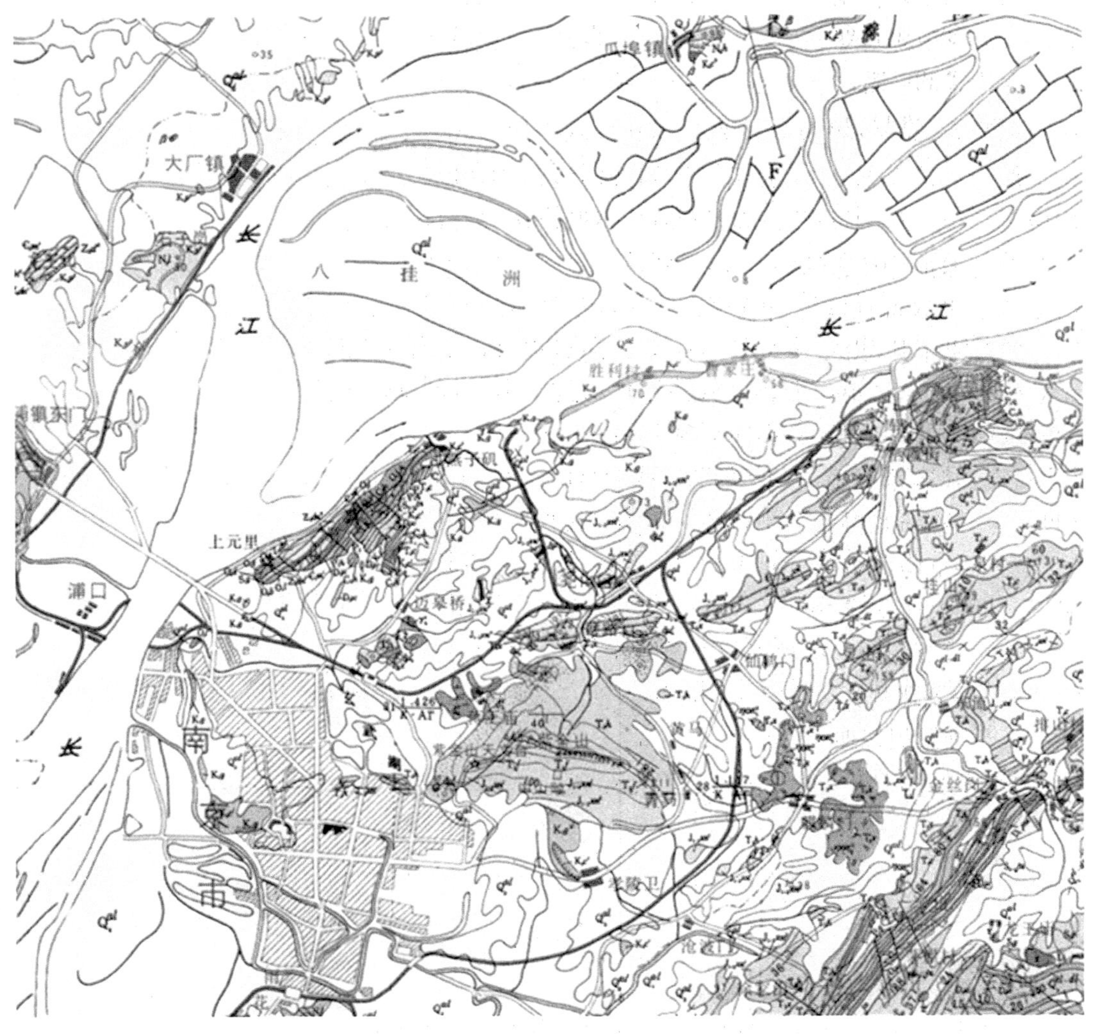

图 3-1　南京地区地质地层分布图

表 3-1　南京地区主要地层与岩石一览表

界	系	组名称	代号	主要岩性
新生界	第四系		Q	粘土、泥质粉细砂
				砂、粘土互层
				粘土
	近第三系	盐城组	$N_{1\text{-}2}yc$	泥岩、粉砂质泥岩、细砂岩
	古第三系	三垛组	$E_{2\text{-}3}s$	泥岩、粉细砂岩
		戴南组	E_2d	
		阜宁组	E_1f	
		泰州组	E_1t	
中生界	白垩系	赤山组	K_2c	粉砂岩
		浦口组	K_2p	砂岩、粉砂岩、砂砾岩
		上党组	K_1s	安山岩、玄武岩等
		葛村组	K_1g	中细粒砂岩
	侏罗系	龙王山组	J_3lw	安山岩、熔岩、安山角砾岩
		西横山组	J_3x	砂岩
		象山群	$J_{1\text{-}2}X$	砂岩
	三叠系	范家塘组	T_3f	泥岩、页岩、砂岩
		黄马青组	T_2h	钙质泥岩、粉砂质泥岩
		周冲村组	T_2z	角砾状灰岩、泥灰岩
		青龙组	T_1q	薄层灰岩
古生界	二叠系	大隆组	P_3d	薄层硅质岩、钙质泥岩
		龙潭组	$P_{2-3}l$	长石石英砂岩、硅质页岩
		孤峰组	P_2g	硅质页岩
		栖霞组	P_2q	沥青质燧石团块灰岩
	石炭系	船山组	C_2P_1c	致密块状、球状灰岩
		黄龙组	C_2h	致密块状灰岩
		老虎洞组	$C_{1\text{-}2}l$	厚层白云岩
	泥盆系	五通群	D_3W	石英砂岩、泥质粉砂岩、含砾石英砂岩
	志留系	茅山组	S_2m	粉砂岩、中细粒砂岩
		坟头组	S_1f	粉—中细粒砂岩
	奥陶系	高家边组	O_3S_1g	石英砂岩、泥岩
		汤头组	O_3tt	瘤状灰岩
		汤山组	O_3t	薄层灰岩

续 表

界	系	组名称	代号	主要岩性
		牯牛潭组	O_2g	钙质泥岩
		大湾组	O_2d	隐晶灰岩
		红花园组	O_1h	致密灰岩
		仑山组	O_1l	白云岩、灰质白云岩
	寒武系	观音台组	$\in_3O_1g$	细晶灰岩
		炮台山组	$\in_2p$	白云岩、细晶白云岩
		幕府山组	$\in_1m$	白云岩、页岩
上元古界	震旦系	灯影组	Z_2d	白云岩
		黄墟组	Z_1h	千枚岩、灰岩
		苏家湾组	Nh_2s	含砾千枚岩
		周岗组	Nh_1z	变质长石砂岩
中下元古界		埠城岩群	$Ch_{1-2}P$	浅变质岩
				深变质岩

1. 震旦系(Z)

上统的灯影组在六合、浦口一带岩性为灰色含泥质白云岩、硅质白云岩、层状叠层石等；在幕府山区，主要为藻白云岩、条纹状球粒白云岩，但又出露灯影组上部，而下部未见。上统陡山沱组以钙质为主的钙镁碳酸盐岩及其变质的大理岩，分布于六合区冶山、浦口星甸等地，露头良好，但地层倒转，裂隙发育，且有岩体侵入。下统苏家湾组仅见于浦口星甸以北，主要为黄绿色含砂砾质千枚岩。

2. 寒武系(∈)

上统观音组分布于幕府山、江宁汤山及浦口龙洞山至汤泉一带，以灰白色厚层及巨厚层白云岩和白云质灰岩为主，含少量燧石结构。中统炮台山组分布于幕府山至浦口龙洞山至汤泉一带，可分为三部分：下部为浅灰、灰白色薄层白云岩，中部为灰黑、紫红及黄褐色薄层灰岩和泥质灰岩，上部为浅灰、灰白、浅红、灰黑色薄层白云岩，白云质灰岩。下统幕府山组分布于幕府山、大厂以及六合冶山等地，下部以灰黄、灰黑色硅质页岩、黑色含碳质页岩为主，夹有石煤层；上部以浅灰、粉红及黄褐色中厚层白云岩和白云质灰岩为主。

3. 奥陶系(O)

下奥陶统，分布于幕府山及江宁汤山等地，主要岩性：上部为浅灰色中厚层灰岩，夹薄层灰岩，中部为深灰至灰黑色厚层生物碎屑灰岩，夹少量球粒灰岩，有时含少量石条带或结核，下部为灰至浅灰色厚层灰质白云岩，与灰质互层，局部含石结核。在此地区溶洞较为发育，侵蚀严重，如燕子矶三台洞。三台洞同燕子矶附近沿江的头台洞、二台洞一样，发育在震旦系灯影组白云质灰岩中，溶洞大致分为三层，是地下水溶蚀的结果。

4. 志留系(S)

上中志留系,主要岩性:灰黄、褐黄色粉砂岩、砂质页岩及砂岩,岩相为海相,主要在汤山孔山地区。

5. 泥盆系(D)

上泥盆统,岩性:上部为黄褐色薄层细粒砂岩,夹粉砂岩,有时还夹白色粘土岩,局部含煤线。中部灰白色厚层石英砂岩,下部为灰白色粗粒含砾石英砂岩。代表地区为孔山北坡。

从这里还可以看到五通组的中上部。中部为细粒石英砂岩,上部为石英砂岩夹页岩。该地区主要以石英砂岩为主。

6. 石炭系(C)

下石炭统,岩性:杂色砂页岩及泥岩。层面波纹构造。海陆过渡相,主要分布在孔山北坡。

中石炭纪,岩性:浅灰略带肉红色的纯质灰岩。岩层致密,底部为浅灰色白云岩,含肉红色结核。主要分布在孔山北坡背斜倾伏端下山处。

7. 二叠系(P)

下二叠统,岩性:上部灰黑色灰岩,含少量燧石结核,下部为灰黑色含沥青灰岩。代表地区为大石碑北壁断层。

上二叠统,岩性:灰黄色粉砂岩,砂质页岩夹炭质页岩及煤层,底部有一层厚约 20 米的长石石英砂岩。如棒槌山东北部。

8. 三叠系(T)

中上三叠统,主要是紫红色钙质页岩、粉砂岩、砂质岩和页岩,夹有数层细砾岩,含砾砂岩,岩层具有明显的沉积韵律。有虫迹、交错层理、波痕、微层理等原生构造。岩性自上而下分为三部分,底部为厚约十米的砾岩层,成分主要是灰岩,含少量的石英和燧石。中部为紫红色粉砂岩、粉砂岩页岩夹页岩,发育大量虫迹及交错层理。上部为暗灰色泥质砂岩夹黄色砂质页岩,波痕发育。

中下三叠统,以薄层灰岩为主,夹有页岩及石膏岩层。代表地区为棒槌山北部,岩相为陆相、海陆过渡相。此处由北向南依次为灰黄色页岩、页岩与泥灰岩互层、泥灰岩。

9. 侏罗系(J)

中下侏罗统,与黄马青群为假整合接触,厚约 800 米。自上而下为紫霞洞组,紫金山南部最为发育,底部为灰白色砾岩,砾石成分为石英岩、石英砂岩、硅质岩及黑色燧石。中部为灰白色泥质页岩,含少量云母。上部为灰白色或微红色石英砂岩。陵园组为灰白色及浅灰色含长石的石英砂岩。成分大多是石英,少量是硅化灰岩和燧石。西山寺组为灰白色至灰黄色细粒云母砂岩夹杂色页岩。

10. 白垩系(K)

以紫红色细砂岩、粉砂岩及砂质页岩、紫红及灰紫砾石为主,夹粉砂岩细砂岩镜体。代表地区为燕子矶。

11. 第四系(Q)

更新统,下蜀组。棕黄至灰黄色亚粘土及亚砂土,常组成低级阶地。如燕子矶中学旁,主要为黄土,厚度小,土质疏松,多孔,成分以粗颗粒粉砂为主,富含碳酸钙,易遭潜蚀,湿润,下雨后为湿陷型,垂直节理发育。这里黄土虽然疏松,但黄土层依然保持比较稳固的状态,这是因为黄土中垂直节理发育,又富含碳酸钙,碳酸钙在垂直节理上结晶,形成支持黄土的基本骨架,所以形态稳固。黄土的分布北至昆仑山北部,南至长江中下游,由西北风力搬运,为陆相风成沉积,由西北吹到南方的这部分土为下蜀黄土。

二、地质构造

(一) 主要地质构造

1. 褶皱构造

宁镇褶皱带 从南京到镇江一线全长约 70 km,总体走向由北东向渐转为近东西向,其西段蜿蜒于南京地区长江南岸一带,自西南向东北。宁镇褶皱带是由若干背斜、向斜组成的线状褶皱带,南京市区和江宁区东北部处于其西段。

褶皱束内部结构较为复杂,主要分为三个主体构造,自北而南为:

(1) 幕府山复背斜带。这是宁镇山脉北段构造的代表,出露在上元门到燕子矶沿长江南岸一线,长约 6 km,宽 1~2 km,总体走向 40°~50°。因受长江断裂带的影响,复背斜的断裂极为发育,长江大断裂从复背斜核部近处通过,使北西翼断陷于长江河谷中,保留下东南翼的断崖峭壁。

(2) 钟山—射乌山—金子山大向斜。这是宁镇山脉中段的代表,纵贯山脉腹地,由西向东穿过钟山、射乌山、宝华山等地。本向斜较宽阔,北翼抵达栖霞山、龙潭一带,南翼边缘可到青龙山、孔山、九华山(在汤山镇)一带。轴向由西段的北东,向东而转为北东东,全长 45 km 左右,过仑山后与青龙山、大连山—汤山—仑山大背斜合并而消失。通常以此大向斜在南京市境内部分称为南京复向斜,它位于市区东郊,幕府山—栖霞山以南、青龙山以北都是其范围。在市区范围内长 21 km,西段宽 15 km,东段宽 8 km。

(3) 青龙山、大连山—汤山—仑山大背斜。这是宁镇山脉南段的主体结构,东西绵延 60 km,东接近镇江市区。轴向在西段为东北向,在坟头村附近转为北东东至近东西向。大背斜在市境内出露长达 23 km,宽 5~8 km,核部地层为寒武系上统观音台组,两翼地层为古生界至三叠系,内部结构复杂。

汤泉—冶山褶皱带 分布于长江北岸浦口区星甸、汤泉及浦镇至六合区冶山一带,长约 80 km,其中浦镇至冶山间约 40 km 未出露。北东向的汤泉—樊集断裂沿轴部通过,老山为其南翼,冶山为其北翼。出露地层从震旦系下上统至寒武系中上统,最老地层为星甸附近出露的震旦系下统浅变质的苏家湾组,以此为背斜核部,是南京市最古老的地层。

宁芜凹陷 即宁芜继承式火山岩盆地,是形成于燕山运动早期的断陷盆地。宁芜凹陷长达 80 多 km,位于市区和江宁区西南部,并延伸至安徽当涂、芜湖一带。在燕山运动前以陆相凹陷沉积为主,燕山运动时期则以强烈的褶皱及断裂为主,多火山活动和岩浆侵入。

句、溧、高褶皱带 在溧水、高淳境内有其隆起带背斜一翼，白马山、回峰山、芳山、游山、花山的走向和地貌形态均由其控制。

2. 断裂构造

南京市境内的断裂构造十分发育，是多期构造运动叠加的产物，多数具有继承并新生的特点。较大的断层构造数以百计，根据断裂构造展布方向，可分为北东向、北北向、北东东向、北西向等组。

北东向断裂 最重要的是长江断裂，对南京地区构造和地貌影响巨大。位于乌江、桥林、双闸及狮子山—燕子矶一带，走向约50°。在幕府山西北侧小角度斜切幕府山背斜之轴部，造成一系列断层陡崖和断层三角面。在燕子矶以东与北东东向的长江断裂呈折现状相交。由于两者在定向上为渐变关系，发育史与地貌相似，故亦有作为一条长江断裂带看待，境内长约70 km，宽7～10 km，又称下扬子破碎带。长江断裂形成于燕山运动早期，以后又受一系列构造活动的叠加作用。

北东向的汤泉—樊集断裂，位于浦口区汤泉至六合区樊集一线，市境内长达80 km。沿东北方向伸展至邵伯湖，向西南经巢湖与郯庐断裂相交，总长达250 km。

其他较为重要的北东向断裂，还有幕府山断层组、紫金山平推断层、栖霞山断层组、北极阁—小九华山断层组，南京—梅山纵向隐伏断层、汤山北逆断层、马集—高邮湖断裂、冶山南逆断层等约50处，造成大量局部地层缺失、岩石破碎现象。

北北东向断裂 乌江—大厂断裂，位于乌江、浦口至大厂一线，东北端至六合区境内泉水—龙池断裂，西南方向延至安徽和县，市内长约50 km，走向30°～35°，整齐地切割了老山南的一、二级阶地。

小丹阳—龙潭断裂，位于小丹阳、凤凰山、方山、上坊、龙潭一线，沿东北方向过江延伸到仪征，西南入安徽省境内，在市内长约80 km，总体走向约30°。

茅山断裂带，由茅西断裂和茅东断裂以及两者所夹持的茅山断块组成。茅西断裂在南京市境内主要发育于高淳、溧水两区境内，在大金山、花山和芝山等处，多有前期地层推覆到后期地层之上现象，茅东断裂其南部在南京境内发育于高淳花山至溧水芝山一带。

东西向与近东西向断裂 长江近东西向断裂带。该断裂带至少由北、中、南3条断裂组成。北断裂位于江北，西起大厂龙王山以北，经瓜埠山至仪征市青山一带，沿断裂有玄武岩喷出。中断裂基本位于江中，错断了上新统砂砾层。南断裂主要位于南岸，西起浦口东门而过江经新生圩、栖霞山至龙潭，再继续向东延至镇江，在南京市境内长约55 km，宽8～10 km。对长江一带的流向和沿江现代沉积有明显的控制作用，并形成良好的深水港区。

方山—板桥断裂，东西走向，位于板桥、牛首山、殷巷至方山北侧一线。牛首山南侧可见巨大的陡立擦痕断面。

西横山北断裂也是东西走向，位于江宁区横溪至铜山一带，长约13 km，分布着较多闪长玢岩体。

市境内规模较大的东西向断裂，还有北极阁—小九华山逆断层、中山陵园音乐台南正断层等。

北西向与北北向断裂 南京—湖熟断裂是境内一个主要断裂构造。始于浦口板桥附近，经浦口东北、猪头山、狮子山西侧，通过城区，又经上坊、淳化至湖熟，再向东南延至溧阳竹箦，境内长度约 50 km，走向 310°～320°，历史上有几次破坏性地震和近期几次小地震，就发生在这一断裂带附近。

鼓楼—定淮门断裂，西起定淮门，经鼓楼，沿北京东路而东过琵琶湖，直到麒麟门，总体走向 290°。沿断裂所打钻孔，都有较丰富的地下水。

板桥—凤凰山断裂，位于板桥至凤凰山一线，走向 310°～350°，长约 30 km。

冶山—汤山断裂，江北部分称为九头山—东沟断裂，过江后，自东阳附近至汤山以南称东阳—汤山断裂，走向 345°～350°，是一条挤压破碎带。冶山以东晚侏罗世火山喷发和六合方山一带玄武岩喷发，江南岸射乌山山顶的玄武岩喷发和汤山的温泉等，都与断裂有关。

境内有一定规模的北西向断裂构造，还有汤泉—狮子岭平移断层、泉水—长芦断层、江东—东山断层、栖霞山—坟头村断层等 30 多处。

(二) 区域地震历史

南京市地处华北地震区长江下游—黄海地震带内，是该带少数几个中强地震活动和原地复发水平较高的地区之一，辖区地质构造复杂，区域性断裂发育，具备发生中强地震的地震地质条件。自从有文字记载以来，南京共发生有感地震近 300 次，其中破坏性地震 3 次，即 499 年 8 月 4 日和 548 年 10 月 27 日发生在城区的 4.75 级和 5.5 级地震，以及 1712 年 12 月 22 日发生在南京江北的 4.75 级地震，震中烈度分别达到 6 度、7 度和 6 度。

外地发生的强度较大地震对南京市也曾造成过破坏。如 1668 年山东郯城的 8.5 级地震和 1624 年扬州发生的 6 级地震，两次地震在南京造成的破坏均超过地震烈度 6 度。现代地震中，1977 年溧水 4.6 级地震和 1979 年溧阳 6.0 级地震等也曾使南京遭遇破坏，地震烈度均达到 6 度。2008 年 8 月 6 日江苏省句容(北纬 32.2 度、东经 119.1 度)发生 3.6 级地震，震源深度 9 km 左右，震中位于南京江宁区汤山与句容市下蜀镇之间，南京市及镇江市震感较明显。2009 年 11 月 13 日南京江宁区和镇江市句容交界地区(北纬 31.9 度、东经 119 度)发生里氏 3.4 级地震，镇江以及南京江宁区、河西等地居民反映有震感。

由此可见，20 世纪 70 年代以来，近场区内有感地震时有发生，加上外围地震波及，几乎每年都有地震事件产生影响，现代地震活动频度较高，但强度较弱。

第四节 地质实习基本方法

一、地质罗盘的使用

1. 磁偏角的校正

因为地磁的南、北两极与地理上的南北两极位置不完全相符，即磁子午线与地理子午线不相重合，地球上任一点的磁北方向与该点的正北方向不一致，这两方向间的夹角叫磁偏角。

地球上某点磁针北端偏于正北方向的东边叫作东偏，偏于西边称西偏。东偏为(+)，西偏为(—)。

地球上各地的磁偏角都按期计算,公布以备查用。若某点的磁偏角已知,则一测线的磁方位角 $A_{磁}$ 和正北方位角 A 的关系为 $A=A_{磁}\pm$ 磁偏角。应用这一原理可进行磁偏角的校正,校正时可旋动罗盘的刻度螺旋,使水平刻度盘向左或向右转动(磁偏角东偏则向右,西偏则向左),使罗盘底盘南北刻度线与水平刻度盘 0～180 度连线间夹角等于磁偏角。经校正后测量时的读数就为真方位角。

2. 目的物方位的测量

目的物方位是测定目的物与测者间的相对位置关系,也就是测定目的物的方位角(方位角是指从子午线顺时针方向到该测线的夹角)。

测量时放松制动螺丝,使对物觇板指向测物,即使罗盘北端对着目的物,南端靠着自己,进行瞄准,使目的物、对物觇板小孔、盖玻璃上的细丝、对目觇板小孔等连在一直线上,同时使底盘水准器水泡居中,待磁针静止时指北针所指度数即为所测目的物的方位角(若指针一时静止不了,可读磁针摆动时最小度数的二分之一处,测量其他要素读数时亦同样)。

若用测量的对物觇板对着测者(此时罗盘南端对着目的物)进行瞄准,指北针读数表示测者位于测物的什么方向,此时指南针所示读数才是目的物位于测者什么方向,与前者比较这是因为两次用罗盘瞄准测物时罗盘之南、北两端正好颠倒,故影响测物与测者的相对位置。

为了避免时而读指北针,时而读指南针,产生混淆,应以对物觇板指的所求方向恒读指北针,此时所得读数即所求测物之方位角。

3. 岩层产状要素的测量

岩层的空间位置决定于其产状要素,岩层产状要素包括岩层的走向、倾向和倾角。测量岩层产状是野外地质工作最基本的工作方法之一,必须熟练掌握(见图 3-2)。

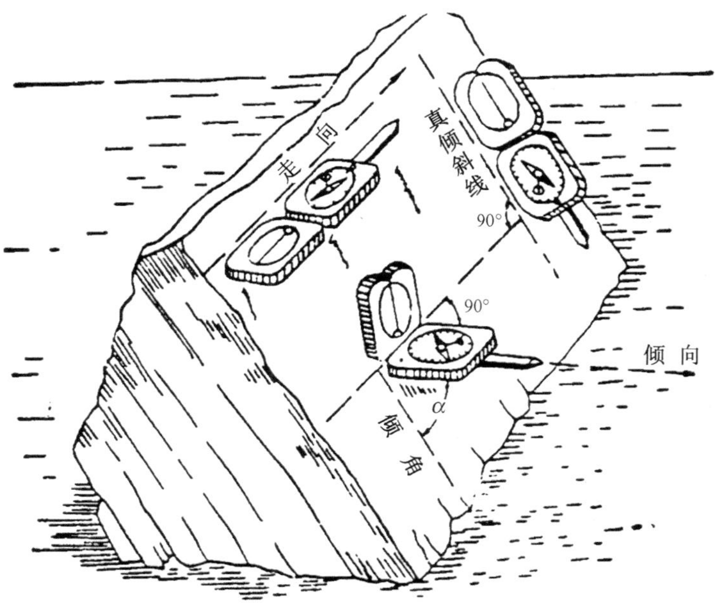

图 3-2 岩层产状及其测量方法

(图片来源:image. baidu. com)

(1) 岩层走向的测定

岩层走向是岩层层面与水平面交线的方向，也就是岩层任一高度上水平线的延伸方向。

测量时将罗盘长边与层面紧贴，然后转动罗盘，使底盘水准器的水泡居中，读出指针所指刻度即为岩层之走向。

因为走向是代表一条直线的方向，它可以两边延伸，指南针或指北针所读数正是该直线的两端延伸方向，如 NE30°与 SW210°均可代表该岩层的走向。

(2) 岩层倾向的测定

岩层倾向是指岩层向下最大倾斜方向线在水平面上的投影，恒与岩层走向垂直。

测量时，将罗盘北端或接物觇板指向倾斜方向，罗盘南端紧靠着层面并转动罗盘，使底盘水准器水泡居中，读指北针所指刻度即为岩层的倾向。

假若在岩层顶面上进行测量有困难，也可以在岩层底面上测量，用对物觇板指向岩层倾斜方向，罗盘北端紧靠底面，读指北针即可，假若测量底面时读指北针受到障碍，则用罗盘南端紧靠岩层底面，读指南针亦可。

(3) 岩层倾角的测定

岩层倾角是岩层层面与假想水平面间的最大夹角，即真倾角，它是沿着岩层的真倾斜方向测量得到的，沿其他方向所测得的倾角是视倾角。视倾角恒小于真倾角，也就是说岩层层面上的真倾斜线与水平面的夹角为真倾角，层面上视倾斜线与水平面的夹角为视倾角。

测量时将罗盘直立，并以长边靠着岩层的真倾斜线，沿着层面左右移动罗盘，并用中指搬动罗盘底部的活动扳手，使测斜水准器水泡居中，读出悬锥中间所指最大读数，即为岩层之真倾角。

岩层产状的记录方式通常采用方位角记录方式，如果测量出某一岩层走向为 310°，倾向为 220°，倾角 35°，则记录为 NW310°/SW∠35°或 310°/SW∠35°或 220°∠35°。

野外测量岩层产状时需要在岩层露头测量，不能在转石(滚石)测量，因此要区分露头和滚石。区别露头和滚石，主要是要多观察和追索并要善于判断。

测量岩层面的产状时，如果岩层凹凸不平，可把记录本平放在岩层上当作层面以便进行测量。

二、野外地质记录

进行野外地质观察，必须做好记录。地质记录是最宝贵的原始资料，是进行综合分析和进一步研究的基础，也是地质工作成果的表现之一。

1. 野外地质记录要求

野外地质记录，最基本的要求是客观地反映实际情况，即看到什么记什么，如实反映，不能凭主观随意夸大或缩小或歪曲。但是，允许在记录上表示出作者对地质现象的分析、判断。因为这有助于提高观察的预见性，促进对问题认识的深化。记录清晰、美观，文字通达，这是衡量记录好坏的一个标准。

图文并茂。图是表达现地质现象的重要手段，许多现象仅用文字是难以说清楚的，必须辅以插图。尤其是一些重要的地质现象，包括原生沉积的构造、结构、断层、褶皱、节理等构造变形特征，火成岩的原生构造、地层、岩体及其相互的接触关系、矿化特征，以及其他内、外动力地质现象，要尽可能地绘图表示，好的图件的价值大大超过单纯的文字记录。

2. 野外地质记录内容

综合性地质观察的记录要全面和系统，例如进行区域地质测绘，常采用观察点与观察线相结合的记录方法。观察点是地质上具有关联性、代表性、特征性的地点。如地层的变化处、构造接触线上、岩体和矿化的出现位置以及其他重要地质现象所在。观察线是连接观察点之间的连续路线，即沿途观察，达到将观察点之间的情况联系起来的目的。观察点、观察线的具体记录内容如下：

日期和天气。

实习地区的地名。

路线：从何处经过何处到何处，要写得具体清楚。

观察点编号：可从 No. 01 开始依次为 No. 02，No. 03……

观察点位置：尽可能交代详细，如：在什么山、什么村庄的什么方向，距离多少米，是在大道旁还是在公路边，是在山坡上还是在沟谷里，是在河谷的凹岸还是在凸岸等。还要记录观察点的标高，即海拔高度，可根据地形图判读出来。观察点的位置要在相应的地形图上确定并标示出来。

观察目的：说明在本观察点着重观察的对象是什么，如观察某一时代的地层及接触关系，观察某种构造现象（如断层、褶皱……），观察火成岩的特征，观察某种外动力地质现象等。

观察内容：详细记录观察的现象，这是观察记录的实质部分。观察的重点不同，相应地有不同的记录内容。如果观察对象是层状地质体，则可按以下程序进行记录：

① 岩石名称，岩性特征，包括岩石的颜色、矿物组成、结构、构造和工程特性等。

② 化石情况，有无化石，化石的多少，保存状况，化石名字。

③ 岩层时代的确定。

④ 岩层的垂直变化，相邻地层间的接触关系，列出证据。

⑤ 岩层产状，按方位角的格式进行记录。

⑥ 岩层出露处的褶皱状况，岩层所在构造部位的判断，是褶皱的翼部还是轴部等。

⑦ 岩层小节理的发育状况，节理的性质、密集程度，节理的产状，尤其是节理延伸的方向；岩层破碎与否，破碎程度，断层存在与否及其性质、证据、断层产状等。

⑧ 地貌、第四系（山形、阶地、河曲等），河谷纵、横剖面情况，河谷阶地及其性质，水文特征，水文地质特征及物理地质现象（如喀斯特、滑坡、冲沟、崩塌等的分布、形成条件和发育规律，以及对工程建筑的影响等）。

⑨ 标本的编号，如采取了标本、样品或进行照相等，应加以相应标明。

⑩ 补充记录。上述内容尚未包括的现象。

如果观测点为侵入体，除化石一项不记录外，其他项目都应有相应的内容，如④项应为侵入接触关系或沉积接触关系；⑤项应为岩体，是岩脉、岩墙、岩床、岩株或岩基等；⑥项应为岩体侵入的构造部位是褶皱轴部或翼部，是否沿断层或某种破裂面侵入等。上述记录内容是全面的，但在实际运用时，应根据观察点的性质而有所侧重。沿途观察、记录相邻观察点之间的各项地质现象，使点与点之间的关系连接起来。绘制各种素描图、剖面图，一般在记录簿的右页记录，在左页绘图。路线小结，扼要说明当天工作的主要成果，尚存在哪些疑点或应注意之点。

以上记录项目应逐项分开，除日期和天气在同一格内之外，其余各项均要另开新行。

三、绘制地层剖面示意图

1. 地层剖面示意图内容

地层剖面示意图是表示地层在野外暴露的实际情况的概略性图件。用于路线地质工作之中。它是在勾绘出地形轮廓的剖面上进一步反映出某一或某些地层的产状、分层、岩性、化石产出部位、地层厚度以及接触关系等地层的特征。地层剖面示意图的地形剖面和地层分层的厚度是目估的而非实际测量，这是它与地层实测剖面图的主要区别。

2. 绘图步骤

确定剖面方向，一般均要求与地层走向线垂直。

选定比例尺，使绘出的剖面图不致过长或过短，同时又能满足表示各分层的需要。如实际剖面长，地层分层内容多而复杂时，剖面图要长一些，相反则短一些。一般地，一张图尽量控制在记录簿的长度以内，对于绘图和阅读都是比较方便的。如果实际剖面长度是30 m，其分层厚度是数米以上时，则可用1∶200或1∶300的比例尺作图。

按选取的剖面方向和比例尺勾绘地形轮廓，地形的高低起伏要符合实际情况。

将地层及其分层的界线按该地层的真倾角数值用直线画在地形剖面相应点之下方，这时，从图上就可量出各地层及其分层的真厚度，注意检查图上反映出的厚度与目估的实际厚度是否一致，如不一致，须找出绘图中的问题所在，加以修正。

用各种通用的花纹和代号表示各地层及分层的岩性、接触关系和时代，并标记出化石产出部位、地层产状。

标出图名、图例、比例尺、方向及剖面图上地物的名称。

四、绘制信手地质剖面图

如果是横穿构造线走向进行综合地质观察时，应绘制信手地质剖面图，它表示横穿构造线方向上地质构造在地表以下的情况，这是一种综合性的图件，既要表示出地层，又要表示出构造，还要表示火成岩和其他地质现象以及地形起伏、地物名称以及其他需要表示的综合性内容。绘好信手地质剖面图是地质工作者的一项重要基本功，必须掌握。

信手地质剖面图中的地形起伏轮廓是目估的，但要基本上反映实际情况，各种地质体之间的相对距离也是目测的，应基本正确，各地质体的产状则是实测的，绘图时，应力求准确。

图上内容应包括图名、剖面方向、比例尺(一般要求水平比例尺和垂直比例尺一致)、地形的轮廓、地层的层序、位置、代号、产状、岩体符号、岩体出露位置、岩性和代号、断层位置、性质、产状、地物名称。

具体绘图步骤如下:估计路线总长度,选择作图的比例尺,使剖面图的长度尽量控制在记录簿的长度以内,当然,如果路线长,地质内容复杂,剖面可以绘得长一些。绘地形剖面图,目估水平距离和地形转折点的高差,准确判断山坡坡度、山体大小,初学者易犯的错误是将山坡画陡了。一般山坡不超过30°,更陡的山坡人是难以顺利通过的。在地形剖面的相应点上按实测的层面和断层面产状,画出各地层分界面及断层面的位置、倾向及倾角,在相应的部位画出岩体的位置和形态。相应层用线条连接以反映褶皱的存在和横剖面的特征。标注地层、岩体的岩性花纹、断层的动向、地层和岩体的代号、化石产地、取样位置等。写出图名、比例尺、剖面方向、地物名称、绘制图例符号及其说明,如为习惯用的图例,可以省略。

从作图技巧方面来说,应注意以下三个"准确":(1) 地形剖面图要画准确;(2) 标志层和重要地质界线的位置要画准确,如断层位置、煤系地层位置、火成岩体位置等;(3) 岩层产状要画准确,尤其是倾向不能画反,倾角大小要符合实际情况。此外,线条花纹要细致、均匀、美观,字体要工整,各项注记的布局要合理。

五、绘制野外地质素描图

素描是从地质观点出发,运用透视原理和绘画技巧来表达地质现象或地质作用的画幅。野外勾绘的地质素描,通常是在调查观察过程中进行的,往往要求在较短的时间内完成,一般就在自己野外记录本上用铅笔或钢笔画,不可能精工细作,故又称"地质素描草图"。

1. 地质素描的优越性

地质素描比地质摄影优点多。地质素描除了有不受天气、镜头取景范围、近景与远景的限制和比较经济等优点外,更重要的是,当我们分析某种地质现象,认为哪些特征应当强调,哪些附属物或近旁的草木对这些特征有所干扰而应当排除时,若采用照相的办法,忠实于客观景物的复制,就会主次不分,不能突出地质内容,收不到应有的效果。若采用素描技术处理,则完全可以根据观察者的需要,对各种地质现象特征和附近的景物有所取舍,该突出哪些,该精简哪些,都任凭自己的运笔予以描绘和体现。事实表明,一份地质调查报告,如果能充分运用地质素描,既有助于揭示和说明问题的现象本质,又可避免一些不必要的文字叙述,做到简明扼要、文图并茂,效果更佳。

2. 地质素描的基本步骤

选定素描对象的范围,确定景物在画框内的位置。

安排主要对象和次要对象的大小比例及其相对位置关系,并在图框内勾画出其范围。

勾画景物(或地质体)的轮廓线。主要是抓住外形轮廓,如山脊、陡崖、河床、阶地、层面、断层之类。勾画时先近后远,近处画得细致、清晰、浓重,远处画得粗略、轻淡、隐约。尽量符合透视原理来运笔。

在轮廓线勾画就绪的基础上,加阴影线。这一步骤主要是掌握景物形象的立体感,使其逼真如实。适当画些背景或衬托物，用以美化画面。为了清楚地表达画面的内容，可在景物（或地质体）附近标上必要的文字，如村庄、地层年代符号或其他符号等。

最后写上图名、地名、方位、测量数据、比例尺及其他必要的说明。

3. 地质素描的种类

地质素描按其内容，最常见的有下列几种类型：地层素描，素描对象是地层，表示地层层位关系、地层特征等，如地层剖面素描图；地质构造素描，主要对象是褶皱、断层、节理及其他构造地质现象。对它们的素描应分别注意这些地方。

褶皱素描：在素描动笔前，应首先琢磨哪一层可作为“标志层”和这个“标志层”的岩性特征以及如何表达的素描技法。到素描时，对“标志层”可着重描绘，以求褶皱形态充分显示出来。

断层素描：跟褶皱一样，应先找出它的“标志层”，以此判断断层两盘的相对动向，确定断层类型。

节理素描：素描时主要应把几组不同方向的节理表现清楚，注意各组间的交角大小和各组节理的宽度大小符合实际与透视原理。

地貌素描。地貌素描是一类视野颇大的素描，从地质角度考虑，主要是表现地貌特征与岩石性质、地质构造的关系，或表现风化、水流侵蚀、冰川、火山、地震等地质作用与地貌的关系。

在野外所见到的典型地质现象，小的如一块标本或一个露头上的原生沉积构造、次生的构造变形（断层和褶皱）、剥蚀风化的现象；大的如一个山头甚至许多山头范围内的地质构造特征或内外动力地质现象（如冰蚀地形、河谷阶地、火山口地貌）等，均可用地质素描图表示。素描图就是绘画，其原理就是绘画的原理，不过，地质素描要考虑地质的内容，反映出地质构造形态的特征。

地质素描类似于照相，但照相是纯直观的反映，而地质素描则可突出地质内容的重点，作者可以有所取舍。照相需要条件，地质素描则可随时进行。因而地质工作者应当学习地质素描的方法，作为进行地质调查的手段。

六、实测地质剖面

为了研究工作区的地层岩性、地质构造和水工建筑场区的工程地质条件，需测制地质剖面图。具体方法步骤如下。

1. 布置剖面线

为了正确认识工作区内的地层层序，查明各时代地层的岩性组合、厚度、标志层和接触关系，往往选择岩层露头良好、层序清晰、构造简单、具有代表性或具有典型意义的地段，布置线路作实测地质剖面。剖面线的方向应尽量垂直岩层走向或垂直主要构造线方向，同时，剖面线还应考虑充分利用天然露头和人工露头。为了反映有关工程如大坝、厂房、隧洞、溢洪道、渠道的工程地质条件，则可沿工程轴线或横断面方向作实测地质剖面。

2. 选择比例尺

选择剖面比例尺应根据规范及勘测对象的要求而定，以能充分反映其最小地层单位或岩性单位为原则。常用的比例尺为 1∶500～1∶5 000。对于具有特殊意义的岩层(如标志层)而在剖面图中又小于 1 mm,可适当放大表示,但应在记录中注明其实际厚度。

3. 布置测点

测点沿剖面线布置,应选择在地形地质条件有变化的地方,其间距随比例尺精度要求而定。如作 1∶500 的实测剖面时,测点间距应小于 5 m。若地形起伏大,或地质条件复杂,测点距离要适当缩小。每一测点都要做好标记,并统一编号。

4. 剖面地形测量

剖面地形测量,通常采用半仪器法导线测量,即用地质罗盘逐段测量导线的方位和地形坡角,用皮尺或测绳丈量地面斜距。对于大比例尺的实测剖面,则应采用经纬仪实测各点的位置和高程。

5. 地质条件观测记录

在进行剖面地形测量的同时,进行地质资料的收集。其观测记录内容包括地层层位,岩石名称、岩性特征,岩层产状,断裂构造,风化情况,第四纪堆积层的组成及厚度,地下水露头情况及自然地质现象等,并采集必要的岩样。

6. 绘制剖面图

在认真复核野外实测的地形和地质资料并确认无误后,按地质剖面图式要求,编制实测地质剖面图。绘导线平面图:根据导线方位和水平距,按比例尺将导线自基点(起点)至终点逐点绘出,并将岩层分界。

七、节理的测量与统计

1. 节理的测量

节理的测量与描述内容见表 3－2。

表 3－2　节理观测点记录表

点号及位置	所在褶皱或断层部位	所在岩层的时代、层位和岩性及产状要素	节理的产状要素	节理面及填充物特征	节理的力学性质及旋向	节理组、系归属及相关关系	节理密度(条/米)	备注

2. 节理玫瑰图编制(见图 3-3 和表 3-3)

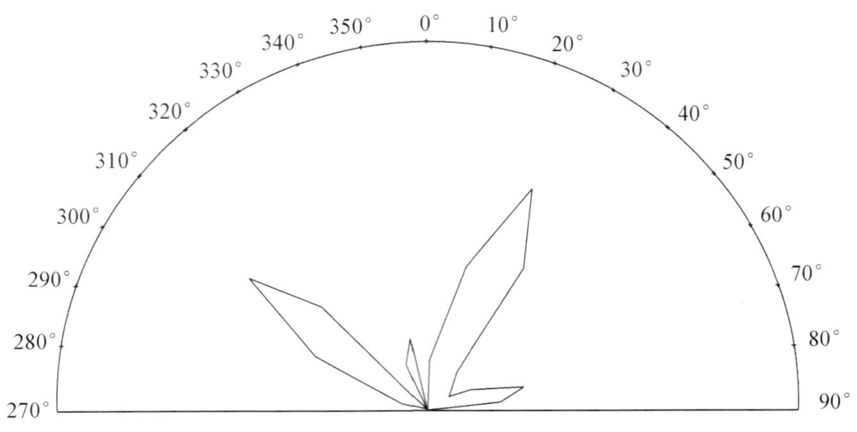

图 3-3 节理玫瑰图

表 3-3 节理统计表

走向方位角间隔(°)	走向平均值(°)	测量节理数(条)	备注
0～10			
11～20			
21～30			
31～40			
41～50			
51～60			
61～70			
71～80			
81～90			
271～280			
281～290			
291～300			
301～310			
311～320			
321～330			
331～340			
341～350			
351～360			

(1) 将测量所得的节理产状数据，按节理走向方位角大小依次排序，然后按每隔 10°或 5°为间隔进行分组。

(2) 统计每组节理的数目和该组节理的平均走向。

(3) 采用一定的比例(即一定长度的线段代表一定数目的节理),取适当长度为半径,画半圆,并标明方向(上方为N)。

(4) 以每组节理的平均走向为方位,按比例以每组节理数目为长度来截取,从圆心出发,在圆内引射线,然后把各射线的端点连接起来。

(5) 如相邻两端点不连续,即它们之间缺一组或数组节理,则折线应连回原点,再从原点联结下一个射线端点。

(6) 最后所构成的花瓣似的图案,可以形象地表明哪一方向上的节理最发育,哪一方向上的节理不发育,甚至无节理。

根据节理玫瑰图,结合其他地质资料,可进一步分析有关地质构造。例如在轴向为NW350°的某背斜核部测得节理数据,经整理后列于表3-3中,根据表中数据作图:设1 cm代表1条节理,取一定长度为半径,作一半圆并标明方位与刻度(图3-3),依次求出代表各组节理数的射线端点并连接,即绘制出节理走向玫瑰图。从图3-3看出,该区有4组节理,其中以2、4组最多,1、3组不发育。从花瓣情况看,2、4组花瓣宽且长,说明节理数目相对较多,走向变化范围也较大。结合野外观察资料得知,2、4组为一套共轭剪节理,1、3组为张节理。因此,可初步推断这4组节理都与背斜有成因联系。其中,2、4组属于背斜同期、同应力场的共轭剪节理,1组为横张节理,3组为背斜形成后派生的纵张节理。形成褶曲的主应力方向为NEE-SWW。

思考题

1. 如何使用地质罗盘测量地层产状?
2. 如何使用地质罗盘测量方位、坡向、坡度?
3. 如何绘制地层剖面示意图?
4. 野外如何实测地质剖面?
5. 野外如何判断褶曲构造?
6. 说出南京地区的地层特征。
7. 说出南京地区的地质构造类型。

第四章　地貌野外实习

第一节　实习目的和要求

一、实习目的

地貌实习的主要目的是通过野外调查和观测，了解和掌握以下内容：

1. 南京地区地貌的基本类型与成因。

2. 南京地区地貌的发展过程与变化趋势。

3. 认识河漫滩的三种堆积：老河漫滩、新河漫滩、平流堆积(洪水)。

4. 了解长江水位的变化，分析岸堤的修筑对老河漫滩的影响及由此引起的土地利用方式的变化。

5. 如何根据砾石的特点，如成分、颗粒大小、磨圆、砾石的分选排列等判断堆积物的类型及砾石的来源、河流的变迁等。

二、实习要求

通过实习，掌握地貌野外调查的以下基本技能：

1. 地貌观察点的选取，剖面的观测与描述。

2. 地貌类型的识别、填图与联系分析。

3. 判别新老河漫滩沉积物及洪水沉积物的粗细情况，根据沉积物粒度特点判断沉积年代。

4. 通过现场感知，了解不同时代的沉积物的特点，并记录下泥沙粗细、颗粒大小、粘土物质的含量等特点，绘制剖面图。

第二节　实习步骤

一、准备工作

1. 了解实习的有关资料，准备好地形图，并收集南京地区附近地图、地貌等资料。

2. 准备好野外实习用品：卷尺、罗盘、放大镜、记录本、铅笔等。

二、野外工作

1. 选择一条地貌剖面，开展实地调查。
2. 绘制地貌剖面图、统计砾石方向等。

三、室内整理

整理资料，室内利用计算机技术绘制地貌剖面示意图，并完成实习报告。

第三节　主要实习内容

南京地区地貌类型丰富，有山地、丘陵、河川、湖泊、溶洞等地貌景观，是地貌学实习的良好基地，同时该地区第三纪古地貌的特征明显，更便于我们认识学习地质构造的特点。本次实习，我们观察到的地貌主要有构造地貌、流水地貌、火山地貌和风积地貌。

一、构造地貌

（一）单斜构造地貌

单斜构造地貌以紫金山为代表。紫金山为一典型的单斜山，因岩层倾角较大，俗称猪背脊。岩层从黄马青组到象山组，是一套向西南倾斜的倾角为20°～30°的单斜岩层，大致可分为：

（1）分布于紫金山南坡的侏罗系下中统象山群。

（2）分布于紫金山北坡的三叠系中统黄马青组。

（3）北坡近山顶处的三叠系上统范家塘组。

（4）小山丘及覆盖于南北坡下部山麓延伸面的第四纪下蜀系黄土。

（二）断层地貌

断层（裂）谷地貌以幕府山为代表。幕府山地处南京城北的长江之滨，位于长江大桥和长江二桥之间，呈南西—北东向，西起上元门，东至燕子矶，东西长 6 km。从南北方向看，山体是向南掀起来的，北边是陡崖，南边比较平缓。山坡上的水往南边流，流到玄武湖，再回到长江，形成了钩子形水系。由此判断幕府山属于掀斜式断块山。从地层年代来看，幕府山地表以下部分为元古界震旦系地层，地表以上部分为古生界寒武系地层。幕府山北坡长江江面底部的地层为中生界侏罗系地层，即距今 6 亿多年的寒武系地层与距今 2 亿多年的侏罗系层目前处于同一平面上，由此可判断幕府山为上盘下降的正断层。

（三）构造地貌知识点

1. 单斜构造地貌

（1）单斜山

组成山体的岩层倾角较缓，一般在 25°以下，是沿岩层走向延伸的，两坡不对称，一坡短而陡，一坡长而缓。单斜山的一面与岩层倾向相反，称前坡；与岩层倾向一致的坡，称后坡。前坡较陡峭，常成悬崖峭壁，悬崖的高度与坚硬岩层的厚度成正比；后坡比较平缓，与岩层面大致相合，是一个长而缓的大致平整的坡面(见图 4－1)。

图 4－1 单斜构造与单斜构造地貌示意图

[资料来源：自然地理学(第 2 版)，杨达源，2012.]

(2) 猪背脊

当单斜层的倾角较大，岩层面所控制的后坡与侵蚀所形成的前坡在坡度和长度上大致相等，形成两坡对称的山体时，形如猪背，称为猪背山(脊)，它多发生在已被破坏的背斜陡翼上。

2. *断层地貌*

(1) 断块山

断块山是受正断层控制的块体，呈整体抬升或翘起抬升而形成的山地。断块山地或是地垒式的山地，或是一侧沿断层翘起，一侧缓慢倾斜的掀斜式山地。前者山坡两侧较对称；后者翘起的一坡短而陡，倾斜的一坡缓而长，山体的主脊偏于翘起的一侧。断块山地的夷平面受山地翘起而呈倾斜变形，如果是石灰岩山地，山地多次抬升翘起常形成多层不同高度的溶洞。断块山的山麓常发育断层崖或断层三角面，山坡发育构造台地。

(2) 断层崖

断层活动形成的陡崖，叫断层崖。它的高度取决于断层的规模，最高的可达百米，低的只有数米甚至不到 1 m，称断层陡坎。断层崖的走向各式各样，它们和断层的性质有关。断层崖坡面受外力剥落，断层崖后退，坡度变缓，断层崖的坡度比断层面的倾角要小。

(3) 断层线崖

当断层两盘是软硬相间的岩层，先在上升盘剥落，顶部较坚硬的岩层被剥落后，出露较软岩层，剥落速度加快，上升盘逐渐降低和下降盘高度相当。如果上升盘仍出露较软岩层，剥落速度较快，结果上升盘比下降盘还低，这种断层崖叫作断层线崖(见图 4－2)。

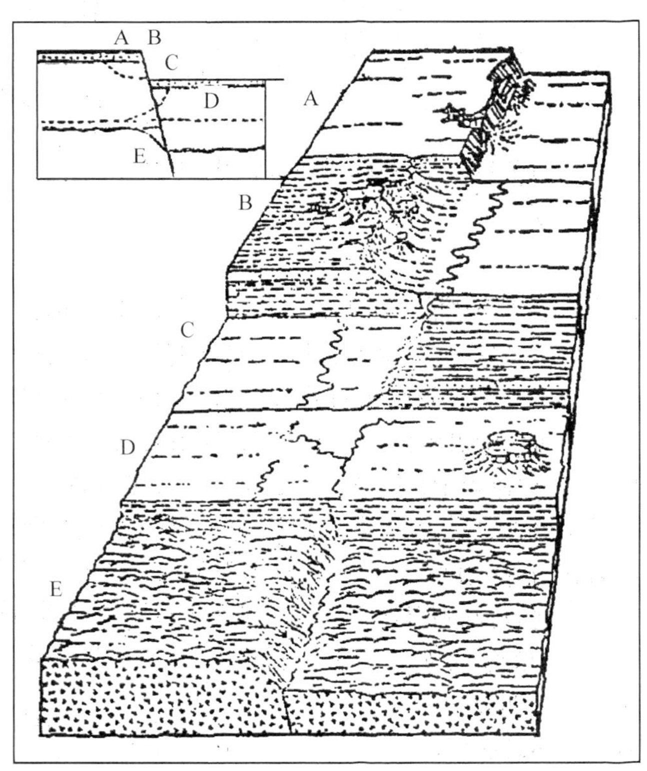

图 4－2 断层线崖的发展

(资料来源：据 A. H. 斯特拉勒，杨景春，1985.)

二、流水地貌

南京地区流水地貌类型丰富，通过实习主要观察到以下几种地貌类型。

（一）侵蚀型河岸

实习点位于南京江浦滨江板桥汽渡码头东侧，长江左岸。该河段长江由分汊河段转换为单槽、江面束窄、水深增大、主流线逼岸，实习点所在处位于江面收缩端部、江岸顺直微凸，处洪流侵蚀部位，形成侵蚀型河岸。

侵蚀型河岸成因。造成该河段为侵蚀型河岸的原因与近十多年来长江下游近河口段年输沙急剧减少有关(见表 4－1)。此外，近年来，该河段及其上游地区还有较多的江底挖沙活动，使得河道水的流速加快，加大了河道水对河岸的侵蚀。

表 4－1　1956 年以来长江大同站年均输沙量

年代(年)	年均输沙量(亿吨)
1956—1979 年平均	4.70
1980—2000 年平均	4.30
2000	3.39
2001	2.76
2003	2.06
2005	2.16
2007	1.38
2003—2007 年平均	1.63

侵蚀型河岸的利用。主流线逼岸，侵蚀型河岸成为选建汽渡码头的地点，相邻许多地点，被选定为货运码头，或往岸上输沙的码头。汽渡码头的斜对岸是板桥三山成群的码头。

（二）河漫滩

河漫滩地貌的观测点选取在南京浦口滨江(见图 4－3)。在该实习点可观测到的河漫滩地貌有如下几种：

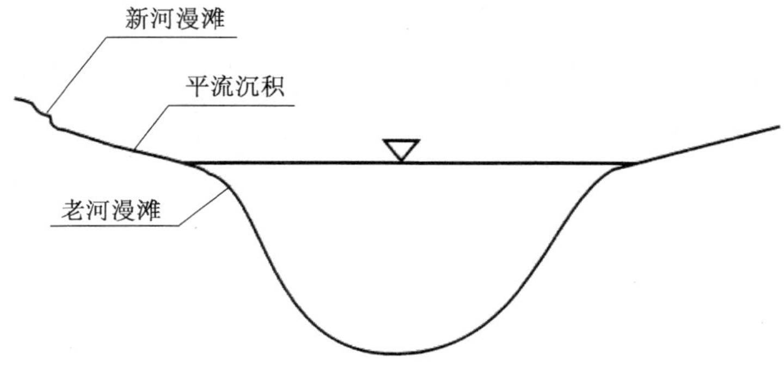

图 4－3　滨江河流地貌示意图

(1) 老河漫滩

特点：微微有点胶结，有点发硬，破碎后呈块状。老河漫滩的堆积在几千年前。当河水侵蚀时，能形成一个比较窄的平台，因为时间久远被压得比较紧实，比较坚硬。老河漫滩的水位比新河漫滩低。

形成：由于海平面上升，长江沿江均有泥沙堆积，形成老河漫滩。

(2) 新河漫滩

特点：层理构造特别清楚，为粉砂黏土。

形成：长江河口的位置原来在镇江、扬州，汉代在扬州观潮（广陵潮），唐代在扬州观潮，镇江观海，那时长江河口在镇江、扬州，长江三角洲的顶点也在镇江、扬州。唐代以来长江河口一直向东延伸到崇明岛外，在水平方向上延伸了300多公里，导致了镇江、扬州河段变窄，泥沙淤积，水位抬高。南京原来的金川河受潮汐影响，三国时代涨潮时船可以沿金川河驶入玄武湖内，称为赶潮河。因为其靠长江受江潮影响，而江潮来自海潮。所以这时河口延伸出300多公里，镇江、扬州水位抬升，南京水位也随之抬升，两岸河漫滩的堆积也在抬升。

(3) 平流堆积

特点：颗粒很细。

形成：洪水漫上来后，在死水断面上的细颗粒沉积。

(三) 自然堤后湖及堰塞湖

高旺河口位于低洼的河漫滩平原上，长江高水位时水沙倒灌，形成湖泊，低水位时则水沙回流，河口干裂，水位变化大，形成自然堤后湖。附近居民为了生产、生活，不让枯水期的河水流干，便人工修造了一道拦水坝（见图4-4），而有拦水坝的湖称为堰塞湖。漫水坝以外的河口段，已有大量碎屑物质充填（见图4-5），主要是长江泥沙倒灌进来在支流河口段的沉积。堰塞湖的生态特点，一是河口滩地下水位较高，河口滩高于水面；二是芦苇带状延伸；三是滩顶有耐干旱草本植物。

图4-4　高旺河口拦水坝

图4-5　河口碎屑物质

(四) 冲沟

冲沟是由间断流水在地表冲刷形成的沟槽，侵蚀沟中规模最大的一种，长度可达数千米或数十千米，深度可达数米或数十米，有时可达百米以上。冲沟在丘陵和山区很普遍。

紫金山北麓发育有冲沟地貌，其形成也是流水对沟谷的侵蚀过程，也属于间歇性流水侵蚀。起初是V型纹沟，随着流水的溯源侵蚀及下切加强，逐渐加宽加深，变为浅沟，再到切沟、最终演变为冲沟。另外，受重力影响，许多石块滚落到冲沟下方，而泥沙较少。我们实习所处的冲沟凹面由于岩性较软，所以侵蚀严重。

老山沟谷地貌的形成是一个流水对沟谷线状侵蚀的过程，属于间歇性流水侵蚀，表现为溯源侵蚀与下切侵蚀（见图4－6）。其剥蚀过程是暴露在老山山顶的部分岩性软、疏松，逐渐剥离落入山谷，山谷中汇聚的流水不断下切，形成指向源头的溯源侵蚀，由下往上侵蚀，沟头不断溯源侵蚀后退，谷地逐渐伸长，山麓部分逐渐往后退，随着沟谷进一步发展，其下段下蚀减弱、旁蚀作用加强，沟谷逐渐变宽，下部逐渐形成谷阶，谷口处往往还会形成冲积扇。

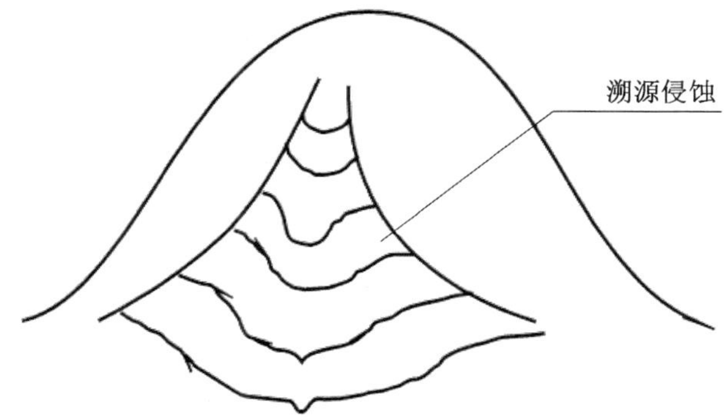

图4－6　沟谷溯源侵蚀示意图

（五）古河道

该地貌类型的观测点选取在南京浦口兰花塘沙场和六合横山。

兰花塘采沙场古河道剖面很厚，总体分为三层：第一层是兰花塘古河道旁一处的下蜀黄土岗地，下蜀黄土有几米厚；第二层为次生坡积物；第三层是河流冲积砂层砾石层（见图4－7）。

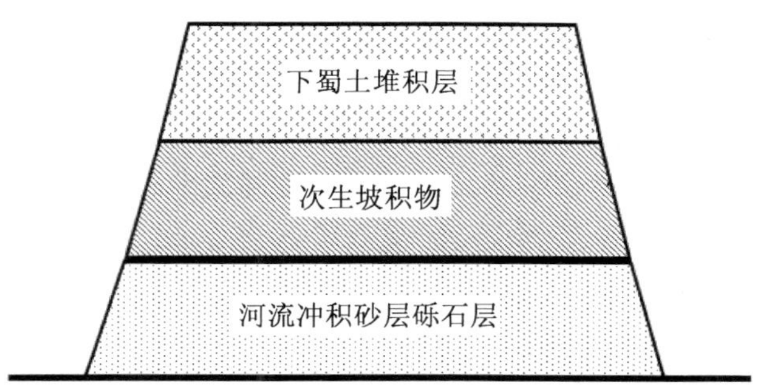

图4－7　兰花塘古河道岩层

除下蜀黄土是风成堆积以外，另外两层的形成过程为：

（1）次生坡积物

次生堆积物中出现的砾石均是比较坚硬的岩砾，大小比较接近，即有一定的分选性，砾石本身也具有较好的磨圆度，所以判定原本为河流冲积砾石。另外，这些砾石的分布具有成层性，但界面非常粗糙，判定是坡积层理，但这些粗糙层理倾角又特别小，因而不是冲积斜层理，最终确定是古冲积物的次生坡积物。

(2) 河流冲积砂层砾石层

该层上部是后生的冲积砂砾层，与剖面下部间有一道明显的深色铁锈线。冲积砂砾层中的砾石都比较细小，有分选性，斜层理构造特别清楚，而且特别稳定，其倾角达到 16°以上，它是水流速度比较快也比较稳定的河床相主流线相堆积的结果。

此处河流冲积砾石的基本特征为：

岩砾成分：多为比较坚硬的岩石，如石英岩、黑色硅质岩、石英砂岩等；

砾石大小：在一定空间范围内有较好分选性，也就是大小粗细比较相近；

砾石磨圆：一般都有较好的磨圆，达 3～5(最高)级，山地河流差一些；

外观形态：冲积砾石以球形居多，少部分趋于圆柱状或扁圆型；

风化程度：时代越老，风化越深，砂质岩砾易发育风化圈(外壳疏松染色)；

排列特征：在剖面中，多数扁圆砾石呈叠瓦状排列，ab 面向上游方向倾斜。

剖面下部为浅白颜色的充填在古河道中的冲积砂层，浅白颜色是还原环境，说明掩埋时间久远。在冲积砂层中有较密的薄层理，薄层理表现为有颜色深浅的变化，深色为氧化铁染色，表明颗粒特别细。薄层理有褶曲变形，这可能同柔性变形与推挤及上覆堆积的不均匀重压有关。柔性变形层以上的砂层，厚度比较大，颗粒粗细比较均匀，有隐隐约约的斜层理，它属于厚层砂质沉积。它是在洪水猛涨、洪水位猛升，且该地点水深较大的洪水泛滥下形成的沉积。

综合以上及实地观测，推测出兰花塘所处地原来有大河经过，且为山地河流，流向为南偏东 60°，往西南流，与长江会合。常年海拔 2 m，而此处为 20 m，说明古代长江在 20 m 左右的高度，后由于地质抬升与下切以及新构造运动，降到现在的高度。在其边坡上能见到被冲积砾石堆积掩埋的红砂岩，所以，除下蜀黄土层(风成)外，该坡地可以看作河流阶地，且有可能是长江的阶地。

除了兰花塘有古河道之外，六合桂子山后以及六合横山都有古河道，而且这两处古河道都发生了地形倒置现象。

桂子山后的古河道出露的剖面为砂砾岩，上面覆盖有玄武岩层，下面也有一层玄武岩层。底层玄武岩为早期火山喷发形成，为基性岩；中层的砂砾岩为河流沉积作用；上层的玄武岩为第三纪时期火山喷发形成。因此推翻了南京阶地形成于第四纪之说，一般认为南京阶地形成于雨花台砾石层形成时期(约 200～300 万年前)。中间砂砾层的岩石以砾为主，砂较小，卵石较大，磨圆度好，分选度好。因而在桂子山处曾有大河发育，规模较大，属长江支流。此地位于上游地区，离山体不远，砾石层形成时，南京属于低山区，六合区为盆地，地势低洼，来自低山区的物质经冲刷在洼地沉积。砾石层的胶结程度不好，并未形成砂岩，原因是上层覆盖的玄武岩使水分无法流失，致使黏合剂无法黏合沉积物，最终导致砂砾几千年来未形成砂岩。

六合横山雨花石矿场出露的古河道剖面大体分为两层，上层为玄武岩，下层为河谷沉积岩，此段主要分析下层河谷沉积岩。首先，岩层发育近水平层理，分层性偏好；岩层大致为砂砾层—砾石层，一层砂一层砾，砂层互层，成层性好，说明水流较稳定；另外，砾石呈叠瓦状排列。因而六合横山处为大河沉积(不同于兰花塘山地河流沉积)，冲积物是大河的较稳定的冲积物，物质来源多，磨圆度有好有坏。近顶部发育 25°左右的斜层理，是因为流速加快，水流不稳定导致，所以推断出该处河道变窄，水流加速。

三、山麓面

实习线路为老山山麓面—兰花塘下蜀黄土岗地—长江河漫滩。从老山脚下到长江河漫滩，有不同岩性的岩石出露或浅埋藏，它是较宽阔的剥蚀平原。特别是与老山丘陵之间有明显坡折。因为它出现在老山山前，所以也称其为“山麓面”。从老山山麓面到兰花塘下蜀黄土岗地，再到长江河漫滩构成一个地形剖面(见图 4－8)。

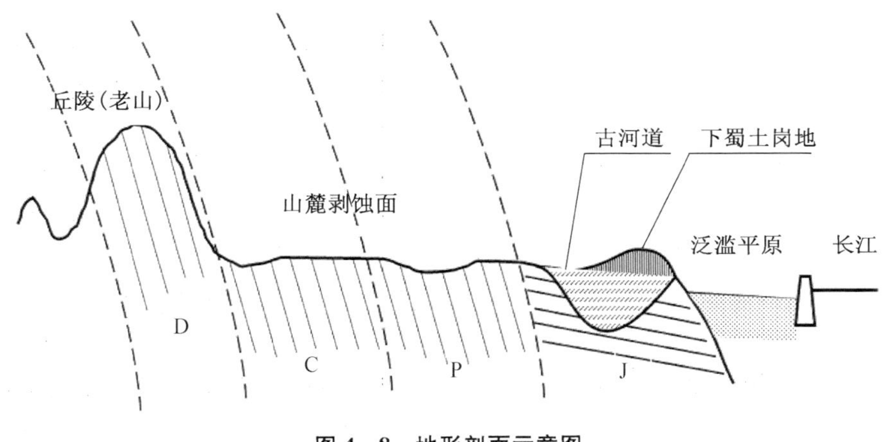

图 4－8　地形剖面示意图

四、火山地貌

以六合桂子山和六合横山作为实习地点。

1. 六合桂子山火成岩特点

火山熔岩下垫的是第三纪中新世浦镇组砂砾层，是一套胶结疏松的砂砾岩，中上部为棕黄色砂砾岩夹砂质层，砾石形状圆滑，成分以石英岩石英砂岩、燧石为主，有清晰的大型单向斜层理，含硅化木化石，属河流相沉积物。

覆盖在浦镇组上的是一套灰黑色火山集块岩及火山角砾石等火山碎屑岩，主要成分是火山弹(岩浆抛到空中飞行旋转形成)、火山渣、火山砾(玄武岩碎块)，填隙物为火山灰。火山碎屑岩上为橄榄玄武岩，呈新月状围绕山顶分布，厚度大约为 50～70 米，岩石呈暗红色或深灰色，具气孔构造。

玄武岩在此处形成了石柱林，多为五边形、六边形规则的石柱组成，这是因为玄武岩溢出地面后均匀冷却，缓慢收缩裂开，最终形成五六边形柱体，这称为柱状节理，石柱多垂直于岩层层面，相对现在的地面倾斜。石柱林由五边、六边形规则的石柱群体组成。石柱的排列非常规整，个体大小也差不多，每根直径约 40～60 厘米，高 20～30 米，紧密排列。

六合桂子山地质公园外，呈现玄武岩—砂砾层—玄武岩结构，且不同层之间胶结程度不高。

六合桂子山地质公园内石柱林，岩性：玄武岩；成因：玄武岩溢出地面后均匀冷却，缓慢收缩裂开，形成柱状节理；发育的土壤：玄武岩上发育黄棕壤。

2. 玄武岩方山

玄武岩方山，是玄武岩地貌的组成部分。玄武岩方山的山体基部坡度较缓，上部悬崖壁立，四周受雨水冲刷而沟壑纵横。六合横山、方山上覆玄武岩，底部为砂砾层。

3. 地形倒置

地形倒置是地表起伏与地质构造起伏相反的现象，也称逆地形（见图 4－9）。在褶皱构造运动中形成的背斜山，背斜顶部由于受张力作用裂隙发育，或出露了软弱岩层，经长期侵蚀逐渐变低而成为谷地；相反地，向斜的底部岩石相对较硬，抗蚀力强，最后会高于背斜的轴部而成为向斜山。地形倒置是软硬地层相同的褶皱构造地区常见的构造地貌现象。

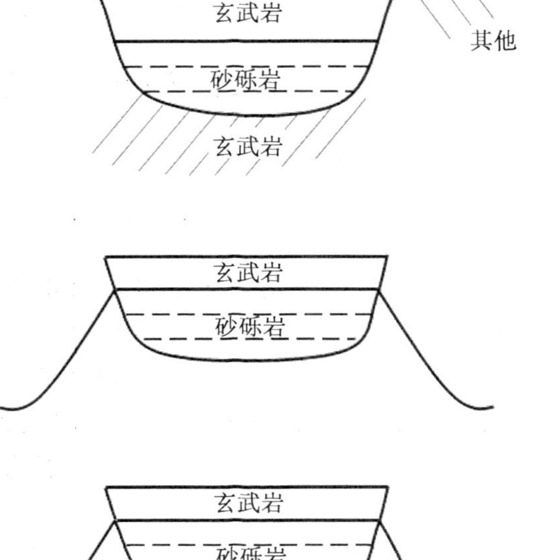

图 4－9　地形倒置过程示意图（以桂子山为例）

五、风积地貌

南京的风积地貌主要表现为下蜀黄土岗地。以泰山新村和阅江楼为实习点。南京浦口区泰山新村有一处下蜀黄土岗地地貌，南京的阅江楼也建在下蜀黄土岗地之上。

下蜀黄土颗粒以粉沙、细粉沙为主，占 60%～70%。颗粒矿物成分较多，含 20～30 种矿物，特别是含有不稳定的矿物，如橄榄石、角闪石、灰石等。河流沉积中就没有这些容易风化的成分。化学成分含有比较多的碳酸钙，有些地方可以看到有碳酸钙的结核，说明没有经过水的侵蚀。植物孢子花粉很少，以草本为主，动物化石有蜗牛、鹿角，没有温带的，全是耐干旱的。所以这两处的下蜀黄土是在气候比较干旱条件下风成的。由于下蜀黄土的性质特点，不能储水，渗水性较强，下蜀黄土岗地上长不了大树，只能长灌木。这样的地貌区域是南京地区土地利用率最差的区域，不适宜搞建筑。

六、不同地貌类上的土地利用

（一）单斜山上的土地利用

南京紫金山是一座典型的单斜构造地貌，紫金山的土地利用主要以旅游资源开发为主，紫金山南坡山麓，光照充足，植物繁密，钟山风景区就坐落于此，拥有众多人文景点，如明孝陵、中山陵、灵谷寺等。紫金山北坡，相对陡峭，众多市民登山锻炼，山脊岩崖下，流水切割，外围多建蓄水水库。

（二）流水地貌上的土地利用

1. 侵蚀型河岸地貌上的土地利用

板桥汽渡处江岸为侵蚀型河岸，主流线逼岸，水深大，泥沙不易淤积，适于大型的船只的停靠，成为汽渡码头的选址。

2. 河漫滩地貌上的土地利用

高旺河口大堤内侧菜园土就是以长江河漫滩沉积为母质人工熟化的，土壤母质以淤沙为主，渗水性好，因此被改良为菜园土以种植蔬菜或花卉。

3. 自然堤后湖上的土地利用

高旺河口处河段进行了一些水利及防洪工程建设，建有一道拦水坝，为居民生产、生活蓄水；两岸建有近江河堤，防止江水倒灌及河水泛滥到漫滩平原上去。

4. 古河道的土地利用

兰花塘处古河道现在被开发为采沙场，六合横山古河道处现在是一座雨花石采石场，也是开采江沙的采沙场。

（三）岗塝冲上的土地利用

老山山麓面上发育有众多岗—塝—冲耕地组合，岗是风化剥蚀区，剥落物滑动到冲田里，冲是物质富集区。岗塝冲处往往分布有水稻田（见图 4－10），由岗到冲分别为结坂田（台田）、黄泥田（塝田）、乌泥田（冲田）。百合社区就处岗塝冲处，岗上及塝上种植白玉兰、银杏等一些经济林木，生长势头良好，然而沟谷里种植的白玉兰的生长状态则明显较差，原因是沟谷水分多，不适合种植白玉兰，岗地上为下蜀黄土，适宜种植白玉兰等耐旱植物。

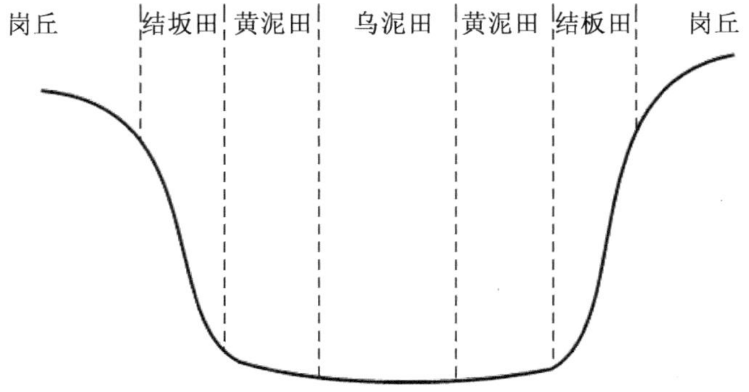

图 4－10　岗塝冲地区水稻田分布图

（四）火山地貌上的土地利用

六合桂子山的土地利用以旅游开发为主，同时用于科研与教育活动。桂子山原为采石场，后被发现有火山地貌，特别是宏伟的玄武岩石柱林，南京大学地质系教授徐克勤建议保留，后被申报为国家级地质公园。

七、南京地区典型地貌与生产生活

高旺河口是一个自然堤后湖，长江汛期时水沙倒灌，河口处就会被淹没，从而形成湖泊，水位下降时，水沙又回流，河口干裂。为了保障附近居民的生产生活用水，在近河口处修建了一道拦水坝，在长江低水位时防止河水流干，在长江高水位时防止江水及泥沙倒灌，而且拦水坝以上的河段可以蓄积一部分水，以供周围居民生产生活使用。

堰塞湖除了对周围居民的生产生活有直接作用外，其原理对于南京城市内涝问题的解决也有一定意义。南京城在遭遇大暴雨之后，往往会由于排水不畅导致城市内涝，这个问题一直得不到解决。2008 年夏天南京的连续性暴雨导致城内积水无法排出，导致金川河河堤内灌水，致使挡土墙变形与多次坍塌。

从历史上看，南京位于长江之滨，秦淮河河口，丘陵地上，曾经是来水不绝、排水通畅，对北风有丘陵屏障的"风水宝地"。但是自三国时代以来，南京城市发展的高度逐渐下降(见图 4 - 11)，后来，再加上自唐代以来长江水位不断抬升，导致南京城区出现了洪涝、污染等越来越多的问题。暴雨—排水不畅—城内积水内涝，年年会出现几次，越来越难以处理。

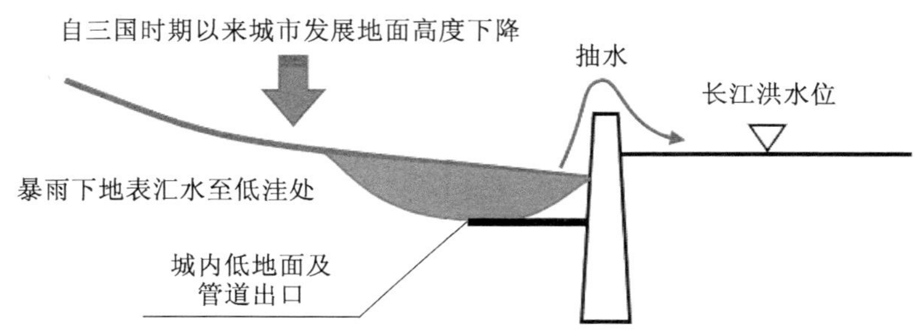

图 4 - 11　南京城市内涝问题示意图

根据支流河口堰塞湖的原理：当河内水位高于拦水坝时，高出部分的水自行溢出，低于拦水坝的水会蓄积下来而不是倾泻下来。从而得出解除内涝可选择的办法：使城内高部位的雨水不往低处流，而是直接排入城内河湖水系再入长江，低部位的雨水作为水资源，要尽可能拦蓄在城区内的深洼地水槽中(见图 4 - 12)。

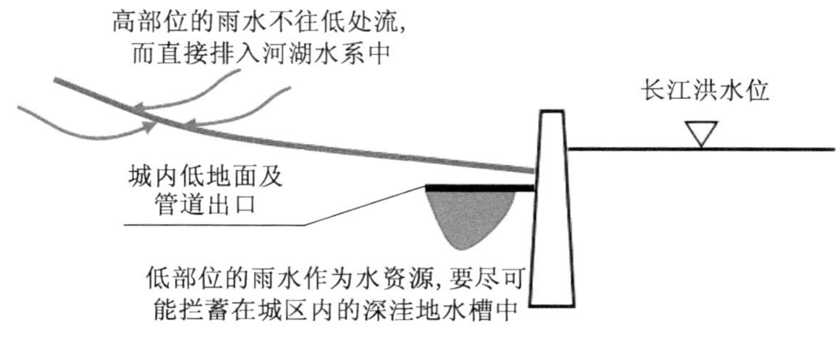

图 4 - 12　解决内涝的方法示意图

第四节 地貌实习基本方法

地貌调查法是研究地貌形态及其分布规律的一种手段，具有明确的目的性，为找矿、找水、防治自然灾害、改造自然环境、为国防建设服务等提供地貌依据和基础资料。

地貌调查主要调查区内地貌形态和分布规律，查明地貌与地质构造之间的关系，地貌发育与第四纪地质发展史和第四纪沉积物成因类型等；根据地貌发育阶段确定地貌年龄，地貌动态分析与建设、制图及考古等方面的联系，从地貌标志分析可以确定新构造运动的性质和幅度。

一、地貌调查的内容

进行地貌调查时，主要着重于地貌形态分析、地形要素成因分析、现代地貌过程（动力）分析和实验研究等方面。

1. 地貌形态特征观察和描述

观察时要对不同规模的形态特征分别进行描述。因为地貌形态（单元）有大有小，有简单也有复杂。如果所研究的形态仅是某些基本形态要素，如阶地面、阶地坡等，那么就应着重描述其几何形态、剖面特征、物质组成及其结构等；如果研究的形态是由多种地貌形态组成的规模巨大、类型复杂的形态组合，如山地、河谷、盆地和平原等，这些形态组合包括了很多地貌形态和地形要素。对于这类地貌形态组合，必须在宏观上从平面轮廓、地表起伏和空间分布等多方面加以比较、分析，找出它们的分布界限，并对各种形态特征分别进行描述。有选择、有重点地加以摄影、素描和做剖面等方法进行记录，并附以简洁的文字叙述。同时要将各种地貌形态的空间分布界限圈定在地形图（或航片）上。有些地貌形态复杂，地形图比例尺偏小，地形图上不可能把全部地貌形态反映出来，这时可采用较大比例尺地形图，或用透明纸扩放比例尺办法进行地貌记录，为编地貌图做准备材料。

2. 地貌形态测量

在野外观察时，除对地貌形态特征做上述观察和描述外，尽可能地直接测量其形态要素，主要测其长度、宽度、相对高度、坡度等，并用文字和图、表予以记录。如阶地高出附近河流平水面以上多少米，这指相对高度；低山丘陵高度，一般指海拔高度。

地面切割状况反映地貌发育程度、切割程度，主要通过切割深度和切割密度来确定。前者可以通过剖面来了解，即从地面起伏度来解决；后者可以从计算每平方公里面积上切割的总长度来表示，即以 m/km^2 计。

3. 地形要素成因分析

地貌成因是一个极为复杂的问题，并在不同时空不断变化着。因此分析方法也应根据调查实情不断变更，采用不同手段进行多维分析。因为任何一种地形要素都是内外营力相互作用的结果，故在地貌调查中必须重视地貌成因分析，查明它的形成原因。为此必须进行地质背景（构造、岩性等）、地貌形态特征及其物质组成、地貌分布规律、地貌形态之间相互关系以及地貌组合、古地面变化等分析。

4. 现代地貌过程的分析

现代地貌过程是指现代地形的改造进程和强度以及改造的方向，即现代地貌发展趋向或过程。如水流的侵蚀与冲刷，岸坡的崩塌、滑坡、黄土中的塌陷现象等。对这些现代地貌过程必须通过详细观测地貌形态特征，测量各种形态数据，确定其成因机制。

二、地貌剖面研究方法

1. 谷地纵横剖面研究法

谷地成因类型及其与构造关系的确定，是谷地研究中应首先解决的重要问题。由于谷地所处构造单元和地区不同，其形态特征和成因类型亦各有别。谷地形成常与构造有关，如顺沿褶曲轴向延伸的谷地称为纵向谷，包括向斜谷、背斜谷和单斜谷(即次成谷)，还应包括沿断裂带或断层线发育的谷地。横向谷指谷地横切褶曲轴向排列的谷地。横谷可分顺向谷(单面山的顺坡河谷)、逆向谷(单面山的逆坡河谷)等，还有斜切构造的斜向谷，它既不与褶曲轴向一致，又不横切褶曲轴，而是斜切地层走向发育的谷地。

不论谷地类型和成因如何，任何谷地的纵横剖面形态特征都是有所区别的。

2. 山地剖面研究法

(1) 分水岭

分水岭由山脊线与山坡两部分组成。因此在调查中必须分析分水岭成因、山脊线形状，测量分水岭两侧山坡坡度，分析两坡后退快慢和分水岭移动方向与降低情况等。

(2) 山坡

山坡位于分水岭两侧斜坡到坡麓，是山地主要组成部分。一般的山坡可分上、中、下三部分。不同的山坡其形态特征是不一致的。在调查中必须垂直于层状地面进行考察。考察夷平面的形态特征，包括产状、相对高度、海拔高度、规模大小、分布规律等有关问题。

(3) 阶地

阶地是早期河漫滩在海面下降或陆地上升，或水动力改变影响下，河流下切而抬升的产物。它是高出洪水位以上，顺沿河谷分布的一级级平台。每级平台都由阶地面和阶地斜坡两个主要部分组成。由于阶地形成要经过堆积与侵蚀两个阶段，两者的速度和幅度又有差异，因而形成了不同类型的阶地(侵蚀、基座与堆阶地等)。除此之外，还因种种不同原因，形成多种成因类型的阶地(河流阶地、冰碛阶地、气候阶地、构造阶地等)。因此在阶地调查时，应逐级系统地描述测量形态，研究其形成时代(相对时代)、分布规律、保存和变形等。

(4) 古河道

古河道是水系变迁过程中被遗弃的河流故道，如废黄河等。古河道分布的地带第四系地层比较发育，泥炭亦较丰富，有利于农业生产，特别在平原地带，古河道埋藏丰富的地下水资源，因此对古河道的研究具有重要意义。对古河道调查除研究其中阶地和第四纪地层外，还应该注意分析以下问题：

① 古河道形状、规模、结构及其所处地貌部位和相对、绝对高度；

② 砾石排列方向及阶地或谷底变形情况；

③ 离堆山的形状、高度及顶部残留冲积层的特点；

④ 古河道形成与新构造运动的关系。

(5) 黄土地貌

黄土有质地疏松、多孔、多垂直节理及含易溶盐等性质，在地壳不断隆起、基面降低、流水和地下水作用下，黄土堆积被切割成各种黄土地貌类型。按其形态特征可分为黄土塬、墚、峁、坪及黄土碟、陷穴、井、桥以及黄土柱等。黄土在强烈冲刷、潜蚀等作用下，造成严重的水土流失和地质灾害。

黄土地貌调查的主要内容是：

① 查明黄土及类黄土的岩性、成因和地层层序等，其中着重收集其粒度成分、矿物成分和化学成分、结构构造、土层厚度以及埋藏土壤、生物化石等。

② 通过沟谷切割揭露的基岩露头高度变化、沟谷水系分布状况和物探或钻孔等揭露的古地貌面等，直接或间接地分析和推测原始地貌形态，查明古地貌特征。

③ 查明新构造运动的性质和幅度及其对黄土地貌发育的影响。

④ 从地貌类型的分布及其形态特征，确定现代地貌发育的营力和过程、强度和趋向，并对灾害性的地貌过程提出必要的防治措施。

(6) 地貌综合剖面

地貌综合剖面反映了某一地区或某一典型地段的各种地貌及地貌组合的形态、物质组成、结构、构造、成因、时代及其相互之间的接触关系等状态的剖面。此外还应把剖面线上缺少的某些地貌形态及其物质结构等，从剖面线以外地点平行到该剖面线上相应的位置来，以充实地貌综合剖面的内容。

地貌综合剖面是通过地貌调查资料编制而成的，它多用于大比例尺制图，常放在地貌图图框外下方，或作说明书中的插图。

思考题

1. 说出南京地区地貌形态总体特征。
2. 塑造南京地区主要地貌形态的地貌营力是什么？
3. 南京紫金山作为单斜构造地貌有何特征？
4. 说出南京幕府山断层构造地貌的特征。
5. 分析风积地貌的成因。
6. 分析南京地区不同地貌类型上的土地利用。
7. 分析南京地区典型地貌与生产生活的关系。
8. 说出野外进行地貌调查的主要方法。

第五章　土壤地理野外实习

第一节　实习目的和要求

一、实习目的

土壤地理实习的主要目的是通过野外调查和观测，以了解和掌握：

1. 土壤野外调查与填图的基本技能和方法。
2. 实习地区主要类型土壤的分布规律。
3. 实习地区主要土壤类型及其发生发展过程。
4. 实习地区主要土壤资源的开发、利用状况。

二、实习要求

通过实习，掌握土壤野外调查与填图的以下基本技能：

1. 土壤剖面的选择、挖掘。
2. 土壤剖面的观察、描述、研究与记载。
3. 土壤标本的采集整理。
4. 土壤分类、分布的野外调查。
5. 土壤填图的基本方法。

第二节　实习步骤

一、准备工作

1. 了解实习的有关资料，准备好地形图，并收集成土条件(因素)、土壤图、土壤调查报告、土壤改良等实验及农业方面的资料。

2. 准备好野外实习用品：土壤剖面记载表、标本盒、土铲、土钻、剖面刀、卷尺、罗盘、pH 指示剂、土色卡、文具夹、笔记本、铅笔、盐酸(1∶10)试剂等。

二、野外工作

1. 土壤剖面的观测。
2. 了解各类土壤的分布特点和土壤资源的改良利用方向。
3. 土壤类型填图。

三、室内整理

整理资料、标本，进行土壤样品的实验室分析，整理数据并完成实习报告。

第三节　主要实习内容

南京及其周边地区的土壤类型较多，通过实习主要观测到的土壤有地带性的黄棕壤及非地带性草甸土、菜园土及紫色土。

一、黄棕壤

黄棕壤实习点包括南京紫金山、老山、盱眙第一山三个地点。其中紫金山与老山所处的气候条件一致，但母质条件不同，而盱眙第一山与前两者的气候、母质、植被等成土因素均不相同。因此，当成土因素存在差异时，黄棕壤的成土过程及土壤性状就会表现出一定的差异。

在中国，黄棕壤是北亚热带生物气候条件下形成的地带性土壤，其分布范围大致在北纬 27°～33°，北起秦岭、淮河，南到大巴山和长江，西至青藏高原东南边缘，东至长江下游地带。南京地区黄棕壤形态的变异较大，这与不同岩性的母质有密切关系，尤其是基性岩风化物、砂岩类风化物和下蜀黄土母质发育的土壤各具某些特性。

1. 成土因素

地貌：丘陵。

母质：砂岩类风化物。

植被：地带性植被为常绿落叶阔叶混交林，代表树种有槭属、枫杨属、栎属等阔叶树种。

气候：北亚热带季风湿润气候。

2. 成土过程

从气候、植被等成土条件上看，黄棕壤的形成环境具有温带湿润常绿阔叶林与亚热带常绿阔叶林之间的过渡性特征；从土壤形成特点上看，黄棕壤兼有温带棕壤与亚热带红、黄壤之间的过渡特点，形成过程具有棕壤的粘化作用和红壤的富铝化作用的特征。

黄棕壤的成土过程主要有腐殖质累积过程、弱粘化过程和弱富铝化过程。

(1) 腐殖化过程：是土壤形成中生物积累过程的最主要表现方式，是在各种植物、动物及微生物作用下，在土体中，特别是土体表层进行的腐殖质累积过程。腐殖化过程是土壤形成中最为普遍的一种生物累积过程。腐殖化过程使土体发生分异，在土体上部形成暗色的腐殖质层。

腐殖质累积过程：黄棕壤在北亚热带生物气候条件下，温度较高、雨量较多，生物循环较强烈，自然植被下形成的枯枝落叶，在地面经微生物分解，可积聚成薄而不连续的残落物质，厚度因植被类型而异。

(2) 粘化过程：是在土壤形成中以土体中粘土矿物的生产和聚积为特征的地球化学过程。温暖湿润的气候使土体内发生较强的原生矿物分解和次生粘土矿物的形成过程，矿物分解释放的易溶盐被淋失，表层粘土颗粒亦向下机械淋洗，从而使土体中部粘粒有明显聚积，形成相对粘重的层次，称为粘化层。

弱粘化过程：由于较高的温度和雨量，为其母质风化提供有利条件，原生矿物变成粘土矿物的过程较快，处于脱硅阶段，粘粒含量较高。

(3) 富铝化过程：是土体中易溶盐及 SiO_2 淋溶，R_2O_3 富集的地球化学过程。发生在热带、亚热带高温多雨并有一定干湿季节的条件下。

弱富铝化过程：酸性土壤溶液进一步破坏次生铝硅酸盐，土壤矿物分解进入富铝化阶段，铁铝在土体中的移动和聚积明显，具有弱富铝化特征。

3. 土壤剖面分层与特征

黄棕壤的剖面构型一般为 $O\text{-}A_h\text{-}B_{ts}\text{-}C$。土壤表面有断续的植物残落物层(O)覆盖，厚度一般在 1 cm 以上；腐殖质层(A_h)呈暗灰色或灰棕色，厚度为 10～20 cm，在乔木林下较薄，在灌丛草类下较厚，土壤结构为粒状和团粒状；粘化层(Bts)呈明显的棕红色，质地粘重，一般呈棱块状和块状结构，在结构体的表面上有棕色或暗棕色铁锰胶膜，土体中有铁锰结核，这一层粘粒可超过 30%，甚至形成粘盘；粘化层下为母质层。

h：有机质在矿质层中聚集；t：粘粒淀积；s：铁锰新生体。

黄棕壤的理化性质：(1) 粘粒含量高，粘粒的淋溶聚积过程也很强烈，土体中部常形成粘粒聚积的土层，质地粘重，以中壤土至重壤土为主；(2) 黄棕壤具有弱富铝化特点，在粘粒的形成或移动过程中，铁锰也随之发生淋溶与淀积；(3) 盐基淋溶较强，黄棕壤呈酸性至微酸性反应，盐基不饱和，上部层次大于下部层次；(4) 土壤代换性铝较高，剖面呈弱酸性反应，pH 平均在 5.3～5.6，下部土层低于表土层。

4. 不同母质发育黄棕壤对比

砂岩风化物发育的黄棕壤 pH 值较低，为 5～6，B 层的盐基饱和度低，粘粒硅铝率低。下蜀黄土母质发育的黄棕壤粘粒硅铝率较高。基性岩发育的黄棕壤 pH 值较高，为 6.2～7.0，B 层的盐基饱和度大。具体而言：

砂岩风化物发育的黄棕壤：质地以中壤土为主，质地较粗；垒结结构以团状、核状为主；矿物含量较少，富铝化程度低，盐基饱和度低，土壤呈酸性。

玄武岩风化物发育的黄棕壤：成土过程缓慢，土层薄；淋溶程度低，富铝化程度低；风化物较细且富含铁、镁等基性矿物，土壤呈盐基饱和到不饱和状态，在土壤中能中和酸性的物质较多，使土壤呈中性到碱性，且越往下层碱性越大。

下属黄土发育的黄棕壤：下蜀黄土母质上形成的黄棕壤粘化反应强，一般会形成粘化层。

5. 土壤合理利用

黄棕壤的自然肥力较高，主要分布于低山丘陵。黄棕壤的利用上必须注意发展多种经营，分布在低山区的薄层石质黄棕壤，可营造用材林；在丘陵地区土层深厚的黄棕壤，可种植菜、桑及发展果园；平缓丘陵地区，可作农业生产基地，适于水稻作物的生长。

(1) 适地适树，发展经济林业

山地黄棕壤要恢复和发展适于当地的经济林业生产，根据具体情况进行因土造林。在土层浅薄处，宜栽耐旱耐瘠树种；土层厚、肥力好的地方，可大力发展栎属、油茶等经济林木。

(2) 高度重视水土保持

坡度较大的山地，加之过去滥伐森林及不合理开垦，引起严重的水土流失，使一些地区的土壤肥力大为降低。因此，在坡地上的茶、桑、果园，应采用等高种植、修筑梯田等方法，并结合绿肥覆盖，既能防止水土流失，又能达到林牧双丰收。

(3) 深耕改土、增施有机肥料

对于丘岗部位大面积分布的粘磐黄棕壤，因其质地粘重，水分物理性质不良，如容重大，孔隙度低，雨季滞水，旱季则保水供水能力差，是农林业利用的主要障碍因素。一般采取逐年加深耕层，重施有机肥、增施磷肥的方式，使土壤逐渐熟化，从而改善土壤的通气透水状况和耕作性能。

二、草甸土

实习地点为板桥汽渡东侧。

草甸土属于非地带性土壤，地形、母质、地下水等地方性因素控制着土壤的形成过程和土壤性质，可以发生在不同自然地带。

水成土壤多属湿地土壤，一般发育在低平或低洼的地形部位。地表长期或季节性存在薄层积水，同时受到地下水浸润的土壤，称为水成土壤，如沼泽土。经常受到地下水浸润的土壤或仅受土层中季节性滞水浸润的土壤，称为半水成土壤，如草甸土。

水成土壤的形成表现为过多水分影响下的生物累积过程和化学沉积物聚积过程的组合。湿地土壤形成的生物累积特征是强腐殖化或泥炭化过程，标志性的地球化学过程是潜育化过程或潴育化过程。

水成土壤的共同特征是：(1) 土壤湿度大；(2) 由于植物生长茂盛，在嫌气环境下，有机质得到积累，有机质含量高；(3) 土壤矿物质发生氧化还原过程，土体一定部位矿物质可呈低价状态存在，土层呈灰蓝色，或以高价形态存在，出现锈斑等新生体；(4) 除泥炭层和腐殖质层外，湿地土壤质地大都粘重。

草甸土是在毛管上升水浸润的条件下形成的土壤，地下水埋藏深度在 1～3 m 左右，地下水沿着毛管孔隙经常上升至地表。沼泽土的形成一般不受气候条件的限制，只要具备潮湿积水的条件，无论在寒带、温带还是热带均可形成。相对低洼的地形则是沼泽土形成和发展的关键性成土条件。成土母质多为质地粘重的河相沉积物，生长的沼泽植被主要有各种喜湿性植物，如芦苇、香蒲及苔藓类等。

草甸土与沼泽土的区别：草甸土表层无泥炭化层次，而沼泽土表层有泥炭化层次；沼泽土为潜育化，草甸土为潴育化层。

1. 成土因素

地貌：河漫滩。

母质：长江冲积物。

植被：湿生植被，如芦苇。

气候：北亚热带季风湿润气候。

2. 成土过程

腐殖质累积过程：是土壤形成中生物积累过程的最主要表现方式，是在各种植物、动物及微生物作用下，在土体中，特别是土体表层进行的腐殖质累积过程。腐殖化过程是土壤形成中最为普遍的一种生物累积过程。腐殖化过程使土体发生分异，在土体上部形成暗色的腐殖质层。

草甸土受到地下水浸润，草甸植物每年留给土壤大量有机残体。由于土壤湿度大，在嫌气条件下，有机质进行嫌气分解，有利于腐殖质的形成与累积。由于草甸植物根系多集中于土壤表层，因此腐殖质累积主要集中于表层。

潴育化过程：是指土体矿物氧化、还原交替发生的过程，主要发生在地下水所浸润的土体部分，由于地下水位的季节性升降作用，使该层亦季节性干湿交替，从而引起铁锰氧化物发生氧化还原交替进行的过程，使土层内形成锈斑、锈纹或铁锰结核体，这一土层称为潴育层。

潜育化过程：是土体中矿物质的还原过程。主要发生在地势低洼，长期被地下水浸润的土体中下部，由于空气缺乏，土体中铁、锰等元素还原作用，由高价转为低价，并形成还原性矿物，使该土层呈蓝灰色的还原层次，称为潜育层。潜育化过程也可因土壤粘重和透水不良而由土壤上层滞水引起。

草甸土受雨季和旱季影响，地下水位频繁升降，土体中氧化还原过程交替进行，铁锰氧化物随着迁移和局部聚积，在土壤剖面中出现锈纹、锈斑和铁锰结核，形成潴育层。该层之下经常受到潜水作用，处于还原状态，形成潜育层。

3. 土壤剖面分层与特征

草甸土的剖面构型为 A_h-B_g-G 型。腐殖质层（A_h）的厚度一般在 20～50 cm，向下过渡明显。颜色较深，呈黑色或暗灰色，腐殖质含量高达 5%～8%，表层结构较好，多为团粒结构或粒状结构。其下为潴育层（Bg），即氧化还原层，腐殖质含量少，有较多的锈斑或铁锰结核，因此又称锈色斑纹层。潴育层以下，可以看到受地下水长期浸润的潜育层（G），呈灰蓝色。

草甸土的理化性质：吸收性能较强，腐殖质含量较高，土壤质地粘重。土壤反应为弱酸性到碱性，视地区差异。通常湿润地区的草甸土为酸性反应。

三、菜园土

实习地点为兰花塘。

1. 成土因素

地貌：河漫滩。

母质：长江冲积物。

植被：蔬菜。

菜园土是人工长期种植蔬菜而形成的高度熟化的人工土壤。

2. 成土过程

熟化过程：是人类定向培育土壤的过程，指耕种土壤在自然因素和人为因素的综合影响下，向着有利于农作物生长的方向发育的过程。改造不利的成土条件和成土过程，消除作物生长障碍因素，改造不良的土地构型，协调土壤水、肥、气、热状况。

3. 土壤剖面分层与特征

土体构型：A-P-W-C。A 层为耕作层，为棕灰至暗棕灰色，重壤土或轻至中黏土，较疏松；P 层为犁底层，为棕灰、淡棕色，块状结构，结构间有锈纹锈斑，重壤土或轻至中粘土，紧实；W 层为渗育层，为棕灰、褐色，棱柱结构，可见明显沉积层理，多为重壤土，较紧；C 层为母质层，为褐、淡棕、淡黄棕色，不明显块状结构，沉积层理明显，可见锈纹锈斑。土壤剖面呈中性至弱碱性反应。

四、紫色土

实习地点为泰山新村。

紫色土是一种深受紫色岩石影响的土壤，在含有石灰性物质的紫色岩石出露的地方均可见此种土壤。在我国主要分布于亚热带地区，尤以四川盆地周边分布面积最广。

1. 成土因素

地形：丘陵。

母质：紫色砂页岩风化物。

植被：灌丛。

气候：北亚热带季风湿润气候。

2. 成土特点

紫色土的母岩多为石灰性紫色砂页岩，岩性疏松，吸热性强，易热胀冷缩而崩解，加之地形起伏，植被稀少，土层侵蚀和堆积作用频繁，所以成土时间短暂，土壤长期处于幼年阶段。

母岩中含有较多的碳酸钙等盐类，风化物在降雨后碳酸盐虽有淋失，但因土层不断侵蚀，仍保留着相当数量的游离碳酸钙，阻滞着盐基淋溶作用，延缓成土过程。虽地处亚热带湿润地区，但土壤形成长期达不到富铝化阶段，土壤许多性质继承了母质的原有特性。

紫色土分布地区植被稀少，侵蚀较重，因此，土壤中有机质累积作用不强。

3. 土壤剖面分层与特征

紫色土多成紫红色或紫红棕、紫暗棕色，也见有紫黑棕色。上下层颜色无明显差异。剖面层次发育不明显，没有显著的腐殖质层，表层以下即为母质层，剖面构型属 A-AC-C 型。只有在坡地平缓的草地或林地下，表层下部可见到核块状结构的中部土层，有时还有胶膜，说明有些胶态物质向下淋淀。

紫色土的理化性质:(1) 紫色土的质地随母岩类型而异,由砂土到轻粘土各质地类型均可出现,但以砂壤土为主;(2) 大部分紫色土都有石灰反应,碳酸钙含量高者达 10%,pH 为 7.5～8.5;(3) 紫色土的有机质含量一般均较低,表层含量常小于 1%;(4) 紫色土的氮素含量也较贫乏,但磷、钾却很丰富;(5) 盐基饱和度一般在 80%～90%以上,阳离子组成中绝大部分为钙、镁,具有良好的保肥能力。

五、土壤的成土因素与成土过程分析

(一) 土壤的成土因素

1. 母质因素

母质是土壤形成的物质基础。实习区土壤的成土母质主要有河流相沉积物、花岗岩和玄武岩等沉积物、下蜀黄土等。

2. 气候因素

气候因素的作用主要体现在为土壤的形成提供水、热条件。水、热条件的组合直接或间接地影响岩石的风化过程,影响植物和微生物的活动,影响有机质、土壤溶液和土壤空气的迁移和转化过程。南京属亚热带季风湿润气候区,具有气候温和、四季分明、冬冷夏热、雨量充沛、光照充足、热量丰富、雨热同季的特点。

3. 生物因素

生物因素是促进土壤发生、发展的最活跃因素。由于生物的作用,才把大量的太阳能引进了成土过程的轨道,才把分散在岩石圈、水圈和大气圈的营养元素聚积在土壤上层,才能产生腐殖质,形成良好的土壤结构,改造原始土壤的物理性质,创造仅为土壤才具有的特殊生化环境,从而产生了肥力。

4. 地形因素

地形因素是影响土壤与环境之间进行物质和能量交换的一个空间条件。地形在成土过程中的主要作用,一方面表现在母质在地表进行重新分配,另一方面表现在土壤及母质接受光、热条件的差别以及接受降水或水分在地表的重新分配的差别。

5. 时间因素

时间因素指土壤的相对年龄,表达土壤的发育程度。在野外土壤调查中,通常按照土壤剖面分异程度来判断土壤的发育程度。一般认为,土壤剖面发生层次明显、剖面构型复杂程度较大的土壤,其发育程度较高,反之较低。

6. 人类活动

人类活动作为一个成土因素,与其他自然因素有着本质的不同。人为因素可以使土壤发生某种质变的速度远远超过自然演化过程。人类对土壤的影响具有双重效应:一方面,人类能够定向培养土壤,通过合理的耕作措施和改良技术直接作用于土壤,能够使土壤向肥力增高的方向发展和演化;另一方面,人类活动可以导致土壤退化,不合理的垦殖土壤会破坏原有的成土条件,导致土壤退化。

（二）土壤的成土过程

1. 生物循环过程

（1）腐殖化过程：是土壤形成中生物积累过程的最主要表现方式，是在各种植物、动物及微生物作用下，在土体中，特别是土体表层进行的腐殖质累积过程。腐殖化过程是土壤形成中最为普遍的一种生物累积过程。腐殖化过程使土体发生分异，在土体上部形成暗色的腐殖质层。

（2）泥炭化过程：是指土壤表层的有机质以植物残体形式不断累积的过程。主要发生在地表经常有薄层积水的沼泽环境中，通常地下水较高，湿生植被残体因处于多水的环境中而难以彻底分解，以不同分解程度的有机残体形式累积于地表，使土壤形成厚度不等的泥炭累积层次。

2. 地质循环过程

（1）粘化过程：是在土壤形成中以土体中粘土矿物的生产和聚积为特征的地球化学过程。温暖湿润的气候使土体内发生较强的原生矿物分解和次生粘土矿物的形成过程，矿物分解释放的易溶盐被淋失，表层粘土颗粒亦向下机械淋洗，从而使土体中部粘粒有明显聚积，形成相对粘重的层次，称为粘化层。

（2）富铝化过程：是土体中易溶盐及 SiO_2 淋溶，R_2O_3 富集的地球化学过程。发生在热带、亚热带高温多雨并有一定干湿季节的条件下。

（3）潜育化过程：是土体中矿物质的还原过程。主要发生在地势低洼，长期被地下水浸润的土体中下部，由于空气缺乏，土体中铁、锰等元素还原作用，由高价转为低价，并形成还原性矿物，使该土层呈蓝灰色的还原层次，称为潜育层。潜育化过程也可因土壤粘重和透水不良而由土壤上层滞水引起。

（4）潴育化过程：是指土体矿物氧化、还原交替发生的过程，主要发生在地下水所浸润的土体部分，由于地下水位的季节性升降作用，使该层亦季节性干湿交替，从而引起铁锰氧化物发生氧化还原交替进行的过程，使土层内形成锈斑、锈纹或铁锰结核体，这一土层称为潴育层。

3. 土壤熟化过程

是人类定向培育土壤的过程，指耕种土壤在自然因素和人为因素的综合影响下，向着有利于农作物生长的方向发育的过程。包括改造不利的成土条件和成土过程，消除作物生长障碍因素，改造不良的土地构型，协调土壤水、肥、气、热状况。

第四节　土壤地理野外实习方法

一、土壤剖面的设置

野外土壤调查工作一般可分为概略的路线调查和详细的全面普查。对于时间有限的学生自然地理实习而言，通常都是进行概略性的路线调查。为了把握研究区的土壤地理规律，设计和选择合适的调查路线十分重要。通常调查路线应该穿越具有不同成土环境的景观类型，以便观察在不同成土条件下土壤发育的差异。

土壤调查的一个突出特点是以点代面，即以一个选定的剖面点作为某一类土壤的代表。土壤剖面观测与描述是土壤调查制图及研究土壤基本性质的基础。对土壤剖面的形态和形状特征进行详细的观察与描述是研究土壤形成、演化与环境因素的关系，以及了解土壤农业生产特性的重要手段之一。因此，土壤剖面的选点非常重要，所选剖面必须具有典型性和代表性，还要注意避开工地、坟地、村庄等受人为活动干扰较大的地段。

土壤剖面按其设置目的可分为主要剖面(或基本剖面)、检查剖面(或对照剖面)和定界剖面三种。主要剖面是为全面研究土壤而设置的，一般要求选择具有典型代表性的地方，自地表向下直达母质或基岩为止。检查剖面是为检查、修正基本剖面所确定的土壤主要特征的变化程度和稳定性而设置的，一般为 1.0～1.5 m，深度比基本剖面要浅，但数目较多。定界剖面是为检查和修正土壤边界而设置的，但深度一般不足 1 m 或更浅，常用土钻取土观察。

土壤剖面的选择，主要是基本剖面的选择问题。它既要满足一定比例尺的要求，依土壤、自然条件的复杂程度而定，又要求每一种土壤类型均有其代表性的主要剖面，因此，选择时必须根据植物、地形、母质等最有代表性的地方进行剖面观察。主要应注意以下几点：

中、小比例尺的土壤调查：土壤主要剖面的位置一般选择具有代表性的地形部位。如阶地、河谷、山坡中部，不同坡向洪积扇的中、下部等。至于检查和定界剖面的位置，主要根据地表条件来确定。

大比例尺的土壤调查：在制图允许范围内，应注意一切可能引起土壤发生变化的因素。如考虑不同的坡长、坡度、坡向而分别设置主要土壤剖面。

平原地区，应考虑在不同阶地及微地形变化处设置剖面。同样，在母质、植被因素发生变化之处也应设立剖面。

另外，考虑不同的研究目的，设立剖面也有所不同。如为小区径流试验场地，就要考虑微地形和土壤质地的变化而后确定土壤剖面。

二、土壤剖面的挖掘

土壤剖面按其来源可分为自然剖面和专门剖面两种。自然剖面是指由于沟谷冲刷、兴修道路或开挖土石等天然和人为原因而暴露出来的土壤剖面。专门剖面是为了进行土壤调查而临时开挖的土壤剖面。利用自然剖面可节约人力和时间，同时自然剖面常常比较深厚、广阔，有助于观察剖面在空间上的连续变化和土壤的发生与分布规律。但自然剖面往往因暴露时间比较长，表面土壤的形态和性质可能已产生变化，因此需要剥去外表，使其暴露出新鲜的断面，再进行观察、记录和采样工作。

在山坡上开挖专门剖面时，应将观察面留在坡的上方，深度在平原及平坦的地面上，土壤剖面坑一般按长 2 m、宽 1 m、深 2 m 的规格挖掘。

在剖面位置选择好以后，就开始进行剖面的挖掘。土壤的剖面一般为宽 1 m、长 2 m，其深度则随土壤情况而定，一般为 1.5～2.0 m。在地下水埋深小于 2 m 的地方，以挖至地下水面为止。土层较浅的挖至母岩母质层即可。

挖掘土壤剖面时，应注意以下几点：

一般使剖面观察面垂直并向阳光，以便观察。山地、林区因为坡向等的限制，选择的自然剖面无直射光线为例外。

挖出的底土和表土应分开堆放，以便填坑时恢复原状，在农耕区更应如此。

观察面上方不应堆土或任意走动擦踏，以免破坏表层结构，影响剖面形态的描述及取样。

剖面挖后进行修整，一边修成光面，以便观察颜色、新生体等；一边修成粗糙面，以便观察结构等。

三、土壤剖面的观察与研究

剖面挖好后，就应着手形态特征的研究。土壤形态特征既表现了它和周围环境条件之间的关系，也表现了在土壤形成过程中所进行的物理的、化学的以及生物化学的变化。凭借对其的研究，对每种土壤特性认识后，才能有根据地找出它们之间的分布界线，填绘出土壤图。

土壤剖面形态的主要特征有：土壤剖面构造（土体构型）、土壤颜色、土壤质地、土壤湿度、土壤结构、垒结状况、空隙状况、新生体、侵入体及层次间的过渡特点等。

1. 土壤剖面的分层与土体构型

野外土壤发生化学层次主要根据形态特征来划分，它关系到取样、室内分析化验及土壤类型确定的正确性，是调查的基础工作。

发生学土层及代号：土壤剖面构造，一般可分为 O、A、E、B、C、R 层（图 5－1）。

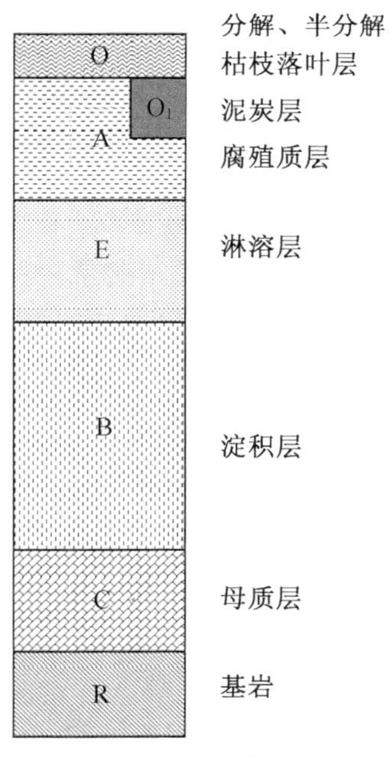

图 5－1　土壤剖面示意图

O 层：有机层，是以分解的或未分解的有机质为主的土层。一般位于土壤的表层，也可以被埋藏于一定的深度。

A 层：腐殖质层，是形成于表层或位于 O 层之下的发生层。土层中混有有机物质，或具有耕作、放牧或类似的扰动。

E 层:淋溶层,是硅酸盐粘粒、铁、铝等单独或一起淋失,石英或其他抗风化矿物的砂砾或粉粒相对富集的矿物发生层。该层一般接近表层,位于 O 层或 A 层之下、B 层之上。

B 层:淀积层,具有如下性质:① 硅酸盐粘粒、铁、铝、腐殖质、碳酸盐、石膏或硅的淀积;② 碳酸盐的淋失;③ 残余二氧化物、三氧化物的富集;④ 有大量二氧化物、三氧化物胶膜;⑤ 具有粒状、块状或棱柱状结构。

C 层:母质层,多数是矿物层,但富有有机质的湖积层和黄土层等也划为 C 层。

R 层:风化岩层。

凡兼有两种主要发生层特性的土层,称为过渡层,如 AE、BE、EB、BC 等。

2. 土壤剖面形态

(1) 土壤湿度(水分状况)

土壤含水量的高低,对土壤颜色、结构等方面的观察影响较大,也反映地下水位和土壤墒情的好坏等方面。

野外,对土壤水分的描述一般分为 5 级:

① 干:用嘴吹起、有尘土飞起。

② 稍润:用手试之,有凉的感觉。

③ 润:用手捏成团块,放在纸上,纸很快润。

④ 潮:使手湿润,土可能粘在手上。

⑤ 湿:这时水分饱和,可以看出水分从土粒中渗出而土体平滑、反光。

(2) 土壤颜色

土壤的颜色与湿度、明度(明暗)、彩度(色的强弱、鲜明的程度)都有关系。

因此,在野外观察土壤颜色时,必须注意以下几点:

① 除在野外土壤湿度条件下观察土壤外,还要取土壤在室内风干情况下记载土壤颜色。

② 研究土壤颜色,必须在散射光线下进行,避免因照耀的太阳光和人为光线而使色泽变假。

③ 观察土壤颜色,应尽量保持土块的自然状态,而不能把土壤弄得过于细碎。

④ 具体描述土壤颜色时,除了表明它的颜色外,还应说明土壤剖面色泽是否一致,过渡是否明显,以及色泽的形状(斑状、条状或片状)。

⑤ 表示土壤颜色的方法一般采用主色、副色和形容色的强度。如“淡灰黑色”,表示土壤以黑色为主,略带灰色但比较浅淡。野外常用人工配制的土壤色卡(芒塞尔比色卡)为标准描述土壤颜色。

(3) 土壤质地

比较准确的土壤质地鉴定,是在室内采用机械组成分析的方法来进行。在野外一般都采用比较简单的手测法,如研碎法和卷搓法。此外可用放大镜进行观察来鉴定土壤质地。

研碎法(干法):指在自然湿润状态下,将土粒放在手指间磨碎、研碎,根据其粗糙程度大致上可确定出质地的粗细。

卷搓法(湿法):将土壤湿润到可塑性范围内,把它卷搓成不同形状,来确定质地(见表 5-1)。

表 5-1　野外鉴别土壤质地方法(卷搓法)标准

土壤质地	卷搓性状
砾质土	肉眼可见土壤中含有很多石块、石砾(山地多为砾质土)。
轻砾质土	>3 mm　砾石含量　5%～15%
中砾质土	>3 mm　砾石含量　15%～30%
重砾质土	>3 mm　砾石含量　>30%
砂土	干时将小块置于手中,轻轻的便可压碎,所含细沙肉眼可见;湿时,可搓成小块,但稍加压即散开。
砂壤土	湿时可搓成圆球,但不能成条。
轻壤土	湿时可搓成条,但裂开。
中壤土	湿时可搓成完整的细条,如果弯成环时即裂开。
重壤土	能搓成土条,并可弯成带裂缝的环。
粘土	干时有尖锐棱角,不易压碎;湿时可搓成光滑的细土条,并能弯成完整的环,压扁时也不产生裂缝,还似有光泽

(4) 土壤结构

各种土壤或同一土壤的不同层次,都可能有不同结构,按照结构体的长、宽、高三轴长度的相关关系分成几类(见表 5-2)。

表 5-2　土壤结构分类野外鉴别标准

结构类型	结构名称	大小	直径(mm)	实物比例
块状、粒状结构	块状结构(面、棱不明显)	大	>20	大于拇指
	团状结构(面、棱不明显)	大	20～10	胡桃
		中	10～1	黄豆～胡桃
		小	1～0.5	小米
	核状结构(面、棱明显)	大	20～10	小栗子
		中	10～7	蚕豆
		小	7～5	玉米粒
	粒状结构(面、棱明显)	大	5～3	高粱米～黄豆
		中	3～1	绿豆～小米
		小	1～0.5	小米
棱柱状结构	棱柱状结构(面、棱明显)		>30	大于二指
柱状结构	柱状(面、棱不明显)	大	>50	大于三指
		中	50～30	二～三指
		小	<30	小于二指
片状结构	片状结构	厚	5～3	薄板
		中	3～1	硬纸片
		薄	<1	鱼鳞

进行土壤结构描述时应注意：

只有在土壤湿度较小的情况下，对土壤结构的测定才较容易进行和得到真实的结构。因含水太多时，结构单元膨胀，很难分辨出结构的真实面貌。

土层的结构常常不是单一的，既可有块状也可混有粒状的，这时我们应进行详细的描述，既要说明其结构的种类，又要阐明其剖面内的变化。

(5) 垒结状况

垒结是指土壤结构单元之间相互连接的性质，实际包括紧实度、孔隙度和裂隙度等物理性质。

① 坚实度(松紧度)：是垒结状况的指标之一，根据土壤松紧状况，可分为5级：

a. 坚实：平时形成大的土块，极为坚硬，用手很难弄开，用刀切割留下很光亮切面。

b. 紧实：干时也是坚硬的小土块，用手很难捏碎，但用力可划出1～2 cm的刀痕。

c. 稍紧实：这种土壤具有较好的微结构，或者其机械组成彼此间胶结不紧，土块入手中略加处理可自由分散，用刀可轻易插入几个厘米深处。

d. 疏松：土壤结构间多为裂隙和空隙，平时易分散，刀极易插入土中。

e. 松散：干时为完全松散的土体，土粒间互不粘结，当轻轻加压即各自散开。

② 孔隙状况：是反映垒结状况的另一项指标。土壤的总孔隙量称孔隙度。

在野外，孔隙的多少可用如下标准统计：

少：1～50个/10 cm^2；

中：50～200个/10 cm^2；

多：>200个/10 cm^2。

(6) 新生体

新生体，指在土壤形成过程中所产生的物质，一般根据化学成分分为以下几组：

① 易溶性盐类：$NaCl$、Na_2SO_3、$MgCl_2$、$MgSO_4$ 等。

② 石骨类：碳酸盐类、铁、铝、锰的氧化物类，铁的还原性产物，硅酸盐类(在土壤结构表面上形成白色的硅土粉末斑点或片状结晶)。

③ 因生物作业形成的新生体：

粪粒：蚯蚓或昆虫的排泄物，多为粒状。

动物穴斑：动物穴被土壤所填充，其颜色、坚实度等都与周围土壤不同。

小根痕：由于植物的根系腐烂而有新的物质填充，常呈灰黑色。

(7) 侵入体

侵入体，是指由于机械作业而混入土中的某些物体。如石块、砖瓦片、陶瓷片、炭片贝壳等，在观察时应记载其种类和数量，借以了解侵入体的来源和成土环境的某些特点。

(8) 植物根系

在草原土壤或森林土壤调查等专门性的工作中，需要进行根系的定量调查，绘制根系分布图等。一般的土壤调查，只要观察记载根系的发育情况。

(9) 动物活动

调查土壤中的动物活动情况，可以作为判断土壤质量状况的间接指标，如土壤中的蚯蚓、田鼠、蚂蚁、各种昆虫及幼虫等。还可以结合病虫害防治而配合进行特殊的土壤调查。

(10) 酸碱度

在白瓷盘或汤匙内用酸碱指示剂数滴和土样(如黄豆大小)混合,与标准比色卡相比确定酸碱度。

(11) 碳酸盐反应(石灰反应)(见表 5－3)

用 10%稀盐酸直接滴在土层上面,如有碳酸盐存在,则发生 CO_2 的泡沫。根据泡沫发生情况可判断石灰反应的程度,从而确定碳酸盐的含量多少。

表 5－3　土壤碳酸盐含量的速测标准

反应	反应现象	含量(%)	表示符号
无	没有气泡发生	<1	－
微	缓慢发生小气泡	1～3	＋
中	有明显气泡产生,但很快消失	3～5	＋＋
强	如沸腾状发泡,延缓时间较长	>5	＋＋＋

四、土壤剖面的描述和记载

按土壤剖面的要求挖好剖面,然后用小刀或小铲修整新鲜的土壤剖面面壁,从上往下,分别观察各种结构单元的自然断口,研究土壤剖面的整体构造并划分土壤剖面的发生层次,然后从上往下分层加以详细描述和记载。在描述土壤剖面之前,应尽可能准确地记载土壤剖面的地理位置,把图例画在底图上,并标上顺序号。

在野外,土壤剖面的记载,应根据调查目的而记载着不同内容,一般按下面所附的土壤调查记载表进行记载(见表 5－4):

表 5－4　土壤调查记载表格式

<table>
<tr><td colspan="4">日期：　　　　年　　月　　日(阴、雨、晴)</td><td colspan="2">剖面编号：</td><td>调查人：</td></tr>
<tr><td colspan="7">观察地点：</td></tr>
<tr><td colspan="3">母质：</td><td colspan="4">气候：</td></tr>
<tr><td colspan="3">地形：</td><td colspan="4">侵蚀状况：</td></tr>
<tr><td colspan="3">植物：</td><td colspan="4">土壤名称：</td></tr>
<tr><td colspan="7">利用现状：</td></tr>
<tr><td colspan="3">土壤剖面示意图</td><td colspan="4">土壤形成、性状的主要特征及利用改良意见</td></tr>
<tr><td>发生层次</td><td>土壤剖面图</td><td>深度</td><td colspan="2">采样深度</td><td colspan="2">剖面说明:(颜色、质地、结构、松紧度、湿度植物根、动物穴、pH 值、碳酸反应、新生体、侵入体、层次过渡情况等。)</td></tr>
</table>

1. 剖面所处的地名、剖面编号、描述日期。
2. 剖面的地理位置,剖面与地形的相对位置、绝对高度,要标明方位。

3. 地貌特点和分区，包括大、中、小区地形。
4. 成土母质及基岩的野外鉴定。
5. 土地利用状况(农、林、牧、副及天然植被的描述)。
6. 土层中淀结物状况及泡沫反应的深度和特点。
7. 土壤剖面及土层的描述，土层与土壤剖面示意图。
8. 肥力分析，包括耕性、土层构造水肥特征、土壤改良利用意见等。

五、室内资料整理、完成实习报告

土壤实习报告的编写内容主要包括：
1. 南京地区土壤资源概况。
2. 各种土壤类型的发生过程与性质。
3. 不同母质发育土壤性质的对比分析。
4. 土壤资源合理利用与改良设想。
5. 结束语。

思考题

1. 南京地区地带性土壤类型是什么？主要分布在什么地貌类型上？
2. 南京地区有哪些非地带性土壤类型？主要分布在什么地貌类型上？
3. 分析黄棕壤的形成过程。
4. 如何区分土壤的新生体和侵入体？
5. 如何理解和观察土壤的矿物组成？
6. 简述土壤形成的主要成土过程。
7. 简述土壤调查的基本方法。
8. 野外进行土壤剖面分析的要点是什么？
9. 野外土壤样品采集应该注意什么问题？
10. 分析南京地区土壤类型及其分布对农业生产的影响。

第六章　植物地理野外实习

第一节　实习目的和要求

一、实习目的

1. 介绍当地气候和自然地理背景，从而了解植物生长条件，掌握典型本土植物及在景观中的应用。

2. 了解植物组合形式，从而把握植物的环境配置要领。

3. 了解植物与其他景观要素关系的处理方法，介绍园林景观植物作为知识扩展。

二、实习要求

1. 植物的观察、描述、记载。

2. 植物的分布，植物图片的分类。

第二节　实习步骤

一、准备工作

1. 了解背景资料(当地自然条件——气候、土壤、本土植物)。

2. 大致讲解时间、路线。

3. 实习工具:笔记本、相机。

二、野外工作

1. 观察实习地区植被，了解植物分布、植物类型、本土植物与人工栽植植物。

2. 室内整理:整理调研资料、图片，制作植物图鉴。

第三节 主要实习内容

一、南京地区植物区系

南京地处南北气候区之间的过渡地带，植物区系(地区植物种类的总和)丰富多样，并保存有不少的古老成分。基本状况是植物区系具有亚热带向温带区系过渡的特征，而以热带、亚热带的成分居多。

南京地区的种子植物有520属，有15种分布区类型(见表6-1)。

表6-1 南京市种子植物属分布区类型表

分布区类型	属数	占总属百分比(%)
世界分布	73	14.0
泛热带分布	109	20.90
热带美洲与热带亚洲间断分布	6	1.20
旧大陆热带分布	22	4.20
热带亚洲至热带大洋洲分布	16	3.10
热带亚洲至热带非洲分布	14	2.70
热带亚洲分布	12	2.30
北温带分布	107	20.60
东亚和北美间断分布	28	5.40
旧大陆温带分布	52	10.00
地中海、西亚至中亚分布	2	0.40
温带亚洲分布	11	2.10
中亚分布	2	0.40
东亚分布	60	11.50
中国特有分布	6	1.20
合计	520	100

除世界分布以外的各种类型，热带分布类型共179属，占总属的34.40%。属于这一分布类型范围的黄檀属、朴属、冬青属为泛热带成分，是南京落叶阔叶林、常绿阔叶混交林乔木层的重要组成部分。山矾属、柿属、牡荆属、一叶萩属、苎麻属也属于泛热带成分，热带美洲和热带亚洲成分有山蚂蝗属，热带亚洲至热带大洋洲成分有拓属，热带亚洲成分有山胡椒属，是南京地区构成森林灌木层和灌丛的主要植物。白茅属、狗尾草属为泛热带成分，与其他热带分布类型的金茅属、莠竹属、荩草属、菅属、香茅属等为草丛及林下草木层的重要植物。

温带分布类型的种子植物,共计170属,占总属的32.70%。这种类型的植物,松属、栎属、榆属和椴树属都为北温带成分,为针叶林、阔叶林和落叶—常绿阔叶混交林乔木层的优势种。蔷薇属、盐肤木属、胡秃子属等北温带成分植物,为林下灌木层或灌丛常见种类。野古草属、蒿属、地榆属等北温带成分,菊属、隐子草属等旧大陆温带成分,是林下草木层或草丛的主要成分。

东亚成分和东亚—北美成分,共88属,占总属的16.90%。其中,化香树属、青冈属、刚竹属、枫香属等是落叶阔叶林、落叶—常绿阔叶混交林和竹林的主要建群种。六月雪属、胡枝子属、沿阶草属、土冬麦属等为林下常见的灌丛与草本。

二、南京地区主要植被类型

南京地区的自然植被主要有针叶林、落叶阔叶林、落叶与常绿阔叶混交林,主要植被大多分布于丘陵地区,尤以针叶林分布面积最广,为南京林业的主要经营对象。

1. 针叶林

针叶林包括常绿针叶林和落叶针叶林。常绿针叶林广泛分布于全市除大厂以外的低山丘陵区,是南京市分布面积较大的森林类型之一,其中马尾松分布较广。

马尾松林。属亚热带常绿针叶林。在南京,分布于酸性岩的山丘中上部及山顶,绝大多数为人工林,并以纯林为主。在不同地区生长环境不同,群落的种类组成和结构差异较大,可分为不含常绿阔叶树和含有常绿阔叶树的马尾松林两种类型。不含常绿阔叶树的马尾松林分布于长江以北丘陵山地,组成种类单纯,乔木层只有马尾松一种,高度一般在12～16 m,郁闭度为0.4～0.5;偶尔有黄檀、麻栎、盐肤木、山合欢、刺槐等落叶阔叶树伴生其间。林间灌木层高1～1.2 m,常由落叶阔叶幼树和灌木柘树、白檀、野山楂等构成。草木层较为茂密,盖度为60%～80%,高50 cm以下,以白茅和蕨类为多。含有常绿阔叶树的马尾松林,广泛分布于长江以南的低山丘陵区,种类组成较为丰富,常绿阔叶灌木分布普遍,间有常绿阔叶乔木。树高6～15 m,最高者可达18 m,混生黑松和枫香、黄檀、栓皮栎、麻栎、三角枫、榉树和梧桐等多种落叶阔叶树,在紫金山局部地区有少量苦槠、女贞、冬青,江宁祖堂山和溧水观山等处也有冬青、石栎散生。灌木层一般高0.5到1 m,种类组成复杂,多为落叶种类。草本层高度多在60 cm以下,盖度为60%～70%,以白茅、野古草、蕨类等为主。藤本植物有紫藤、爬山虎等,为数较少。

黑松林。面积居全市各类森林之首。主要见于石灰岩山丘,一般生长于山坡中、上部及山顶或其他土壤贫瘠地段。乔木层一般高5～13 m,常为黑松纯林,间或混有马尾松和落叶阔叶树,在紫金山局部地段偶见有常绿阔叶树青冈栎生长其间。灌木层组成种类以落叶灌木为主,常绿树种仅出现于江南地区,共中构骨在局部地段占优势。草木层高可达80 cm,盖度为30%～90%,主要组成成分有白茅、黄背草、野菊、马兰、莠竹等。

湿地松、火炬松林分布甚广,其中江宁区面积最大,溧水区次之,大多在丘陵山麓和山坡下部。湿地松和火炬松都是原产美国的亚热带常绿针叶树种,其乔木层常由湿地松或火炬松单种组成,亦有两种混交的,其他树种混入仅为偶见。树高6～11 m,郁闭度为0.4～0.5,灌木层一般高1～1.5 m,组成种类不多。草本层可高达1 m,盖度为50%～

90%,以白茅草、野古草、蕨类为主。

杉木林和侧柏林。杉木为亚热带常绿针叶林树种,南京南北各地都有栽培,主要在江南,尤其以江宁、溧水区为多。一般为单纯林,种植于土层深厚湿润的山麓、沟谷。乔木层高7~15 m,郁闭度0.6~0.8,林下较为阴暗潮湿,灌木层及草本层大多为耐阴湿种类,高度较低。侧柏林为人工栽培,面积不大,主要分布在江宁和浦口区的石灰岩山丘上,树高一般2~3 m,郁闭度0.3左右。

落叶针叶林则有水杉林、池杉林等,以水杉林分布较广。水杉为中国特有的亚热带落叶针叶树种,南京全市各地都有栽培,主要集中在浦口和六合区,大多栽种在山丘的山麓、沟谷。乔木层水杉占绝对优势,偶有泡桐等伴生,树高10~13 m,郁闭度为0.5~0.6;灌木层、草本层都不发达,分布也不均匀。

2. 落叶阔叶林

种类较多,有栓皮栎林、麻栎林、白栎林、小叶栎林、黄檀林、枫香林、刺槐林和朴树占优势的杂木林等。

栓皮栎林,多为人工林,主要分布在紫金山以及江宁区等土层深厚的山坡下部和山麓。灵谷寺一带的栓皮栎林营造已久,林木高大茂密,组成复杂,已近似天然森林。栓皮栎林乔木层郁闭度为0.6~0.8,树高一般10~20 m,最高可达25 m;胸径为11~36 cm,南京也有粗达55 cm的。组成树种较为丰富,以栓皮栎占优势,麻栎、枫香、白栎、短柄枹等居次,还常见黄檀、榔榆、刺楸、榉树、三角枫等伴生。紫金山局部地段还偶见珍贵的常绿阔叶树紫楠生长其间。林中灌木层高达0.6~2 m,除上层乔木幼树外,多六月雪、白檀、山胡椒和竹子。草本层种类较少,较低矮且分布不均匀。并有爬山虎、络石等藤本植物。

麻栎林,分布较广,在溧水、江宁、浦口、六合区及老山、紫金山等山地,都有大面积分布。多为人工林,一般种植在土厚且湿润的山麓及山坡下部。乔木层一般高11~16 m。麻栎为优势树种,大多有栓皮栎或其他阔叶树种混交。

白栎林,多为次生林,主要分布在紫金山和老山,江宁区等地也有分布,一般生长在山坡中下部和山麓。乔木层高9~16 m,郁闭度为0.7~0.8,优势种除白栎外,常见伴生树种有黄檀、枫香、栓皮栎、麻栎等。灌木层、草本层均盛,而且藤本植物较多,有紫藤、爬山虎、络石、千金藤、海金沙和野葛等十多种。

小叶栎林,为人工林,仅小面积分布于浦口老山、江宁东善桥等处的山麓或近村低丘上。乔木层一般高11~18 m,常有其他落叶阔叶树伴生。

黄檀林,在境内多数是栎树遭破坏后出现的次生林,间或有人工林。分布普遍,多见于各丘陵山地土壤贫瘠、干燥的向阳坡地。乔木层高7~14 m,胸径8~19 cm,郁闭度为0.6~0.7。组成树种以黄檀为主,有多种落叶阔叶树种混生林中。灌木层较为发达,种类也多。草本层茂密,盖度为60%~90%。藤本植物亦多。

枫香林,为次生林,主要见于紫金山和栖霞山,在江宁区等地也有零星分布。组成较为复杂,各处不尽相同,以枫香为优势物种,亚优势种在紫金山为马尾松、黄檀等,栖霞山则多糯米椴、黄连木、三角枫。乔木层高达10~18 m,胸径17~45 cm。枫香入秋叶色变红,“栖霞丹枫”景色即由枫香、三角枫等多种红叶树种构成。

刺槐林，为人工林，市境南北各地均有分布，六合、浦口、溧水和栖霞区分布面积较大，一般种植于丘陵山地的山麓和山坡中下部。乔木层一般高 10～16 m。常有黄檀、栓皮栎等与刺槐伴生；由刺槐单一树种构成的纯林，也有多处分布。

朴树占优势的落叶阔叶杂木林，系次生林，主要分布于境内长江两岸石灰岩山丘。主要成分有朴树、小叶朴、榔榆、黄檀、黄连木、三角枫、刺槐、栓皮栎等，还有枫香、麻栎等伴生树种。乔木层高度为 8～15 m，胸径为 13～38 cm。长江以南杂木林中，时有胡颓子、构骨、石楠等常绿成分见于灌木层。草本层以求米草为最多。藤本植物种类亦多。

3. 落叶、常绿阔叶混交林

这种类型的植被在南京地区主要有短柄枹、青冈栎林、黄檀和石栎林四种。

短柄枹、青冈栎林，属原生混交林遭破坏后自然恢复的次生林，目前仅在江宁区祖堂山南坡局部沟谷有小片分布，林相凌乱破碎。乔木层可分为两个亚层，第一亚层高 10～14 m，主要由落叶阔叶树组成，多短柄枹、白栎、栓皮栎等，因人为破坏而呈散生状态；第二亚层高 6～10 m，多由常绿阔叶树青冈栎、苦槠组成。林中灌木层高 1～1.5 m，组成较为复杂，落叶灌木和常绿灌木混生。草本层分布不均匀，以蕨类为主。

黄檀、石栎林，仅见于雨花台区罐子山上土层深厚且平缓的东北、东南山坡，属于栎类混交林遭破坏后生成的次生类型。乔木层一般高 5～8 m，落叶阔叶树与常绿阔叶树处于同一层次，组成也较为单纯，落叶树以黄檀为主，常绿树也只有石栎和冬青。灌木层茂密，高度为 0.7～1.5 m，除乔木树种的幼树外，以竹子居优势地位。草本层分布不均匀，以乔草居多，因林下干燥少见蕨类。

三、南京地区植物种群的演替

(一) 紫金山植物的演替

近百年来，紫金山植被遭受过两次严重破坏，1950 年后经大力植树造林和封山育林，实施有效的经营管理措施，紫金山的植被得以恢复。但是，紫金山的原生植被已经不复存在，被各种次生植被和栽培植被所取代，其中以黑松、马尾松等针叶树种为优势种。

紫金山植被的演替受到强烈的人为干扰，往往是人为破坏、人工造林和自然恢复多方面影响并存，顺向演替和逆向演替交错进行，自然植被的演替序列和进程变得非常复杂。

由于紫金山地处南北气候过渡地带，亚热带常绿阔叶树种北延和温带落叶阔叶树南伸，在本地形成了地带性的落叶、常绿阔叶混交林和落叶阔叶林。近 40 年来，紫金山的林相发生了很大的变化，紫金山针叶林正逐步向针阔混交林演替，针阔混交林又逐步向落叶阔叶林和常绿阔叶混交林演替。阔叶林从 1953 年占林分面积的 17.0%，2002 年增加到 69.5%，平均每年增加面积 25.8 hm^2，年增长率为 4.4%；针叶林从 1953 年占林分 65.9%，2002 年减少到 17.7%，平均每年减少 8.7 hm^2，连年增长率为 −2.2%；针阔混交林面积在这种动态变化过程中基本保持平衡，由 1953 年的 17.1%到 2002 年的 17.7%。从森林生态学观点而言，紫金山森林群落的变化是一种次生植被逐渐被地带性植被所替代的过程，是气候、土壤、物种等多因子相互作用的结果。

紫金山的次生落叶阔叶林正迅速恢复，如枫香、栓皮栎等；另外，原生常绿树种群规模不断扩大，如苦槠已是亚优势种。相对阳性的物种逐渐减少，而相对耐阴的落叶及常绿阔叶林树种不断入侵，并在群落中占据优势。

(二) 老山植物的演替

老山现有植被多为 20 世纪 50 年代以后封山造林人工种植的，多为针叶树种，如马尾松、湿地松、火炬松、黑松等，这点与紫金山植被相似。老山植被演替现处于先锋树种阶段，针叶林正逐步向针阔混交林演替，阔叶树种规模不断扩大，林下逐渐郁密，如槐、栎、朴、榉、椿等树种。

四、植被特点与园林配置

(一) 植被特点

盱眙第一山地区植被种类丰富，现存树种计 65 科 232 种，以松柏科为主，还有许多药用植物，特有植物都梁香草(现在已绝迹)。另外公园内人工种植了许多园林植物，反映了我国园林艺术文化。

第一山主要植物类型有 14 类(见表 6－2)。

表 6－2 第一山植被组成及形态特征

植物	门	纲	目	科	属	种	形态特征	用途
朴树	被子	双子叶	荨麻目	榆科	朴属	朴树	落叶乔木，高达 20 米	医用，工业价值及可作为园林树种
槐树	被子	双子叶	豆目	蝶形花科	槐属	槐树	落叶乔木，高 15～25 米，干粗 15～20 cm，叶有毛	用于建筑木材，花蕊可食用，做止血药，果实降压
楝树	被子	双子叶	芸香目	楝科	楝属	楝	落叶乔木，高 15～20 m，树皮纵裂	材用植物，亦是药用植物，其花、叶、果实、根皮均可入药
构树	被子	双子叶	荨麻目	桑科	构属	构树	落叶乔木，高达 16 米，有乳液	药用等
梅花	被子	双子叶	蔷薇目	蔷薇科	李属	梅	小乔木，高 4～10 米	观赏植物等
杏树	被子	双子叶	蔷薇目	蔷薇科	杏属	杏	落叶乔木，高可达 5～8 m，胸径 30 cm	经济果树树种，木材树种
海桐	被子	双子叶	伞形目	海桐花科	海桐花属	海桐	常绿灌木或小乔木，嫩枝被褐色毛	观赏植物等
竹	被子	单子叶	禾本目	禾本科	箣竹属	竹	狭披针形，长 7.5～16 厘米，宽 1～2 厘米	观赏、竹编用具等
剑麻	被子	单子叶	天门冬目	天门冬科	龙舌兰属	剑麻	叶浓绿，表面有蜡质层，坚硬似剑	广泛运用在运输、渔业、石油、冶金等各种行业，具有重要的经济价值；药用价值
珊瑚树	被子	双子叶	川续断目	忍冬科	荚蒾属	珊瑚树	落叶灌木，叶对生，夏季开白色小花，果实广卵形，深红色	耐火力较强，可作森林防火屏障木材等

续　表

植物	门	纲	目	科	属	种	形态特征	用途
榆	被子	双子叶	荨麻目	榆科	刺榆属	榆属	落叶乔木，高达 25 米	木材树种
南天竺	被子	双子叶	毛茛目	小檗科	南天竺属	南天竹	常绿灌木，丛生状，高约两米	药用、园艺等
东京樱花	被子	双子叶	蔷薇目	蔷薇科	樱属	东京樱花	落叶乔木，高 4～16 m，树皮紫褐色，平滑有光泽，有横纹	观赏植物等
桂	被子	双子叶	唇形目	木樨科	木樨属	桂花	常绿灌木或小乔木，高者可达七米，橙黄色花为丹桂，淡黄色、百色花树种为银桂	药用等

都梁香草，古诗有“都梁香草美人来”的名句。都梁香草为多年生草本植物，花朵呈钟铃状，其性较弱，无法适应人工环境成长，据当地民俗专家称现已在盱眙境内绝迹。都梁香草自古有熏香驱邪的作用，也常作为青年男女爱情信物。

竹子，有丛生、散生之分，丛生为竹笋生长，散生为根茎生长。竹子开花一般为竹子将最后的营养及能量用来开花，花败竹子便会枯死，一般情况下，竹子的营养只用于拔节等生长过程。实际上，不是所有的竹子开花便会死亡，如桂竹，120 年开一次花，开完只枯死一部分，另一部分仍然成活；水竹，开花根本不会导致任何枯死现象。

（二）园林植物的配置特征

园林配置指按植物生态习性和园林布局要求，合理配置园林中各种植物(乔木、灌木、花卉、草皮和地被植物等)，以发挥它们的园林功能和观赏特性。园林植物配置是园林规划设计的重要环节。

其包括两个方面：一方面是各种植物相互之间的配置，考虑植物种类的选择，树丛的组合，平面和立面的构图、色彩、季相以及园林意境；另一方面是园林植物与其他园林要素如山石、水体、建筑、园路等相互之间的配置。

第一山人工园林植被较多，坐落着一座寺庙，属园林范畴，显示了园林配置的特点：

植物空间配置上，寺庙内多见枇杷、龙卷柏、枫树、雪松、毛竹、凤尾竹等，高低错落，层次分明，同时体现了明显的季节性。

龙卷柏常种于寺庙，其叶子为二形叶，形似龙爪，外形端庄肃穆。

枫树，五叶，颜色鲜艳，适合前景观赏，与后景较高的树木形成鲜明对比，加强了衬托效果。

此外，在建筑周围还有一些整形植物，形状经修剪偏圆，与周围带棱角的寺庙建筑互补，不易使游客产生视觉疲劳。

水景植物配置上，第一山采用了荷花以及一些沉水型植物，以体现“接天莲叶无穷碧，映日荷花别样红”的意境，同时与周边亭、台、楼、阁等园林建筑相映衬，意境甚为优美。

在园林空间中，无论是以植物为主景，或植物与其他园林要素共同构成主景，在植物种类的选择、数量的确定、位置的安排和方式的采取上都应强调主体，做到主次分明，以表现园林空间景观的特色和风格。

第四节 植物地理实习的基本方法

一、植物标本的采集与识别

1. 植物标本的采集

植物地理实习从识别植物入手，采集植物标本是野外工作的第一步。现归纳以下几点：

(1) 采集标本要大小适中。标本大小以能容纳在标本夹内压制为宜，一般一尺左右长度，对过长草本其茎折叠成“V”形或“N”形。

(2) 尽量采集有花有果有叶标本。由于花、果实等繁殖器官和叶、茎等营养器官在分类上均很重要，因此除了枝叶外尽量采集有花果的标本，便于识别。

(3) 蕨类植物标本要尽量完整。因为蕨类植物是根据孢子囊群的构造、排列的方法以及叶的形状、根茎的特性来分类，因此采集时要尽量完整。

(4) 标本采集的记录。标本记录包括标签和记录表两部分。标签信息包括编号、日期、地点、采集人。记录表除相同信息内容外，应记下该植物花、果、叶等形态特征，以及采集地的环境地理特征等，还包括初步确定的种类名称等信息。

2. 植物识别的基本方法

植物识别是选择代表该种植物主要形态特征（根、茎、叶、花、果实或种子）的植物体部分，而花则是鉴定该种植物的主要依据，是鉴定过程的切入点，可以从其颜色、花瓣数、花瓣形状、雌雄蕊数目等方面来判别；其次，有些植物的其他器官也是分类鉴定时的重要依据，如伞形科、紫草科等的果实等；另外也可以采集植物当时的生长环境（土壤干湿、气温等）来作为鉴别时的辅助手段；当然也可以从《植物百科全书》中对图寻找。

二、植物群落的调查

要了解一个群落的性质及其特点，必须对群落进行调查，调查的方法很多，如样地法、样线法、点样法、距离抽样法等。其中常用的方法是样地法。

(一) 样地的设置

样地不是群落的全部面积，它仅是代表群落的基本特征的一定地段。对植物群落考察应在确定的样地内进行，通过详细调查来估计推断整个群落的情况。

选择样地应遵循下列原则：(1) 种的分布要有均匀性；(2) 结构完整，层次分明；(3) 环境条件（尤指土壤和地形）一致；(4) 群落的中心部位，避免过渡地段。

1. 样地的形状

大多采用方形，又称样方，此外还有样条、样线、弱圆等。可根据不同研究内容具体选择。

小型样方用于调查草本群落或林下草本植物层，大型样方用于调查森林群落或荒漠中的群落。为防止出现闭合差，在森林调查中，样方常沿着预定的测线方向呈菱形设置。其方法是由中心点定出距离为样方对角线长度的两个点，然后从这两点分别拉直长度恰为样方边长的测绳，使其在每一侧都恰好交接，就是样方的边界。

2. 样地面积

下列样地面积的经验值可供考察时参考使用：草本群落 1～10 m^2，灌丛 16～100 m^2，单层针叶林 100 m^2，复层针叶林、夏绿阔叶林 400～500 m^2，亚热带常绿阔叶林 1 000 m^2，热带雨林 2 500 m^2。

3. 样地数目

样地数目多少取决于群落结构复杂程度。根据统计检验理论，多于 30 个样地的数值才比较可靠。为了节省人力与时间，考察时每类群落根据实际情况可选择 3～5 个样地；所有样地应依照顺序进行编号，以免混乱。

4. 样地布局

一般可选用主观取样法，即选择被认为有代表性的地块作为调查样地。

（二）植物群落样地调查内容与方法

样地调查内容主要有环境条件、群落的空间结构、群落的组成特征、群落的外貌。

1. 环境条件调查

包括以下五项：(1) 地理位置；(2) 地形条件；(3) 土壤条件；(4) 人类影响；(5) 气候条件。

2. 组成特征调查

(1) 种类组成。记录一份完整的种类名单。在设定的样地内调查，记录，完成。为防遗漏，还应在样地周围反复踏查。调查种类组成时，应采集标本，用于以后定名和订正。

(2) 数量特征。包括多度、密度、盖度(投影盖度、基部盖度)、频度、高度等。

3. 外貌调查

群落外貌集中体现在生活型的组成上。调查时需确定每种植物的生活类型，统计每一类生活型中的植物种类数目，按下列公式求出百分率：某一生活型的百分率＝群落中某一生活型植物的种数/群落中全部植物种数×100%。

将统计结果列成表，制作该群落的生活型谱。

4. 空间结构调查

垂直结构。参看“植物群落分层特征观察”。

水平结构。主要表现在植物种类在水平方向上分布不均匀。调查时在样方中发现小群落应进行记载，记录其植物种类、面积大小以及形成原因。

（三）植物群落特征分析

1. 乔木层的优势主要利用重要值来判定：

重要值＝相对密度＋相对盖度＋相对频度。

重要值最大的植物种类为乔木层的优势种，因而也是本群落的建群种。

2. 草本植物和灌木的优势种主要利用总优势度来确定，利用相对盖度（RC%）、相对高度（RH%）、相对密度（RD%）、相对频度（RF%）等作为基本参数，区分各个种的重要性。

3. 若调查数目过少无法计算重要值和总优势度，可用目测多度和盖度结合起来的方法，把植物优势程度分成以下等级：

(1) 5. 个体数任意，盖度大于75%；

(2) 4. 个体数任意，盖度50%～75%；

(3) 3. 个体数任意，盖度25%～50%；

(4) 2. 个体数很多，或个体不多而盖度5%～25%；

(5) 1. 个体数虽多而盖度小于5%，或个体数少而盖度大于5%；

(6) ＋. 个体数少，盖度也非常小；

(7) R. 个体数极少，盖度极小。

表6-3 样方调查表

调查人：＿＿＿＿＿＿＿＿ 调查日期：＿＿＿＿＿＿＿＿

样点号：＿＿＿＿＿＿＿＿ 样方面积：＿＿＿＿＿＿＿＿

调查地点：＿＿＿＿＿＿＿＿ 地形：＿＿＿＿＿＿＿＿

坡向：＿＿＿＿ 坡度：＿＿＿＿ 海拔：＿＿＿＿ 土壤：＿＿＿＿

群落名称：＿＿＿＿＿＿＿＿ 人及动物活动情况：＿＿＿＿＿＿

乔木： 优势种： 郁闭度：

种名	层次	胸径	高度	盖度	频度	倒木直径	物候期	蓄积	
								单株	样地

灌木层： 盖度： 分布情况：

种名	株树	高度		盖度	多度	密度	生活强度	分布情况	物候期
		平均	高度						

苗木或幼数：

种名	株树	多度	高度	盖度	频度	生活强度

资料来源：熊黑钢，陈西枚. 自然地理学野外实习指导——方法与实践能力.

三、植物群落演替方向及类型的判定

任何一个植物群落，由于立地条件的改变、植物繁殖体的散布、植物间直接或间接的作用、新的植物的侵入以及人类活动的影响等均可能使得群落处于不断演替中。判定群落演替的方法有多种，指标也多样，但在工作中最常用也最实用的是以下方法。即在调查植物群落时，除了特别注意群落建群种和优势种的生长情况，包括生长高度外，还应注意林下幼树幼苗更新情况是否与乔木层种类相吻合。若乔木层优势种的幼木生长良好，同时数量也占优势，则说明该群落是一个相当稳定的群落，再从生物气候带上检验是否为地带性植被，从而确定是否已达到了顶极群落。若立木更新情况与乔木层不相吻合，则首先要注意立木更新良好且占优势的种类，往往是这些种类将取代原有的乔木层优势种而演替为另一植被类型；如果群落的生境条件明显恶化，同时乔木层优势种生长不良，并且没有立木更新，则群落将发生逆向演替，向灌丛或草丛方向发展。不同植被、不同生态环境有不同的演替规律，但对于森林地区来说，乔木优势种生长情况的良好与否，有无立木更新以及立木更新的不同状况，是判别群落演替方向及其将演替植被类型的最关键指标，当然也要留意这些种类的生态习性是否与其现存的情形相协调，从而更有把握地加以判定。

四、植被填图

植被填图就是在一定比例尺的地形图上填入某一地区不同植被类型的分布情况，这种图可以为林业生产、植被区划以及有关的研究服务。

五、南京地区主要植物的识别

1. 老山主要植物识别（见表 6 - 4）

表 6 - 4　老山主要植物类型及其特征

植物	科	属	形态特征	用途
朴树	榆科	朴属	叶柄长约 1 厘米。花杂性同抹；雄花簇生于当年生枝下部叶腋；雌花单生于枝上部叶腋，核果近球形，红褐色。	多生于平原耐荫处。 药用价值：根、皮、嫩叶入药有消肿止痛、解毒治热的功效。 园林用途：朴树树冠圆满宽广，树荫浓郁，最适合公园、庭园作庭荫树。

续 表

植物	科	属	形态特征	用途
槐树	蝶形花科	槐属	落叶乔木，高 15～25 米，干粗 15～20 cm，其羽状复叶，叶有毛圆锥花序顶生；萼钟状，有 5 小齿；花冠乳白色。	为深根性喜阳光树种，适宜于湿润肥沃的土壤。 药用价值：花蕊可食用，做止血药。 园林用途：可作行道树，并为优良的蜜源植物。
枫香树	金缕梅科	枫香树属	乔木，高达 40 m，叶互生，轮廓宽卵形，边缘有锯齿。	枫香树在我国南方低山、丘陵地区。 园林用途：枫香具有较强的耐火性和对有毒气体的抗性，可用于厂矿区绿化。
黄连木	漆树科	黄连木属	雌雄异株落叶乔木，高达 30 m，胸径 2 m，通常为偶数羽状复叶，圆锥花序，雄花序淡绿色，雌花序紫红色。花期 3～4 月，先叶开放。	分布很广，北自黄河流域，南至两广及西南各省均有。 园林用途：多宜作庭荫树、行道树及山林风景树。 其他用途：黄连木材质优良耐腐性强，是名贵的雕刻、装饰及家具用材。
油桐	大戟科	油桐属	落叶乔木，高达 10 米；树皮灰色，近光滑；叶卵圆形，长 8～18 厘米。掌花雌雄同株，花萼长约 1 厘米，花期 3～4 月。	四川、贵州、湖南、湖北为我国生产桐油的四大省份，桐油是重要工业用油，制造油漆和涂料，经济价值特高。
枫杨树	胡桃科	枫杨属	乔木，高达 30 m，小枝有柔毛。叶偶数羽状复叶互生，稀为奇数，小叶对生，叶轴具翅。	分布在陕西、河南及江南广大地区。 药用价值：树皮可祛风止痛，杀虫。 园林用途：为河床两岸低洼湿地的良好绿化树种，也可以作为行道树。
梧桐	梧桐科	梧桐属	落叶乔木，高达 15 米；树皮绿色，平滑。叶宽达 30 厘米，上面近无毛，下面有星状短柔毛。	原产我国，自华南至河北栽培甚广。 药用价值：种子清热解毒；叶祛风除湿。 园林用途：该种为普通的行道树及庭园绿化观赏树。
杉树	松科	杉树属	常绿乔木；小枝对生。叶螺旋状着生，排成两列，雄球花聚生成头状，雌球花由数对交互对生。	分布于安徽南部、浙江、江西、甘肃、贵州等地。 药用价值：入药有润肺、止咳、消积之效。 其他用途：纹理顺直、耐腐防虫，广泛用于建筑、桥梁等方面。
马尾松	松科	松属	常绿乔木。针叶每束 2 根，细长而柔韧，边缘有细锯齿，雌雄同株，雄蕊螺旋状排列；雌花序球形，球果长圆状卵形，长 4～8 厘米，直径 2.5～5 厘米，成熟后栗褐色；种鳞的鳞片盾平或微肥厚，花期 4～5 月。	马尾松分布极广，遍布于华中华南各地。 药用价值：性味苦、温、无毒，能祛风湿。 园林用途：马尾松高大雄伟，适宜山涧、谷中、池畔、道旁配置和山地造林。 其他用途：马尾松也是中国主要产脂树种。

续　表

植物	科	属	形态特征	用途
榆	榆科	榆属	落叶乔木，高达 25 米。叶椭圆状卵形、长卵形、椭圆状披针形或卵状披针形。	榆树是良好的行道树、庭荫树、工厂绿化、营造防护林和四旁绿化树种，唯病虫害较多。榆树树干通直，树形高大，绿荫较浓，适应性强，生长快，是城市绿化的重要树种，栽作行道树、庭荫树、防护林及“四旁”绿化用无不合适。
鸡爪槭	槭树科	槭属	落叶小乔木；树皮深灰色；叶对生，近圆形，薄纸质；花紫色，花萼及花瓣都为 5；雄蕊 8。	广布于长江流域，北达山东，南至浙江。药用价值：性味辛、微苦，解毒消痈。园林用途：鸡爪槭叶形美观，入秋后转为鲜红色，色艳如花，灿烂如霞，为优良的观叶树种。
蔷薇	蔷薇科	蔷薇属	蔷薇为直立、攀缘或蔓生灌木。花常为白色、黄色、橙色、粉红色或红色，花瓣通常 5 枚，茎通常具多数形状大小不同的刺。羽状复叶，互生，小叶近卵形，具锐齿。	蔷薇主要原产于北半球温暖地区。药用价值：蔷薇可以药用，可清热解暑。园林用途：蔷薇花色优美，是非常好的观赏花木，适宜做成垂直绿化、艺术花篱。
大蓟	菊科	蓟属	多年生草本，高 0.5～1 m。根簇生，茎直立，倒披针形或倒卵状披针形，边缘齿状，齿端具针刺，茎生叶互生，头状花序顶生。	产于全国大部分地区。药用价值：大、小蓟均有清热解毒，消炎，止血作用。

2. 紫金山主要植物识别（见表 6－5）

表 6－5　紫金山主要植物类型及其特征

植物	科	属	形态特征	用途
栓皮栎	壳斗科	栎属	落叶乔木，树皮深灰色，纵深裂。木材坚硬，纹理直，结构粗。高达 25 米；木栓层发达，树皮深纵裂，黑灰色。	主要以栓皮为软木工业原料；种子可酿酒或作饲料。
白栎	壳斗科	栎属	落叶乔木，高达 20 米。	白栎枝叶繁茂，宜作庭荫树于草坪中孤植、丛植，或在山坡上成片种植，也可作为其他花灌木的背景树。木材具光泽。耐腐。常作地板用材。
麻栎	壳斗科	栎属	落叶乔木，高达 25 米；树皮暗灰色，浅纵裂。花期 4 月，果次年 10 月成熟。	可作庭荫树、行道树，可构成城市风景林，也是营造防风林、防火林、水源涵养林的乡土树种。
短柄枹栎	壳斗科	栎属	落叶乔木，高达 15～20 米，树皮暗灰褐色，不规则深纵裂。	软木地板。
南京椴	椴树科	椴树属	落叶乔木，高可达 15 米。	茎皮纤维可制人造棉，花含少量挥发油，黏液质，苷类等。

续 表

植物	科	属	形态特征	用途
黄檀	蝶形花科	黄檀属	黄檀乔木，高 10～17 米；树皮灰色。	木材坚韧、致密，可作各种负重力及拉力强的用具及器材；果实可以榨油。
海桐	海桐花科	海桐花属	常绿小乔木或灌木，高达 3 米。	为海岸防潮林、防风林及矿区绿化的重要树种，并宜作城市隔噪声和防火林带的下木。
乌桕	大戟科	乌桕属	乔木，高可达 15 米许；树皮暗灰色，有纵裂纹；枝广展，具皮孔。	杀虫，解毒，利尿，通便。
柘	桑科	柘属	落叶灌木或小乔木，高达 8 米，树皮淡灰色，成不规则的薄片状剥落。	茎皮是很好的造纸原料；根皮入药，止咳化痰，祛风利湿，散淤止痛。
樟	樟科	樟属	叶互生、对生、近对生或轮生，革质，有时为膜质或纸质。	本科经济植物繁多，用途很广。
枸骨木	山茱萸科	梾木属	光皮树高 8～10 米，树干光滑看似几乎无皮，小枝初被紧贴疏柔毛，淡绿褐色。	植树造林的优良品种，在园林上可用作庭荫树、行道树，孤植或丛植均能自然成景。
小叶青冈	壳斗科	青冈属	常绿乔木，高达 20 米。	木材富弹性，不易开裂，优良木材。
石楠	蔷薇科	石楠属	石楠常绿灌木或小乔木，高 4～6 m，有时可达 12 m。小枝褐灰色，无毛。叶互生；叶柄粗壮，长 2～4 cm，老时无毛；叶片革质，长椭圆形、长倒卵形或倒卵状椭圆形。	树冠圆整，叶片光绿，初春嫩叶紫红，春末白花点点，秋日红果累累，极富观赏价值，是著名的庭院绿化树种，抗烟尘和有毒气体，且具隔音功能。
油茶	山茶科	山茶属	油茶树高达 4～6 米。树皮淡褐色，光滑。	种子供食用及润发、调药，可制蜡烛和肥皂，也可作机油的代用品。
马尾松	松科	松属	高可达 45 米，胸径 1.5 米；树皮红褐色，枝平展或斜展，树冠宽塔形或伞形。	树干可割取松脂，为医药、化工原料。根部树脂含量丰富；树干及根部可培养茯苓、蕈类，供中药及食用，树皮可提取栲胶。
枫香树	金缕梅科	枫香树属	落叶乔木，高达 30 米，胸径最大可达 1 米，树皮灰褐色，方块状剥落；小枝干后灰色，被柔毛，略有皮孔。	木材稍坚硬，可制家具及贵重商品的装箱。树脂供药用，能解毒止痛，止血生肌；根、叶及果实亦入药。

思考题

1. 分别叙述南京紫金山和南京老山主要的植被类型、分布，以及影响植被分布的因素。

2. 叙述植被类型与地形地貌的关系。

3. 南京地区植被类型的主要代表种有哪些？

4. 什么叫植被的演替？

5. 野外采集植物标本通常要注意哪些事项？

6. 如何进行植物的样方调查？

7. 在植被填图中应该注意哪些问题？

8. 简述地区植被特点与园林植物配置的关系。

第七章　水文与水资源野外实习

第一节　实习目的和要求

一、实习目的

水文与水资源实习的主要目的是通过野外调查和观测，了解和掌握：

1. 通过实习，使学生了解水文测验的一般方法和过程。要求学生在南京地区自然地理实习中，根据实际情况，测量指定断面的流速，并计算所测断面的流量。

2. 通过对南京地区水体水质的监测分析，使学生了解水环境监测及分析的一般内容和方法，了解南京地区的地表水质状况，加深对南京地区的水资源状况的了解。

3. 掌握南京市水系的变迁。

4. 了解港口的变迁与河流水环境变迁之间的关系。

二、实习要求

1. 掌握流速仪测流速的原理。

2. 掌握水质分析的方法。

第二节　实习步骤

一、准备工作

1. 准备好水文与水资源实习所需的背景资料。

2. 实习区地形图、交通图、水系图、流速仪、便携式水质测定仪等。

二、野外工作

1. 实地调研，选择流速测量断面，进行河流断面流速、水质基本情况的测量。

2. 结合地形图、交通图、水系图、野外地形地貌的观察及地形地貌演化史的讲解，分析实习区水系的变迁。

三、室内整理

整理实习资料与数据，完成实习报告。

第三节　南京地区水资源与水环境概况

一、水资源与水环境特点

1. 本地水资源欠丰，过境水资源丰富

南京市本地区的水资源不够丰富，年平均水资源总量只有 25.6 亿 m^3，其中地表水资源 18.6 亿 m^3，地下水资源 7 亿 m^3。人均占有量 480 m^3，仅为全国的四分之一。产水系数(水资源总量占江水总量百分比)0.393，产水模数(水资源总量与区域面积之比)40.45 万m^3/km^2。但是，从南京市过境的水资源比较丰富，年平均水资源总量可达 9 222 亿 m^3，是南京市本地区水资源总量的 360 倍。2015 年过境水资源量为 9 206 亿 m^3，其中长江的过境水资源量为 9 110 亿 m^3，水阳江过境水资源量为 74.23 亿 m^3，滁河过境水资源量为 21.32 亿 m^3。

2. 水资源时空变化较大，水旱灾害频发

由于南京地处季风气候区，降水年内分配不均，年际变化较大。夏、秋季由降雨产生的水资源总量占全年水资源总量的 70%，冬、春季只占 30%，而丰水、枯水年份水资源差异更大，导致南京水旱灾害频发。各区(县)年均降水量也有一定差异(见表 7－1)。

表 7－1　南京市各区(县)年平均降水量　　单位：mm

	主城区	江宁区	浦口区	六合区	高淳区	溧水区
2011 年	1 126.4	1 066.8	1 021.3	1 167.5	1 124.5	1 030.9
2012 年	1 209.6	963.3	1 024.9	842.9	1 384.3	1 094.3
2013 年	992.2	918.3	995.9	891.3	988.2	967.2
2014 年	1 089.2	1 197	1 178.4	1 170.1	1 282	1 394.2
2015 年	1 535.8	1 594.3	1 508.1	1 300.4	1 425.8	1 356.7
多年均值	1 061.3	1 062.1	1 066.1	1 023.8	1 174.8	1 114.3

资料来源：南京市水利局. 南京市 2015 年水资源公报。

3. 用水量大，效率有待提高

随着经济社会的发展，南京用水量逐年递增(见表 7－2)。农业灌溉用水和火电、石油与化工、钢铁等高耗水行业占据主导地位，市区用水量巨大。虽然单位 GDP 用水量在逐年下降，表明南京的节水工作及用水效率取得一定成效，但人均每天用水约 700 m^3，比全国平均水平高 50%。农业灌溉水综合利用系数为 0.61，节水灌溉控制面积约占有效灌溉面积的 17.6%；工业用水重复利用率为 48%；城乡居民生活用水量远高于全国平均水平，城市供水管网漏损率大于 16%。因此仍需不断努力开展节水工作。

表 7-2 南京市用水量变化

时间	2011 年	2012 年	2013 年	2014 年	2015 年
新水量/万 m^3	466 426	438 541	421 107	421 358	402 427
GDP(亿元)	6 140	7 300	8 011.78	8 800	9 720.77
单位 GDP 用水量(m^3/万元)	76	60.1	52.6	47.9	41.4

注：新水量：用户从供水系统中获得的被第一次使用的水量。

资料来源：南京市水利局.南京市 2015 年水资源公报。

4. 水质状况堪忧

据近年来观测，南京绝大多数河流湖泊水质为Ⅲ类及以下，其中劣Ⅴ类占 40%左右，并且水质有总体下降的趋势(见表 7-3)。主要超标指标包括氨氮、高锰酸盐指数、COD、总磷、溶解氧等。深层地下水有 40%左右水质较差。

表 7-3 南京市河流水质状况

年份	Ⅱ	Ⅲ	Ⅳ	Ⅴ	劣于Ⅴ
2014	24.1%	20.0%	24.2%	8.3%	23.4%
2015	21.4%	25.3%	6.5%	13.7%	33.1%

资料来源：南京市水利局.南京市 2015 年水资源公报。

二、地表水资源分布

地表水资源量是指河流、湖泊等地表水体中由当地降水形成的，可以逐年更新的动态水量，即天然河川径流量。

南京多年来平均地表水资源约 18.6 亿 m^3，地面径流分属“两江”(长江、青弋江—水阳江)、“两湖”(固城湖、石臼湖)、“两河”(秦淮河、滁河)，可划分为长江南京段、秦淮河、滁河、青弋江—水阳江四大水系。此外还有一些规模较小的水系，如玄武湖—金川河水系、七乡河—九乡河水系等。

长江自江宁区铜井镇南和尚港流入南京市境，经大胜关、上新河、三岔河，自东北流去，在上元门转向东，经新生圩、栖霞山，从江宁区营防镇东大道河口流向镇江、扬州，河道长约 93 km。古代的长江，江面宽阔，波涛汹涌，南岸位于今石头城一带，后逐渐淤积形成今天的河西地区。现在的长江河床冲淤频繁，不仅交叉分布着浅滩和深槽，还形成了新济洲、梅子洲(江心洲)和八卦洲等沙洲。自古以来，长江就是南京城的自然天险，也是最主要的水上通道。现在不仅是南京市重要的水源地，也是航运要道和旅游胜地。

秦淮河是南京除长江以外最大的河流，被视为南京的母亲河，全长约 110 km，流域面积 2 630 km^2。

滁河系长江下游一级支流，发源于安徽省肥东县梁园丘陵山区，沿途流经安徽省合肥、巢湖、滁州市和江苏省南京市，干流于六合大河口汇入长江。全长 224 km，其中安徽境内 178.5 km，江苏境内 45.5 km。滁河的一个显著特点是左岸汇流、右岸分洪，左岸汇入小马厂河、大马厂河等八条支流，右岸则通过驷马山引江水道、朱家山河、马汊河、划子口河等分洪。

青弋江源出安徽黔县，于芜湖市西南郊注入长江。水阳江源出安徽旌德、绩溪两县交界的柏罗源（海拔 1 009 m）南麓和绩溪县山云岭（海拔 1 348 m）的西麓，在当涂太平口入长江。青弋江和水阳江相通。南京南部固城湖、石臼湖及其支流位于青弋江—水阳江流域中下游水网区，水系十分复杂。

玄武湖—金川河水系位于南京城北。玄武湖水系汇水面积 33 km^2，出水口主要是神策门附近的护城河。金川河主流自大树根闸起，于南堡公园附近的宝塔桥注入长江；中支发源于五台山北侧，于倒桥汇入主流；东支自鼓楼二条巷，于国电南自汇入主流；西支源自古平岗，至萨家湾汇入主流。金川河沿线人口密集，多大型住宅小区，河水污染严重。2008 年金川河四个监测断面水质均未达到规划功能地表水Ⅴ类水质标准，主要污染物氨氮和生化需氧量分别超标 5.3 倍和 1.1 倍。

七乡河源自汤山与句容交界的安基山，因其旧时流经汤山、骆墅、孟塘、孟北、龙泉、东阳、三阳 7 乡而得名。全长 18 km，流域面积 108 km^2。随着仙林开发不断东进以及句容宝华新城的建设，七乡河沿岸原有农业用地逐步转化成建设用地，建设文化、科技、游乐等主题公园和七乡河滨江公园。

九乡河源自江宁汤山街道锁石社区青龙山，经仙林大学城，于栖霞山西北侧石埠桥汇入长江。也因其旧时流经锁石、东流、西流、其林（麒麟）、仙林、长林、衡阳、栖霞、石埠 9 乡而得名。全长 23 km，流域面积 145 km^2。随着仙林大学城的建设，九乡河成为一条重要的生态廊道，沿岸将建设旅游休闲绿地和大型主题公园，并将仙林大道南侧约 1 km 的水域扩建成湖。

三、地下水资源分布

地下水资源量是指由降水和地表水体入渗补给地下含水层的动态水量。山丘区地下水资源量一般采用排泄量法计算，包括河川基流量、山前侧向流出量、山前泉水溢涌水量、河谷地带潜水蒸发量和地下水开采净消耗量；平原区地下水资源量采用补给量法计算，包括降水入渗补给、地表水体入渗补给和山前侧向流入量。在确定某区域地下水资源量时，需扣除山丘区和平原区之间的重复计算量。

南京市的地下水有孔隙水、岩溶水及裂隙水三类。孔隙水分布于长江及秦淮河、滁河的古河道区，含水顶板埋深 1～6 m，含水层厚度 6～30 m，埋深 1～2 m，水量丰富。长江古河道区单井涌水量 1 000～5 000 m^3/d，秦淮河古河道为 100～300 m^3/d，局部地段可达 500 m^3/d。水质较好，多属重碳酸盐水或重碳酸氯化物水，大部分地区矿化度小于 1 g/L，但局部地段水中铁与砷离子含量较高。裂隙水主要分布于市区丘岗及紫金山一带，富水性受断裂构造控制，在构造破碎带中，单井涌水量可达 500～1 000 m^3/d，水质良好，多为重碳酸钙水或重碳酸钙、钠水，矿化度小于1 g/L。岩溶水主要分布于东郊仙鹤门—龙潭及幕府山、老山一带，市区模范马路至火车站一带部分分布，多属隐伏型，上覆松散层的厚度一般为30～100 m，但在仙鹤门及栖霞山有较大面积的裸露，含水层厚度为200～350 m，承压水位埋深6～12 m，单井涌水量一般为1 000～5 000 m^3/d，地下水水质多属重碳酸盐或重碳酸盐硫酸盐型水，矿化度小于1 g/L（见表7-4）。

表7-4　南京市地下水富水区(段)及水质特征

名称	位置	地下水资源	水质	矿化度/(g/L)	可开采量/(m^3/年)	备注
漫滩长江	长江沿岸	孔隙水	HCO_3- CaMg	0.50～0.60	2.469	局部地区铁砷含量较高
仙鹤门	仙鹤门—东阳	溶洞-裂隙水	HCO_3- Ca或HCO_3- CaMg	0.50～0.70	0.130	局部地区SO_4^{2-}含量较高
大连山	大连山—青龙山	溶洞、孔洞裂隙水	HCO_3- CaMg	0.50～0.90	0.73	
老山	江浦老山	溶洞-裂隙水	HCO_3- Ca	0.50～0.60	0.100	
中山陵	北极阁—中山陵	孔隙-裂隙水	HCO_3- NaCa	0.30～0.50	0.035	有较多优质饮用天然矿泉水
六合	六合西北部	孔洞-裂隙水	HCO_3- Ca	<0.30	0.200	

资料来源：雷安渝，卢无疆，吴士良. 南京地区深层地下水开发利用和保护[J]. 水利水电科技进展，1995(3).

四、南京市主城区水系变迁

(一) 3000a前的古秦淮河在今南京城北汇入长江

约18 000a以前的末次冰期鼎盛时期，世界海平面要比现在低120 m，受其影响，古长江干流和古秦淮河均普遍深切，并形成深槽。南京附近古长江深槽估计达到－55 m左右。那时期的秦淮河，在今中华门和通济门之间往南流入今南京主城区，在北极阁和九华山之间流入今玄武湖所在地，后又折向西在狮子山北注入长江，它是一条穿越重重丘陵、多弯曲的河流，在岩丘间槽深达40 m左右。直到大约3 000多年以前，由于海平面上升及南京附近长江水位的上升，导致这条古秦淮河因出水不畅而渐趋淤塞。南京714厂附近古秦淮河河道中深20 m处的泥炭经^{14}C测年年龄为8 800±300 a. BP.，深12 m左右的泥炭，为6 190±260 a. BP.；南京教练场深10 m左右的泥炭，为3 310±120 a. BP.。

(二) 秦汉时代的老秦淮河改在城南入江

东周元王四年(公元前472年)，越国在中华门外筑城，北控秦淮河口，西临长江，南倚雨花台；公元前210年，秦始皇东巡，途经金陵邑，下令在今方山、石跪山一带切岭，导古秦淮河入江。也就是说在2000多年以前，古秦淮河可能在九华山附近已经淤塞，改为在雨花台附近入江，老秦淮河口泥沙淤积形成白鹭滩；而今玄武湖、古燕雀湖(前湖、琵琶湖)等均位于紫金山南麓沟谷中，并没有成为湖，南朝时曾在该地挖掘出王莽时期大司徒甄邯的墓葬。

三国时期(212年),孙权于南京筑石头城,又沿秦淮河口筑长堤,名横塘;229年,孙权自武昌(现湖北鄂州市)迁都建业,其都城位于覆舟山、鸡笼山之南,正门在今羊皮巷以南,距离秦淮河五里。孙权在建业城广修水利,《东南利便书》称"古城向北,秦淮既远,其漕运必资舟楫,然壕堑必须水灌注,故孙权时引秦淮名运渎,以入仓城。开潮沟以引江水,又开渎以引后湖(今玄武湖),又凿东渠名青溪,皆入城中,由城北堑而入后湖,此其大略也"。潮沟所引江水为古金川河上的江潮;运渎已引后湖之水,南京市主城区的运渎、潮沟和东渠等,主要功能为漕运和居民生活用水。

(三) 东晋—南北朝时期分出南河北湖水系

319年,东晋时期沿玄武湖南岸修筑长堤,东自覆舟山,西至宣武城六里余,以壅北山之水,训练水军。南朝时期,该湖主要用作训练水军和皇玄武家园林;445年,疏浚秦淮河;448年,玄武湖出现黑龙,"黑龙"可能为扬子鳄,说明那时的玄武湖已壅塞成湖,但当时的金川河相当开阔,畅通大江。

(四) 六朝时期出现了"内、外"秦淮河分流

六朝时期的老秦淮河本在建康城南,五代杨吴建造金陵城,都城南移,把老秦淮河下游包入城中,成为今天的内秦淮河。又在城周开濠25里,史称"杨吴城濠"。城南外原有一条小河,叫"落马涧",经挖深,复引老秦淮河之水而成"城濠",便是后来的外秦淮河。

(五) 宋朝—元朝出现了人为的浅水湿地

北宋时期的玄武湖周长40余里,湖面200多公顷。1075年,王安石废玄武湖成农田。南宋时期(1165年),开西园河道栅寨门(今铁窗棂),使被堵青溪得入老秦淮河,今内秦淮河中段即为疏浚的青溪下游。因青溪上游出水不畅,又成为宽浅的湿地,史称古燕雀湖。在元朝(1301—1342年)两次疏浚十字河,但玄武湖始终为废湖状态,直至1343年,才清淤为湖。据南京地方志记载,在那270年废湖期间,该地曾发生过两次大洪水。

(六) 明清分出城里城外多个孤立的河湖水系

1358年,朱元璋在今龙江等处屯田,即今石头城下的古长江岸边。1366年,朱元璋将古燕雀湖大部分填平作为建造皇宫的路基,其残留部分隔在城墙外即今前湖与琵琶湖。南京东城墙阻断了青溪,成为今城墙外的月牙湖;城南与城西以外秦淮河作为护城河;城北将金川河包入城中,又导致玄武湖出水不畅而水位涌高。进香河,六朝时为潮沟的一段;宋代湮没,明初又开挖疏浚,清末至民国又日益淤塞;中华人民共和国成立后,又改为排水暗道。

(七) 20世纪50年代以来主城区水系更趋复杂

20世纪50—60年代,在外秦淮河以西建河西区围堤,使河西区成为独立的水系,1978年,为秦淮河分洪,在江宁开凿了秦淮新河,原秦淮河下段到武定门闸前成为"牛轭湖"。90年代后期,玄武湖周围截污,十里长河又被隔成不流入玄武湖的小河。

南京城区最终形成互相分隔的7河4湖水系,即外秦淮河、北护城河、西护城河、秦淮河(水系)、金川河、河西新城区沟渠体系、南十里长沟以及玄武湖、莫愁湖、月牙湖、南湖等。

第四节　淮河概况及治理

一、河流概况

淮河流域地处中国东部，介于长江和黄河两流域之间，位于东经 112°～121°，北纬 31°～36°，流域面积 27 万 km^2（见图 7－1）。流域西起桐柏山、伏牛山，东临黄海，南以大别山、江淮丘陵、通扬运河及如泰运河南堤与长江分界，北以黄河南堤和沂蒙山与黄河流域毗邻。流域地跨河南、安徽、江苏、山东及湖北 5 省，由于历史上黄河曾夺淮入海，导致现在的淮河分为淮河水系及沂沭泗水系，废黄河以南为淮河水系，以北为沂沭泗水系。整个淮河流域多年平均径流量为 621 亿 m^3，其中淮河水系 453 亿 m^3，沂沭泗水系 168 亿 m^3。淮河干流发源于河南省桐柏山，全长 1 000 km，总落差 196 m，平均比降 0.2‰。

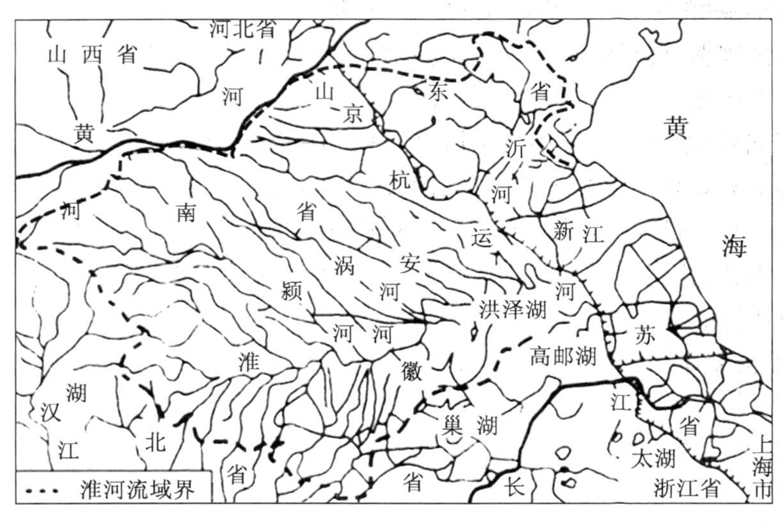

图 7－1　淮河示意图

（图片来源：image. baidu. com）

二、气候特征

淮河流域地处我国南北气候过渡带，属暖温带半湿润季风气候区。其特点是：冬春干旱少雨，夏秋闷热多雨，冷暖和旱涝转变急剧。年平均气温在 11～16 ℃，由北向南，由沿海向内陆递增，最高月平均气温在 25 ℃左右，出现在 7 月份；最低月平均气温在 0 ℃，出现在 1 月份；极端最高气温可达 40 ℃以上，极端最低气温可达－20 ℃。

淮河流域多年平均降雨量 911 mm，总的趋势是南部大、北部小、山区大、平原小、沿海大、内陆小。淮南大别山区淠河上游年降雨量最大，可达 1 500 mm 以上；而西北部与黄河相邻地区则不到 680 mm。东北部沂蒙山区虽处于本流域最北处，由于地形及邻海缘故，年降雨量可达 850～900 mm。流域内 5 月 15 日—9 月 30 日为汛期，平均降雨量达 578 mm，占全部年降雨量的 63%。降雨量年际变化大，1954、1956 年分别为 1 185 mm 和 1 181 mm，1966、1978 年仅为 578 mm 和 600 mm。

三、水文与水资源

淮河流域多年平均年径流深约 231 mm，其中淮河水系为 238 mm，沂沭泗水系为 215 mm。径流的年内分配也很不均匀，主要集中在汛期。淮河干流各控制站汛期实测来水量占全年的 60%左右，沂沭泗水系各支流汛期水量所占比重更大，约为全年的 70%～80%。

淮河流域暴雨洪水汛期集中在 6—9 月，6 月主要发生淮南山区；7 月全流域均可发生；8 月则较多出现在西部伏牛山区、东北部沂蒙山区，同时受台风影响东部沿海地区常出现台风暴雨。9 月份流域内暴雨减少。一般 6 月中旬至 7 月上旬淮河南部进入梅雨季节，梅雨期一般为 15～20 天，长的可达一个半月。

淮河洪水按影响范围可分全流域性洪水和区域性洪水。全流域性洪水是由于梅雨期长，大范围连续暴雨所造成的。区域性洪水由局部河段或支流暴雨所造成。历史上 1593 年、1612 年、1632 年、1730 年、1848 年、1850 年、1898 年、1921 年、1931 年曾发生过大洪水。

淮河流域年平均地表水资源为 621 亿 m^3，浅层地下水资源为 374 亿 m^3，扣除两者相互补给的重复部分，水资源总量为 854 亿 m^3，人均占有量为 450m^3。目前，淮河流域各项水源工程的年供水能力约 450 亿 m^3，在保证率为 50%的平水年份缺水 11 亿 m^3，保证率为 75%的中等干旱年份缺水 41 亿 m^3，保证率为 95%的特枯年份缺水 116 亿 m^3。淮河流域地表水地区分布总的趋势是南部大、北部小，同纬度地区山区大、平原小，平原地区则是沿海大、内陆小。

淮河流域全流域水能蕴藏量 151 万 kW，可开发的装机约 90 万 kW，目前已开发近 30 万 kW。主要分布在上游各支流，由于集水面积有限，径流小，电站装机容量大部在 1 万 kW 以下。

四、淮河文化

在很古很古的时候，中国从西向东有三条江河。北方的一条水是黄色的，炎黄二帝又出生在那里，人们就称它为黄河。南方的一条，水系很长很长，而且水流得很快，人们就叫它为长江。中间的一条按照方位人们叫它中河。由于这条河富饶秀美、气候宜人，“走千走万不如淮河两岸”，引得古人类纷纷来此集居。随着时光的推移，人们开始觉得以中河为名只能反映它的位置，而不能反映它的自然形美，于是黄帝的史官仓颉就依据古淮河比长江、黄河都短，而且淮水美如“鸟之短尾”的意境，用象形字“水”与“隹”（zhuī，短尾鸟名）合并，创造了“淮”字，并将中河之名改为淮河。

淮河，是我国一条古老而又独具地域特色的河流，与长江、黄河、济水齐名于世，并称“四渎”。淮河流域，不仅是我国闻名的战略要地之一，而且是苏、鲁、豫、皖人民赖以生存和发展的基础，是中华民族5000年文明史的主要发源地之一，它以深厚的文化底蕴，悲壮的历史沉积将我们带入了博大的淮河文化空间。

由于淮河是我国东部的南北分界线，淮河流域位于黄河与长江之间的过渡地带。所以，淮河文化便在这个特定的自然环境中形成了独具特色的区域文化。

淮河流域是中华文明的发祥地之一。根据考古发现，早在旧石器时代，淮河流域就有人类活动。目前已经发现的远古时代的文化遗址，就达100多处。如：位于沂河上游的沂源1号遗址；位于淮河中游的盱眙县下草湾遗址；位于淮河下游的苏北连云港桃花涧遗址和淮安青莲岗文化遗址。新石器时期，淮河流域人类活动更为活跃，现已发现散落在淮河流域各地的仰韶、龙山、青莲岗、大汶口文化遗址100多处。其中1977年、1978年在河南新郑县发掘的裴李岗遗址，从出土的文物证明，淮河流域在数千年以前已经有了农业和畜牧业。陶器的广泛使用和图形文字的出现，说明淮河流域的人类当时已经脱离了野蛮时代的低级阶段。古老淮河很早以前就已成为淮河流域人们赖以生存的水源。从漫长的文化史分析，淮河文化源于长江流域的楚文化，兴盛于淮河流域的宋、明文化，并与中原文化汇合，才使中国进入炎黄同尊、龙凤呈祥的时代。我国的孔孟儒家学说，墨家学派，韩非、李斯的法家学派，都是在淮河流域创立的。

淮河流域人民为中国古代史写下了光辉的篇章。早在4000多年前，夏王朝就在颍河上游的登封建都，这标志着中华民族文明史的开端。继夏而起的商朝，也首先在河南商丘一带艰苦创业。夏商王朝的兴起，创造出代表世界东方的灿烂文化，堪与埃及、巴比伦和印度的古文明相媲美，被称为世界四大文明之源。

早在3000多年前的商朝甲骨文中，已经出现了“淮”字的记载，稍后2900多年前的西周钟鼎文中也有“淮”的字样。我国的第一部诗歌总集《诗经》，记有“鼓钟将将，淮水汤汤”的诗句。战国时期的地理著作《禹贡》云：“导淮自桐柏，东会泗、沂，东入于海”，并对淮河作了更为详细的记载。

淮河地处中原，自古以来便是兵家必争之地，特别是由于邗沟、鸿沟、汴渠和京杭运河的先后开凿，这里成为经济命脉地带。商周时期，位于淮河下游的淮夷方国成为商周统治者的劲敌，迫使他们屡次派兵征伐，招致商王朝的覆灭和周王朝的衰败。春秋战国时期，淮河流域又成为大国争霸和角逐的重要地区，出现了号称“天下之中”的商业都市陶（山东定陶），还有陈（河南淮阳）、寿春（安徽寿县）、睢阳（河南商丘）、彭城（江苏徐州）和鲁城（山东曲阜）等大都会。秦汉时期，汉高祖刘邦起兵反秦，襄助刘邦夺取天下的文臣武将也多出生于淮河流域。彭城（徐州）是西楚霸王项羽的统治中心，楚汉决战于垓下（安徽固镇），项羽兵败，自刎于乌江（安徽和县北）。东汉末年，魏、蜀、吴三国鼎立，曹操就诞生在淮河支流涡河旁的沛国谯（安徽亳州）。北宋王朝建都汴梁（开封），号称东京。到了南宋，宋金对峙便是以淮河为界。元末，一代帝王朱元璋出生于盱眙，从戎于凤阳。

朱元璋曾在一首诗中写道：“年年杀气未曾收，淮南淮北草木秋。”这就足以想象出淮河流域频繁发生的战争及其给人民加重的负担。人祸加上天灾的袭击，导致了诸多著名的农民起义，秦末大泽乡起义、西汉赤眉起义、唐末黄巢起义、北宋梁山起义、元末红巾起义、清末捻军起义。可以说，中国历史上的重要农民起义大多发起于淮河流域。

五、治理开发

淮河水利历史悠久，早在公元前600年以前，在支流淠河和东淝河之间洼地周围，圈堤蓄水，即著名的古代水利工程芍陂。经历代维修扩建，堤周长在100里至300里之间变化。公元前486年，挖通了邗沟，开通了淮河和长江之间的航运。公元前482年，又开通了鸿沟，由淮河支流泗水，经古济水到达黄河。公元605年，又修建了通济渠，从黄河引水在泗州入淮水。这些古运河对南北交通起了重要作用。

黄河侵淮夺淮后，淮河水患频繁。明代潘季驯主持治水，在洪泽湖周边筑堤，蓄纳淮河来水，企图“蓄清刷黄”(用淮河水刷深黄河入海河段)维持漕运，但未达到预期效果。后来，杨一魁主持治水时，把淮河洪水分入运河，并由芒稻河入长江，是为导淮入江的开始。20世纪初也进行了各种导淮方案的研究，其中包括把淮河水全部导入长江和部分入江、部分入海以及全部入海的方案。

1949年后，淮河的治理开发进入一个崭新的时期，成立了流域管理机构，进行了流域规划，并全面对河流进行了治理开发。

淮河治理开发的目标是以防洪为主，兼顾除涝、发电、灌溉、航运、水产、水土保持等方面的综合利用。淮河流域规划中逐步提出和明确了治理开发的骨干工程(见图7-2)。

图7-2　淮河临淮岗洪水控制工程

(图片来源:image. baidu. com)

第五节　长江三角洲概况

一、长江三角洲概况

长江是中国最长的河流，全长 6 300 余 km，流域面积 180 万 km^2，年均径流量 9 600 亿 m^3，含沙量 0.525 kg/m^3，年输沙量 4.68 亿 t。长江出南京而下，逐渐摆脱山体约束，挟持的泥沙经效能作用，沉积下来，形成三角洲。长江三角洲的泥沙主要来自长江，现有的长江口研究表明：长江来沙 10%左右淤积在大通至徐六径河道，6.3%淤积在北支，31%淤积在口门以外的水下三角洲，40%淤积在杭州湾及其近海；其余的泥沙占 11%左右，主要沉积在浙、闽沿海近岸水域，极少量扩散至深海。长江口为中等强度的潮汐河口，口门附近（中浚站）多年平均潮差 2.6 m。长江三角洲区域位置如图 7－3 所示。

图 7－3　长江三角洲区域位置图

（图片来源：image.baidu.com）

世界上的河口尽管形态上千差万别，但大都可以区分为两大类，即三角江和三角洲。前者是由于潮流作用过于强烈，陆域和海域泥沙都难以在河口地区沉积，因而被塑造成在入海河口地区没有明显泥沙沉积体的三角江，钱塘江就是一个非常典型的三角江，在这里并没有非常明显和巨大的泥沙沉积体系。长江入海口地区潮汐作用中等强度，和河流作用强度相当，泥沙在该地沉积并受到海洋作用后在空间上进行重新分配，大量泥沙在此沉积，因而形成了巨大的泥沙沉积体系，由此，可见长江三角洲属于典型的径流—潮汐型三角洲。

二、长江三角洲自然地理特征

1. 气候特征

长江三角洲地处中纬度地带，自然环境优越，光、热、水均较充足，气候属于北亚热带季风气候。本区热量也较丰富，年平均温度为14～17 ℃左右，一月平均气温为2～3.5 ℃，七月为16～18 ℃，≥10 ℃的年积温达4 500～5 300 ℃，全年无霜期220～250天左右。长江三角洲年降水1 000～1 400 mm左右，降水主要集中在5—9月，春夏季节占全年降水的60%～70%，该时期经常受到梅雨、台风、暴雨和风暴潮的影响，是全年洪涝灾害的多发期。本区热量充裕，雨水丰沛，生长期较长，而且雨热同期，适宜多种农作物生长，对粮食生产和多种经济作物的种植十分有利。

2. 地形地貌特征

长江三角洲地形西高东低，平原为主，依次由低山丘陵、水网平原过渡到浅海地区，其东部广阔的水网平原平均海拔大多在2～5 m。南部、西部有一些山体不大的山地和丘陵，如天目山和莫干山、宁镇山地和宜溧山地等。长江三角洲地区属新构造运动沉降区，现代地壳运动除杭州湾北岸相对稳定外，大部分地区为继承性沉降，下降量由内陆向海增大。研究区内水网密布，湖荡众多，江、河、湖、塘纵横，除有水域面积达2 425 km^2的太湖以外，还有澄阳湖、滆湖等大小湖泊200多个，构成了我国著名的水乡景观。

3. 土壤特征

长江三角洲地区的土壤多为黄棕壤，大都经人类长期利用改良，耕层深厚，大部分属于结构性好、养分含量丰富的高产土壤。植被类型为常绿阔叶与落叶阔叶混交林，具有北亚热带与中亚热带过渡的自然特征。

三、长江三角洲的演变形成

长江三角洲的发育模式代表着中亚热带湿润气候少沙径流—潮汐型三角洲发育模式，它具有典型的径流—潮流型三角洲的沉积特征，三角洲始于距今7 500～7 000年，距今7 000年以来的海平面上升速率趋于缓慢。玉木冰期晚期，现今的长江河口和大陆架均出露成陆，古长江在大陆架外缘入海。距今15 000年，海面上升，海水逐渐向大陆架上部侵入；距今12 000～10 000年，海水沿谷地侵入；距今6 000年，长江入海口在扬州、镇江附近。随着海面的稳定和人类活动的增强，长江流域水土流失加剧，入海河口不断外移，并以南岸边滩推展、北岸沙岛并岸的形势使河口不断束窄，逐渐形成现今长江河口三级分汊四口入海的态势。据相关研究，自全新世冰后期最大海侵以来，长江三角洲经历了六个亚期，每一亚期经历约1 200年～1 500年左右，分别形成了相应的亚三角洲沉积，自老至新为红桥期、黄桥期、金沙期、海门期、崇明期、长兴期(作为第七亚期标志的九段沙刚露出水面)。

四、长江三角洲港口分布情况

1. 港口分布

长江三角洲濒江临海，河网如织，水运发达，水运事业有着悠久的历史。特别是改革开放以来，长江三角洲港口成群。现有特大型和大中型港口包括上海港、宁波港、舟山港、南京港、镇江港、扬州港、江阴港、张家港港、南通港，还有一批小型港口。

2. 典型老港——镇江老港的形成与发展

镇江是个历史悠久的长江下游港口城市。镇江港位于江苏省境内长江南岸，地处长江与京杭大运河的交汇点，沪宁铁路横贯东西，公路交织，航路四达，是江苏中部重要的水陆交通枢纽。镇江港由镇江大港、高资港和镇江老港三个港区所组成。镇江老港在市区，是主要为镇江市以及江苏部分县市及长江中下游有关省市服务的区域性的货物集散港口，具有水水联运、铁水联运、水陆互转的有利条件。由于水文条件的改变和不合理的整治，镇江港老港区目前已经废弃。

镇扬河段上起大河口，下至五峰山，全长 67 km。本河段河槽宽窄相间，分汊与弯道兼备，整个河势呈大“S”形三个连续河弯，由世业洲汊道、六圩弯道和畅洲汊道所组成。近百年来镇扬河段演变特点是：河段平面变化范围广，冲淤强度大，上游影响下游，形成连锁反应。世业洲汊道的下移引起六圩弯道的大幅度左移，从而使镇江港由凹岸变为凸岸。

一百多年前，世业洲汊道龙门口一带发生剧烈崩岸，引导长江主泓顶冲瓜洲城。1895年，瓜洲城全部沦于大江，长江主泓顶冲瓜洲，造成下游六圩弯道的形成和发展，这是导致镇江港大量淤积的起因。

从 1865 年、1920 年和 1931 年实测的镇扬河段平面图上可以看出，六圩均是凸岸，镇江港处于凹岸位置，港前为长江主泓，是天然良港。近 50 年来瓜洲顶冲点不断下移，河弯增长，六圩弯道形成，征润洲边滩随之急剧扩展下移，封堵镇江港，良港变成全靠挖泥疏浚的挖入式港池。镇江老港现状影像如图 7-4 所示。

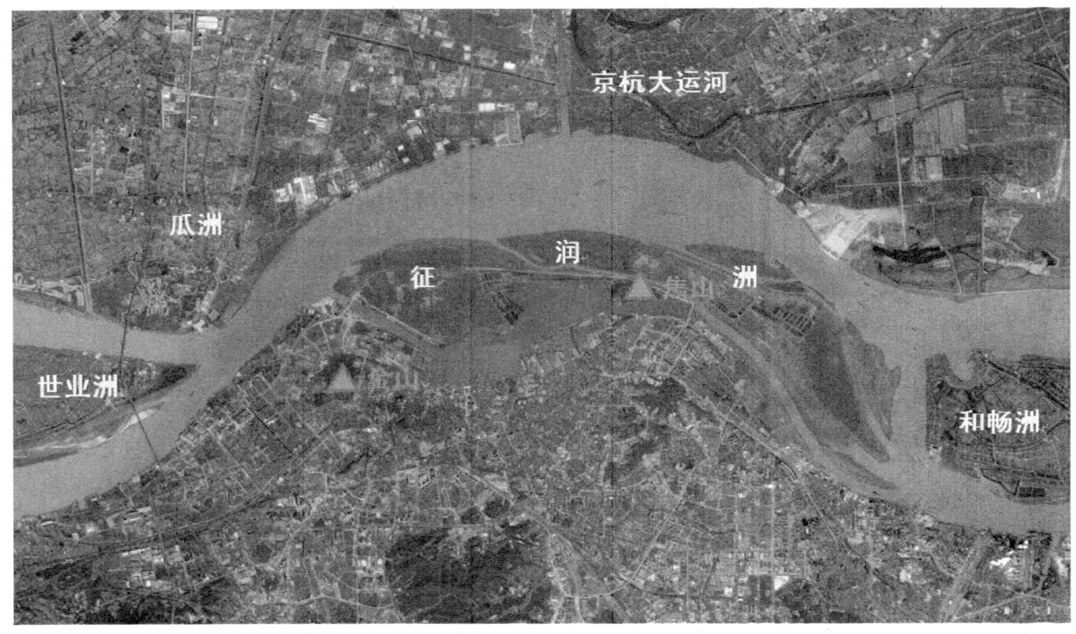

图 7-4 镇江老港现状影像图

第六节　主要实习内容

一、水文测量

1. 水文测验基础

水文测量是水文工作的基础，所有的水文分析、水资源计算等都要使用水文观测资料。水文观测的主要内容是观测河道流速、流量、水位及其他水情数据（如水温、含沙量等）。

（1）水位

水位是指河道等水体自由水面高出基面以上的高程，即河道等水体水面与某一基面的高差值，一般用米表示。基面有绝对基面（又称标准基面）和测站基面（又称假定基面）两种。

绝对基面：是国家统一规定的基面，这个基面是以某一海平面作为高程零点。我国统一采用黄海基面作为绝对基面。

测站基面：由于自河口至上游地势逐渐升高，上游站与下游站水位差值太大，水位计算时比较烦琐。因此在水文测验中，为了便于在河流上就地测量和计算水位，通常采用测站基面。这种基面采用测站河床最低点下一定距离作为水位计算零点。这种基面是水文测站专用的一种固定基面。

水位的观测一般采用水尺和自计水位计。

（2）流速

流速是指水流在河道中流动的速度，用 m/s 表示。由于河床形态、糙率及断面水力条件的不同，天然河道中的水流流速分布十分复杂。表现在流速随水深的变化（垂线流速变化）和流速在横断面水平线上的变化。

垂线流速变化：在垂线上，流速最小值出现在河底处，从河底至水面，流速随糙率的减小而增大，但由于空气等的摩擦作用，垂线流速最大值并不是在河道水表面，而是在水下 0.1 H～0.3 H 处最大。

横断面水平线流速分布：一般是从两岸向中心增大，最大值出现在河中部。

2. 流速测量

（1）测速计算原理

测流速的感应部件是旋桨式流速仪。旋桨由水流推动而旋转，经信号装置参数转数信号，并由下述公式计算出流速：

$$V=K\times AN/T+C$$

式中：V 为所测流速（m/s）；

K 为桨叶水力螺距（称倍常数）（m）；

C 为仪器参数（m/s）；

A 为转数与信号的比值;

T 为测流时间(s);

N 为 T 历时的信号数。

根据测流环境及对测流精度的不同要求,水文测验规范中规定可选择单垂线、二垂线、三垂线、五垂线、七垂线等测流,各垂线还可选择五点法、三点法、二点法和一点法(0.6倍水深处)进行测流,垂线流速为各点流速之算术平均值。断面流速为各垂线算术平均值或根据河道断面情况按垂线控制的过水面积加权平均。

(2) LJD 打印流速仪使用

LJD 打印流速仪为一全自动流速测量仪,在输入仪器的参数后,可自动计算出所测点的流速,使用较为方便。

根据水文测验规范规定,为消除水流的脉动影响,每次测流均需一定的时间(称为测流历时 T,一般要大于 100 s),所以每次测流均有相应的信号数 N 和历时 T。LJD 打印流速仪采用信号控时原理,固定信号数 N,及定 N 为常数(本仪器为 $N=10$),同时为了用计算器的累加功能计算流速 V,设计中历时 T 为时标周期 t 和时标脉冲数 i 的乘积,即 $T=t\times i$。仪器中时标频率为 10 Hz,即周期为 0.1 s。将 $T=t\times i$ 代入流速计算公式得:

$$V=\frac{1}{\frac{t}{KAN}\times i}+C$$

令 $av=t/(KAN)$,则流速计算公式为 $V=1/(av\cdot i)+C$。这是该仪器的使用公式。

将流速仪放入所需水深的位置,依次按动 LJD 打印流速仪上下述各键或输入数值:

开/关→MC→ON/AC(或 AC)→输入 av 值→M+→启/止。

按启/止键后第一个信号来时计算器开始工作,第十一个信号到来时计算器停止累加计算,并显示打印出测点平均流速,然后自动复零。

由此周而复始地测量,直到按动启/止键方才停止测量。注意:实际水流流速为打印的流速加上 C 值。

本 LJD 打印流速仪的各参数为:$av=0.004\,8$;$C=0.048\,9$。

3. 流量计算

流量计算为先用各测点流速计算出垂线平均流速,再用各垂线平均流速计算出断面平均流速,用断面平均流速乘断面面积即为所测断面流量(m^3/s)。

二、水质分析

1. 部分水质指标

(1) 水质物理指标

pH 值:水的酸碱度指标,小于 7 为酸性,大于 7 为碱性,天然水一般在 6～9 之间。

温度:水体温度(℃)。

浊度:水中悬浮物对光线透过时所发生的阻碍程度。我国一般规定是一升蒸馏水中含有 1 mg 二氧化硅为一个浊度单位。浊度的高低一般不能直接说明水质的污染程度,但因人类生活和工业活动产生污水造成浊度增高，表明水质变坏。

电导率：在水溶液中插入面积为 1 cm^2 的两电极片，相隔 1 cm 所测得的电导值。以公式表示：$k=L\times l/S=(1/R)\times(l/S)$，单位为 S · cm^{-1}或 Ω^{-1} · cm^{-1}（即西门子/厘米）。电导率决定于单位时间内通过溶液横截面的离子负荷总量。而离子浓度、迁移速度、电荷数（如离子价）以及温度是决定电荷总量的因素。故电导率可间接表示溶液盐的含量。

(2) 水质化学指标

溶解氧(DO)：水体中溶解氧气的含量（以 mg/L 表示），天然水的溶解氧含量取决于水体与大气中的氧平衡。清洁的水体溶解氧一般接近饱和，由于藻类的生长，溶解氧可能过饱和，水体受还原性物质污染时会使溶解氧降低。

化学耗氧量(COD)：指在一定条件下用化学氧化剂（如重铬酸钾、高锰酸钾等），氧化水中有机污染物时所需的氧量（以 mg/L 表示）。化学需氧量愈高，表示水中有机污染物愈多。

生化耗氧量(BOD)：在有氧的情况下，由于微生物的活动，降解有机物所进行的生物化学反应过程所需的氧量称为生化耗氧量（以 mg/L 表示）。生化耗氧量越高，表示水体受水中需氧有机污染物愈多。

酚：水体中的酚主要来源于工业企业排放的含酚废水（以 mg/L 表示）。此外，粪便及含氮有机物在分解过程中也会产生少量酚类化合物。水体受到酚污染后严重影响水产品的产量和质量。

氰化物：氰化物是剧毒物质，大多数氰化物的衍生物毒性更强。水体中的氰化物主要来源于工业企业排放的含氰废水（以 mg/L 表示）。

总磷：以 mg/L 表示。天然水中磷的含量很少，并多以磷酸盐的形式存在。水中的磷主要来源于化肥及合成洗涤剂。其含量的多少与浮游藻类等水生生物的生长有密切的关系，水体中磷含量多时会使藻类过度繁殖，造成富营养化，使水质变坏。

氨氮：以 mg/L 表示。以游离氨或铵盐形式存在于水体中，两者组成之比取决于 pH 值，pH 值高时，游离氨所占比例较高。该指标主要反映水体富营养化的程度。

亚硝酸盐氮：以 mg/L 表示。亚硝酸盐是氮循环的中间产物，在环境中不稳定，根据水环境条件，可被氧化为硝酸盐或还原为氮。

其他重金属污染物：以 mg/L 表示。重金属目前并没有统一的定义，一般认为是比重大于 4 或 5 的有毒金属。按比重大于 5 的有 45 种左右，比重大于 4 的约有 60 种。一般在环境污染方面所说的重金属主要指汞、镉、铅、铬以及类金属砷等生物毒性显著的元素，也指具有一定毒性的一般金属如锌、镍、钴、锡、铜等，其危害在于它本身所表现的毒性作用。

2. 便携式水质测定仪

(1) HI9804 系列多参数水质现场快速分析测定仪

HI9804 系列多参数水质现场快速分析测定仪适用于野外各种恶劣的环境下，对地表水、地下水、工业废水等各种水质中的酸度、电导、溶解氧、浊度、温度及 36 种离子进行测定，具有实验室的测量精度，使用方便，简单可靠。

具体使用见说明书。

(2) TY-2005型水质理化检验箱

该检验箱采用试纸、试剂管、检测管等简易剂型,可监测一般水质指标,常见毒物指标,一次性使用,进行定量、半定量或定性监测。监测项目较为齐全,使用性强,操作简便,易掌握,试剂稳定。主要可监测的项目有:温度、色度、臭、味、肉眼可见物、pH值、氨氮、亚硝酸盐氮、亚硝酸盐、硝酸盐氮、总硬度、总铁、氯化物、硫酸盐、氟化物、六价铬、酚类砷、氰化物、汞、镉、铅、钡、硼、有机磷等。

监测方法及步骤见说明书。

3. 实习水质监测与分析

主要监测中山陵、洪泽湖的水体水质,按指导教师的要求监测。

通过对监测数据的分析,说明南京等地区的地表水质状况,并提出合理的水污染治理措施。

三、港口的变迁

镇江港位于长江三角洲暨江苏省中部的镇江市,地处京杭大运河与长江十字交汇处。上距南京87 km,下距长江入海口279 km。镇江港是我国的主要港口之一,是长江三角洲地区对外开放的重要贸易口岸之一,港口分为高资港区、龙门港区、镇江港区、谏壁港区、大港港区、高桥港区、扬中港区。镇江港主要为镇江市、江苏省的经济发展和对外贸易服务,为镇江市沿江经济带的开发服务,为长江中、上游地区大宗原材料和外贸物资中转运输服务。

从自然地理角度,镇江港经历了如下变迁过程:

1. 20世纪50年代前,金山、焦山为江中岩岛,主流线紧逼右岸,镇江港为天然良港(见图7-5)。

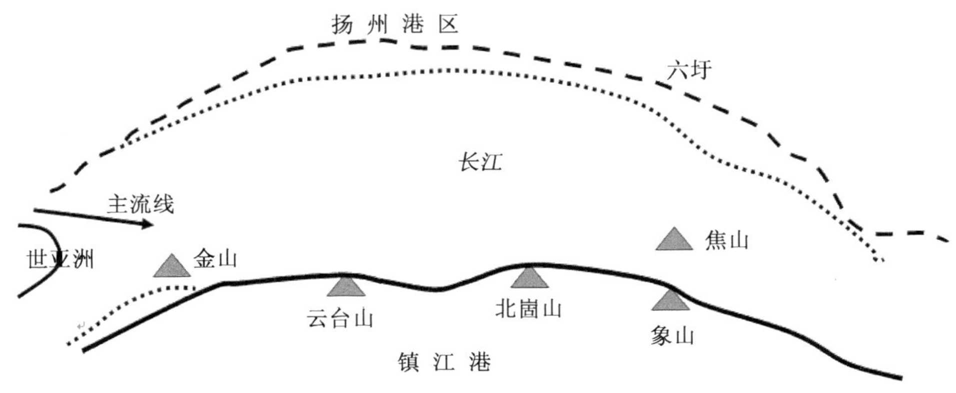

图7-5 20世纪50年代以前的镇江港示意图

2. 20世纪50年后期以来,镇江河段征润洲每年有近2 000万t泥沙淤积,征润洲的伸展逐渐包裹镇江港(见图7-6)。

① 1950年以来的几十年中,镇江河段征润洲每年有近2 000万t泥沙淤积;

② 征润洲伸展,威胁镇江港,大轮只能停在江中,要有小船迎送旅客;

③ 主流线冲向扬州岸，扬州一侧江岸冲刷严重；
④ 扬州一侧修建丁坝，抵抗江水冲击。

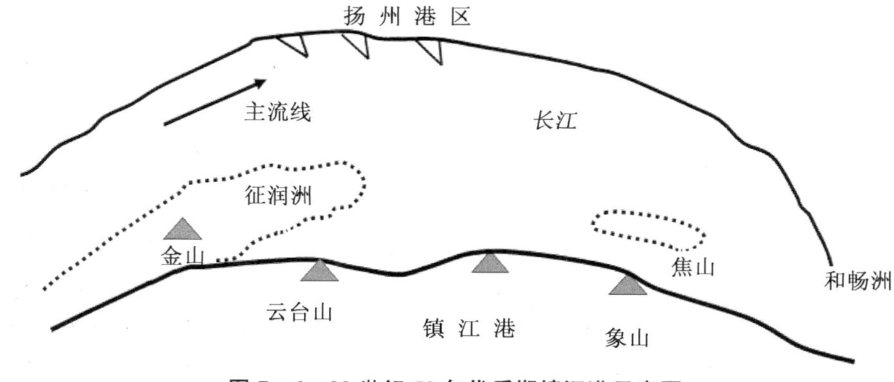

图 7－6　20 世纪 50 年代后期镇江港示意图

3. 20 世纪 70 年代以来，镇江港进一步被泥沙淤积(见图 7－7)。表现为：
① 主流线改向，顶冲点下移，冲开了和畅洲；
② 征润洲不再横向发展，而是向下游方向延伸，包裹港池；
③ 焦山航道口严重淤塞，挖泥成本越来越高。

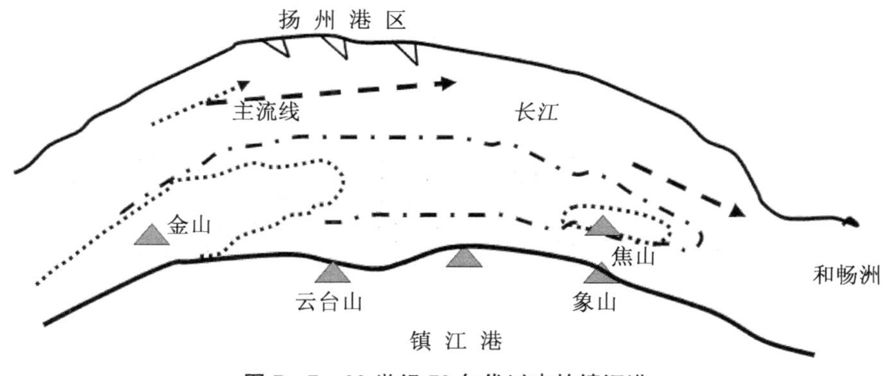

图 7－7　20 世纪 70 年代以来的镇江港

4. 20 世纪 80 年代整治镇江港(见图 7－8)，采用的主要方案是：

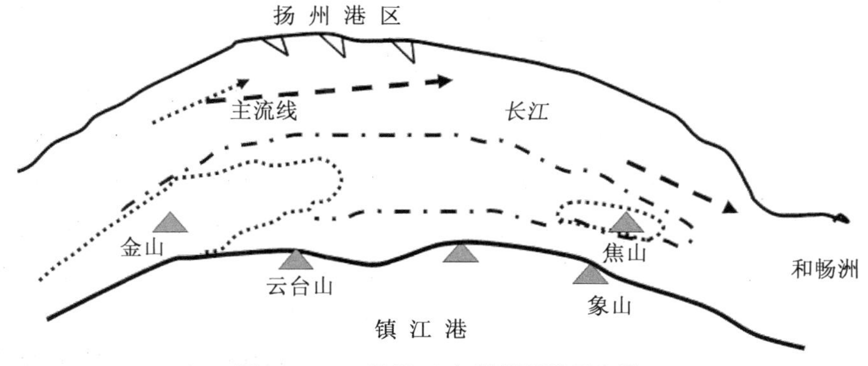

图 7－8　20 世纪 80 年代镇江港示意图

① 开挖新航道;

② 堵死焦山航道;

③ 滩面上筑挡墙,防江水翻入港池。

四、洪泽湖大堤及洪泽湖的变迁

(一) 洪泽湖大堤

1. 现状

洪泽湖大堤全长 67.25 km(加埋入滩地和石坡下的古堤为 70.63 km),海拔高程为 19～19.5 m,相对高程为 8～9 m,底宽 50～150 m,顶宽 10～30 m,大堤设计水位 16 m、校核水位 17 m,全部用石料人工砌成,主要功能是防洪屏障,保护 2 000 万人民,同时作为我国第 5 大淡水湖(水库)。

2. 特点

(1) 历史悠久。始建于东汉建安五年(200 年)。由广陵太守陈登主持建筑,初为 30 里,古称高家堰、捍淮堰等,这便是洪泽湖大堤的雏形。史载陈登"大筑高家堰,于诸湖荡之东北隅,约 30 华里"。

(2) 历代都经历检修。明永乐年间,督运陈宣在武墩至周桥之间兴工修堤。明万历年间,河漕潘季驯将大堤向南延伸 60 里延至蒋坝,形成洪泽湖大堤。到清乾隆十六年(1751 年)的 171 年内,筑成长 60.1 km、高 7 至 8 m 的石工墙。1751 年,乾隆在五里牌题词立碑,"建堤以卫民,民安赖堤利。设仍民受灾,堤存亦何济"。

(3) 洪泽湖大堤在节节升高(见表 7－5)。

表 7－5 主要年份洪泽湖大堤高程

年份(年)	堤顶高程(m)
200 年(东汉)	9.15
1415 年(明)	9.77
1572 年(明)	11.32
1678 年(清)	13.04
1700 年(清)	13.45
1780 年(清)	15.49
1826 年(清)	17.20

(4) 经常出现决堤灾难。从 1569 年至 1735 年,洪泽湖大堤决堤 17 年次,其中 1577 年"全淮南徙,高堰湖堤大坏";1593 年决口 22 处;1622 年决口 9 处;1676 年决口 30 余处;1699 年决口 10 余处。清道光四年(1824 年)大坝决堤形成"周桥大塘",夹裹着冰凌的大水将这里冲成了宽 400 m、深 27 m 的大塘,大堤以东顷刻成为一片汪洋。

(5) 大堤延伸方向有 108 个弯,犹如"水上长城"。洪泽湖大堤屡屡溃决,并冲深达几十米,古人就地修复的办法是"当避深就浅,于决口上下退五六十丈,为偃月形,抱决口两端而筑之。计所筑之堤，其长必数倍于决口”，以此决口修复处往往形成一道弯月形石坝，成为珍贵的水文历史遗迹。

（6）不断有技术创新。① 石工墙。从明万历八年（1580 年）起，在迎水面开始增筑直立条石墙护面，到 1751 年的 171 年内，筑成长 60.1 km、高 7 至 8 m 的石工墙，是用长 0.8 至 1.2 m、宽厚各 0.4 m 的 6 万多块条石砌成，筑工精细。② 减水坝。清代在大堤上筑有仁、义、礼、智、信五座减水坝，用于丰水期时保障大坝自然泄水，以减轻水势。

（二）洪泽湖

1. 现状

中国五大淡水湖之一，位于淮河中游、江苏省洪泽县西部，是“南水北调”工程东线部分的过水通道。在正常水位 12.5 m 时，水面面积为 1 597 km^2，平均水深 1.9 m，最大水深 4.5 m，容积 30.4 亿 m^3。湖泊长度为 65 km，平均宽度为 24.4 km，汛期或大水年份水位可高到 15.5 m，面积扩大到 3 500 km^2。全湖水域由成子湖湾、溧河湖湾、淮河湖湾三大湖湾组成。

2. 洪泽湖的变迁

（1）曾经是夹在盱眙丘陵、马陵山丘陵及泗洪丘陵之间的低洼地，淮河入境及其多条支流的汇水洼地，主要有北部来的泗水与西南部经女山湖来的河流。

（2）曾经出现许多湖泊。淮河右岸有破釜涧（破釜塘）、白水塘、富陵湖、泥墩湖、万家湖等，左岸有安河洼、安湖、影塔湖、沙湖等。这些湖洼之间大都有水道相通。隋大业元年（605 年），隋炀帝开通济渠后，游江都，途经破釜涧（在盱眙县北 30 里），遇洪水泛滥，遂改破釜涧为洪泽浦，洪泽即由此得名。

（3）低洼地区常有洪水泛滥。传说大禹治水时，大禹曾在洪泽设指挥部治理淮水。黄河南决夺淮，据《史记・河渠书》载，元光三年“河决于瓠子，东南注钜野，通于淮、泗”。当年堵口失败。直到元封二年（公元前 109 年）始行堵合，计泛滥夺淮 20 余年。东汉筑高家堰，以防淮水东侵。隋炀帝巡视在破釜涧，遇洪水泛滥。

（4）历来多水利工程建设。据《左传・哀公九年》载：“秋，吴城邗（今扬州），沟通江淮”。东汉筑高家堰，以防淮水东侵。三国时代，兴屯田，修白水塘置屯田溉田。隋炀帝巡视在破釜涧，遇洪水泛滥。唐代兴水利灌溉工程。北宋在山阳、淮阴引湖水工程。元代重视两淮地区屯田水利。

（5）至宋代还是淮河干流流经之地。北宋以前，淮河乃是一条清水河，下游河口段河床深阔，入海口在涟水云梯关，潮波可达盱眙以上。宋孝宗乾道五年（1169 年），楼钥《北行日录》记载：“至洪泽，过渎头，舟胶候潮，潮应，乘风过欧家渡。”《山海经》内东经指出，“淮水”入海淮浦（今涟水县西北）。

1194 年，黄河夺淮河下游入海，因为黄河是一条多沙河流，随着大量黄河水入淮，同时带来了大量泥沙，使黄淮汇流处的清口以上河段水位抬高，导致淮水下泄受阻，致使洪泽洼地积水扩大，富陵、万家、泥墩、破釜、白水塘等大小诸湖荡逐渐连成一片，汇成一个较大的湖泊。这是洪泽湖形成的开始阶段。但是湖区淮、湖、运并存的形势依然存在。

（6）明代成为大湖。明嘉隆庆四年（1570 年）河道总理潘季驯提出“筑堤束水，以水攻沙”的治河方针，历经 18 年，才全面完成从郑州以下至苏北云梯关一线黄河两岸堤防，导致“全河尽出徐邳，夺泗入淮”。黄河四分之三的泥沙带到了下游河道和河口淤积，在黄、淮、运交汇的清口一带河身不断抬高，湖面越来越宽阔。万历六年(1578 年)，潘季驯在原有高家堰土堤基础上，筑了 60 里的土堤，抬高洪泽湖水位，使其专出清口刷黄，淮黄合流入海。这时的洪泽湖变成拦蓄淮水与济运治黄联系起来了。洪泽湖开始成为淮河下游的一个大型水库。

思考题

1. 简述河流横断面上的流速分布规律。
2. 为什么测验流速需要较长的时间?
3. 各水质指标反映了水质的什么特征?
4. 简述南京地区的水质状况和水资源的分布特征。
5. 叙述南京市的水系变迁。
6. 叙述南京市水系变迁与水资源开发利用及水污染治理的关系。
7. 叙述洪泽湖的水质特征。
8. 叙述洪泽湖大堤的现状与特点。
9. 叙述港口选址与变迁同河流水环境的关系。
10. 叙述洪泽湖水系的形成与变迁及对周边地区水资源开发利用的影响。

第八章　人文地理野外实习

第一节　实习目的和要求

人文（旅游）野外实习目的地的选择，应遵循自然与人文资源相结合、城市与乡村相结合、经典景区与新开发景区相结合的原则。通过人文（旅游）野外实习，旨在提高学生的人文素养，使学生学会分析人文现象，熟悉旅游资源的分类标准，掌握旅游资源调查与评价的方法，提高编制旅游规划的实际能力。

（1）掌握实习区域地理环境的基本特征，自然、人文条件与资源分布情况，及其对区域发展的影响。

（2）了解实习区域人类活动与地理环境之间的关系，尤其是人类活动对地理环境的影响。

（3）通过对实习区域旅游资源的调查与分析，提高旅游资源分类与评价能力。

（4）通过对旅游景区客源市场的调查，提高旅游市场调查技术与问卷设计能力。

（5）通过对旅游景区的调查与研究，培养编制旅游规划的实际能力。

第二节　实习步骤

一、准备工作

（1）收集实习地区的有关资料，准备好地形图，了解实习地区基本情况，包括区位交通、自然条件、社会经济、历史文化、旅游概况等。

（2）熟悉国家标准《旅游资源分类、调查与评价》（GB/T 18972—2003）。

（3）准备好野外实习用品：GPS、照相机、地形图、笔记本等。

二、野外工作

观察人文现象，学会发现并提出问题；分析旅游资源的类型与分布，对旅游资源有初步的评价；观察沿江、沿河景观与建筑特色；野外记录、摄影，做好实习日记。

三、室内整理

整理资料和笔记，完成综合实习调查报告。

第三节 主要实习内容

一、实习路线与内容

(一) 南京老山

1. 教学地点：老山国家森林公园、狮子岭兜率寺。

2. 教学内容：老山国家森林公园概况、兜率寺概况、佛教建筑布局。

3. 教学时间：预计120分钟左右。

(二) 南京钟山风景名胜区

1. 教学地点：紫金山—中山陵景区。

2. 教学内容：钟山风景区概况、钟山风景区旅游资源调查与评价、“山水城林”旅游资源开发与保护、钟山风景区生态环境与客源市场调查。

3. 教学时间：预计120分钟左右。

(三) 盱眙第一山国家森林公园

1. 教学地点：第一山公园入口。

2. 教学内容：第一山公园概况、第一山公园旅游资源调查与评价、盱眙旅游资源开发(山、水、古城与皇陵)。

3. 教学时间：预计120分钟左右。

(四) 淮河

1. 教学地点：盱眙县淮河边(第一山公园对面)。

2. 教学内容：淮河历史变迁、淮河污染问题、洪泽湖大堤。

3. 教学时间：预计120分钟左右。

(五) 镇江港

1. 教学地点：镇江云台山与北崮山之间(长江路)。

2. 教学内容：镇江港历史变迁、西津古渡历史文化与建筑审美、镇江三山风景名胜区(金山、焦山、北固山)规划与开发。

3. 教学时间：预计120分钟左右。

(六) 扬州

1. 教学地点：扬州港、蜀岗—瘦西湖风景名胜区。

2. 教学内容：扬州港历史变迁、蜀岗—瘦西湖风景名胜区概况。

3. 教学时间：预计 120 分钟左右。

二、主要实习点概况

(一) 老山

老山位于南京江北新区，素有“南京绿肺、江北明珠”之美誉。东起浦口高新区，南临长江，北枕滁河，西达安徽和县，总面积 80 km^2，森林覆盖率高达 80%，是南京市内重要的生态绿楔以及面积最大的国家森林公园。老山山峦起伏，密林葱郁，湖塘水库星罗棋布，自古以来就是自然和人文荟萃的地方，有大量的自然山水和寺庙建筑分布。

图 8-1　老山国家森林公园

(图片来源：nj. bendibao. com)

1. 自然资源

(1) 山：山坞广布，溶洞发育

老山地区山峦起伏叠嶂，有大小山峰近百座，其中海拔 100～200 米的山体有 34 座，200～300 米的有 38 座，300～400 米的有 14 座，400 米以上有 3 座。诸峰相连，错落有致，极富层次；自西向东，山势俊秀，浑然一体，其中狮子岭状若卧狮，竹木葱茂，环境清幽，以怀抱古刹兜率寺而驰名，现为“金陵四十八景”之一。

由于老山位于流水作用特别活跃的地区，因此该地区的石灰岩溶洞发育良好，已知溶洞有天井洞、龙洞和大观音洞。龙洞洞口因形似龙嘴而得名，洞内有一敞厅，高约 35 m，面积约 100 m^2，可容千余人。洞穴幽冥清净，洞顶滴泉，厅后又有岔洞，皆倾斜而下，杳无穷尽。

(2) 水：星罗棋布，碧波微澜

地表水有九龙湖、镜山湖等湖区，象山水库、大鱼塘水库、侯庄水库、张冲水库、白筱岭水库、响堂水库、佛手湖水库等水库，珍珠泉、汤泉、琥珀泉等温泉，以及上下溪河、鱼池藕塘等水体。

(3) 泉:泉涌清灵,雾气氤氲

老山地区泉水资源丰富,在老山山脉西侧,从汤泉街道往西到陈庄长 5 km、宽 1 km 一线出露地下热水点(泉眼)23 个,数个至 10 个泉眼组成泉群。温泉呈东西向条带状分布,有"十里温泉带"之称。据统计,总流量为 4 590 吨/日,平均水温 25 ℃,最高 65 ℃,最低 12 ℃。天然温泉富含多种矿物质和微量元素,具有康体疗养功效,在长三角地区属于稀缺性资源,是当前休闲度假旅游的热点。目前已被开发的有五柳泉、浮萍泉、珍珠泉、汤泉等 7 处,日出水量在 1 000 t 至 2 000 t 之间。珍珠泉、汤泉和琥珀泉是老山地区最为著名的三处泉水资源,也是江北新区"一山三泉"重点开发对象。

(4) 林:林海绿浪,森林氧吧

老山地区雨量充沛,土壤肥沃,故森林茂密,万林竞秀,群山吐翠,拥有"山以林为衣,林以山为体"的林海奇观。老山作为南京市重要的植物基因库,对南京市的生态系统平衡发挥着无可替代的作用。

据调查,老山共有植物 148 科、1 053 种,天然野生植物 913 种,引进 140 种,其中不乏许多国家重点保护植物,如国家Ⅰ级保护野生植物银杏、水杉等,国家Ⅱ级保护野生植物秃杉、樟树、鹅掌楸、榉树等。此外,老山地区还分布着众多的药用植物,早在 1986 年的江浦县药材普查统计中,境内就有药用植物 790 多种,重点药材有杜仲、明党参、桔梗、柴胡、丹参、威灵仙等。

(5) 野生动物

丰富的森林资源为野生动物提供了良好的栖息地,目前,老山地区主要有脊椎动物 68 科、215 种,软体动物 4 科、6 种,环节动物 2 科、2 种,节肢动物 23 科、35 种。脊椎动物中鸟类有 38 科、157 种,哺乳动物有 10 科、20 种,爬行动物有 6 科、12 种,两栖动物有 2 科、4 种,鱼类有 12 科、22 种。其中东方白鹳被列入 CITES 附录 1,国家Ⅱ级保护野生动物有中华虎凤蝶、斑嘴鹈鹕、灰鹤、穿山甲、小灵猫等,特别是中华虎凤蝶,因其独特性和珍贵性被昆虫专家誉为"国宝"。江苏省重点保护动物有刺猬、豹猫、红翅凤头鹃、黄腹山雀等。

2. 人文资源

老山历史和文化源远流长,加上历代文人的着意描绘和赞颂,留下了许多人文景观和神话传说。老山境内建有大小寺庙、道观数十个,也有张孝祥墓这样的古墓葬,以及大寺塔等古建筑群,构成了老山人文历史资源的基础。

(1) 兜率寺

兜率寺是老山地区最为著名的寺庙,位于狮子岭。兜率,是梵文译音,意为"受乐知足而生欢喜之心"。兜率寺前身为狮子岭道场,建于明代末年,距今已有 300 多年历史,其创建者为明代江浦高士郑聘之季子——郑继蕃。清末民初,兜率寺名声日振,各方僧侣云集寺中达百余人,每日晨钟暮鼓,香火缭绕,成为佛门不可多得的修行圣地。至抗日战争前夕,寺院计建 104 间,钟、鼓、法器俱全,藏有各种经书数千卷。"文化大革命"期间,兜率寺名存实亡,僧侣全无,香火灭绝。1978 年以后,兜率寺得以复建,斋室大殿、三圣殿相继落成,来此朝拜者络绎不绝。兜率寺一年一度的庙会从顺治二年(1654 年)举办至今。

(2) 七佛寺

七佛寺位于森林大道东侧，毗邻象山湖。寺庙始建于明正统九年(1444年)，1995年重建于今址，占地面积约3 000 m^2。现有七佛宝殿5间、三圣殿3间、念佛堂2间以及僧房12间。七佛寺背倚帽子山，前临椅子山，左近老鹰山，右眺香山，群山环绕，风景秀丽。山花绿树葱茏其上，佛语梵音微闻其间，堪称庄严乐土，人间仙境。

(3) 定山寺

位于珍珠泉东侧狮子峰下，环境幽静。从梁武帝建寺至中华人民共和国成立初期前后，定山与定山寺一直为江北名山古刹。1954年，定山寺因年久失修塌毁。目前已复建完毕。定山寺周边有达摩画像石刻、卓锡泉、庄昶墓等古文物景点。

(4) 张孝祥墓

张孝祥，南宋状元、著名爱国词人，生性耿直，1164年前后，任建康留守，极力支持张浚抗金，被弹劾落职，临终前思念故土，其后人将其尸骨运至江浦境内，后清政府为其在老山重建墓碑。

(5) 乌龟驮经书

据《月唐演义》载，仁宗命兵马大元帅郭子仪南征，郭子仪率部来到江南重镇安营扎寨，在此操练兵马、造船制筏准备渡江南下。神龟得此消息，将江南地理图、江南史志都驮在背上预备钻进深山密林隐藏起来，不料被发现，郭子仪为了要抓活的，用冷龙枪将神龟死死压住，神龟自知不得脱身，即刻把自己连同背上所驮的经书都变成了化石。

(6) 老鹰山瞭望塔

老鹰山海拔326 m，观光塔处于老鹰山山顶，呈六角形，登塔观光，可远眺古城金陵、长江水色、老山全貌、田园风光；近观苍松翠柏，红叶黄花，仰望雄鹰展翅，翔游天空。

(7) 金陵第一鼓

高达1.8 m，直径3.0 m，约有1 000多公斤，是南京地区最大、最重、历史渊源最深的一面鼓，相传源于两千年前的楚汉相争之时，为大将韩信点兵之用。

(二) 钟山风景名胜区

钟山位于南京城东，自古被誉为“江南四大名山”之一，有“钟山龙蟠”之美誉。景区面积31 km^2，其间山、水、城、林浑然一体，自然景观丰富优美，文化底蕴博大深厚，中山陵、灵谷寺、明孝陵三大核心景区分布着各类名胜古迹200多处，其中，世界文化遗产1处，全国重点文物保护单位16处，省市级文物保护单位31处，荣获“国家风景名胜区”“AAAAA级旅游景区”等称号。

中山陵，位于钟山中茅峰南麓，是伟大的民主革命先行者孙中山先生的陵墓(见图8-2)。陵墓于1926年1月动工，1929年春主体建筑竣工，同年6月1日举行奉安大典。此后工程继续进行，直至1931年底全部完成。中山陵占地两千亩，依山而筑，前临平川，后拥青嶂，气势磅礴，平面呈“自由钟”形。陵寝建筑中轴对称，从牌坊、墓道、陵门、碑亭到祭堂、墓室平距700米，高差70米，有392级石阶和平台10个，全部用白色花岗岩和钢筋水泥构筑，覆以蓝色玻璃瓦。陵墓附近尚有音乐台、行健亭、光化亭、流徽榭、藏经楼等多处纪念性建筑。

图 8-2 中山陵

(图片来源:www.jlonline.com)

明孝陵,坐落在钟山南麓独龙阜玩珠峰下,是明朝开国皇帝朱元璋与皇后马氏的陵寝,始建于公元 1381 年,1398 年朱元璋安葬于此,到 1413 年建成"大明孝陵神功圣德碑",历经 32 年之久。今天的明孝陵景区以明孝陵陵宫区为主,包括大金门、四方城、神道(见图 8-3)等附属设施,以及周边的下马坊、梅花谷、梅花山、明东陵、紫霞湖等景区。2003 年 7 月 3 日,经联合国教科文组织世界遗产委员会第 27 届会议审议通过,明孝陵作为明清皇家陵寝扩展项目列入世界遗产名录。

图 8-3 明孝陵神道

(图片来源:image.baidu.com)

灵谷景区位于中山陵东行约 1 公里处,内有六朝古刹开善寺、梁代名僧宝志的墓塔、明代的万工池、中国现存规模最大的无梁殿、民国建筑灵谷塔、松风阁等名胜古迹,以及谭延闿、邓演达等民国名人墓葬。

（三）第一山国家森林公园

第一山位于盱眙县城区，原名南山。北宋书画家米芾由北宋国都汴京（今开封）经汴水南下就任涟水知县，一路平川，入淮时忽见清奇丽秀的南山，诗兴勃发，随即吟出千古绝唱《第一山怀古》："京洛风尘千里还，船头出汴翠屏间。莫论横霍撞星斗，且是东南第一山。"并书"第一山"三个雄劲飘逸的大字，从此南山易名"第一山"。第一山左拥翠屏峰，右揽凤坡岭，背倚清风山，面向长淮水，群山环拱，一峰独好。山上林壑幽美，人文荟萃，名胜星罗，佳境天成，现为国家 AAAA 级旅游景区（见图 8－4）。

图 8－4　第一山国家森林公园

（图片来源：image. baidu. com）

（四）洪泽湖大堤

洪泽湖大堤始建于公元 200 年（东汉建安五年），由广陵太守陈登主持建筑，初为 30 里，始称"高家堰"。明永乐年间，督运陈宣在武墩至周桥之间兴工修堤，明万历年间，河漕潘季驯将大堤延筑至蒋坝，洪泽湖大堤基本建成。从明万历八年（1580 年）起，洪泽湖大堤就开始增筑直立条石墙护面，历经明清两代 171 年，使用千斤条石 6 万多块，且规格统一，筑工精细，充分展示了我国古代水利建设的高超技艺。

石堤全长百余里，雄伟壮观，蜿蜒曲折共 108 弯，犹如"水上长城"。大堤沿线有众多的名胜古迹，如高良涧青龙庵、三国时大将邓艾饮马池遗址、九龙湾、周桥大塘、乾隆御碑、滚水坝、黄罡寺、三河闸等。大堤两侧遍植树木，宛如游移欲飞的巨龙依水而卧，人行其中，倍觉"浩渺云烟笼细浪，空蒙雨色入重渊"，是一处天然大氧吧。洪泽湖大堤被江苏省文物局纳入江苏省申报世界文化遗产的推荐名单。2006 年 5 月 25 日，洪泽湖大堤作为汉至清古建筑，被国务院批准列入第六批全国重点文物保护单位名单（见图 8－5）。

洪泽湖承接淮河上中游 15.8 万 km^2 来水，库容面积达到 135 亿 m^3，滔滔洪水全凭借湖东大堤抵挡。洪泽湖是一个湖底高出下游平原地面的"悬湖"，全长 67.25 km 的洪泽湖大堤力挽巨澜，保护着苏北里下河地区 2 000 多万群众和 3 000 多万亩农田的安全，洪泽湖大堤不容有丝毫闪失。

图 8－5　洪泽湖大堤

(图片来源：old. hynews. net)

(五) 明祖陵与古泗州城

明祖陵位于盱眙县洪泽湖西岸，是明朝开国皇帝朱元璋祖父、曾祖父、高祖父的衣冠冢，也是朱元璋祖父朱初一的实际殁葬地(见图 8－6)。始建于明洪武十八年(1385 年)，建成于明永乐十一年(1413 年)，历时 28 年之久。规模宏大，气势雄伟。清康熙十九年(1680 年)，黄河夺淮，与古泗州城一起毁于洪水。1953 年春旱时，首次露出水面，被当地人们称为大墓头；1963 年再次露出水面，被江苏省专家发现，确认为久已失传的明祖陵。20 世纪七八十年代，为保护明祖陵，筑堤 3 000 m，把陵墓从湖水中隔出，沉没湖中 300 余载的文物瑰宝重见天日，成为一处游览胜地。

图 8－6　明祖陵

(图片来源：www. jlonline. com)

泗州城始设于南北朝时期的北周大象二年(580年),清康熙十九年(1680年)黄河夺汴入淮,泗州城遭灭顶之灾,至康熙三十五年(1696年)全城彻底被泥沙埋没。1986年以来,盱眙地方的有关部门和学者开始提出古泗州城遗址考古的课题。泗州城是中国唯一一个灾难性古城遗址,原汁原味地保存下了300年前的城市状况,被称为中国的"庞贝古城"。

(六) 京口三山

京口三山指的是江苏镇江市长江江滨和江中的金山、焦山、北固山。

1. 金山

金山雄峙在镇江市区西北的长江南岸,原名氐无山,又名金鳌岭,也称浮玉山,唐代起通称金山。金山高60米,周520米,占地面积10公顷,原系屹立于长江中的江心岛屿,唐张祜曾有诗云"树影中流见,钟声两岸闻",即是当年写照。后因长江水流变迁,清道光年间始与南岸相连。山势巍峨,风景优美,有"江南诸胜之最"的美誉。历代以来相继建成了芙蓉楼、塔影湖、百花洲、镜天园等诸多景点,景区内陆水相连,泉、湖、洲、园、寺等相得益彰,呈现出一幅"楼台两岸水相连,江北江南镜里天"的诗情画意。宋代大诗人苏东坡曾多次游历金山,与佛印、宝觉、圆通等法师交往甚密。

金山寺依山而建,从山脚到山顶,殿宇楼堂幢幢相衔,阶梯成叠,长廊蜿蜒,台阁相接,构成丹碧辉映、绚丽精巧的古建筑群:慈寿塔、江天一览亭耸立山巅,留玉阁、大小观音阁围绕山顶,七峰亭、妙高台、楞伽台连缀山腰,天王殿、藏经楼、紫竹林等庞大建筑傍依山根。通过曲廊、回檐、石级有机串联,形成楼上有楼,楼外有阁,阁中有亭的精巧建筑,把整个山密密地包裹起来。远望金山寺,只见金碧辉煌的寺庙建筑群和高耸入云的慈寿塔,看不见山,素有"金山寺裹山"之称,形成了一种盛极一时的建筑流派,北京颐和园的万寿山,承德避暑山庄的"天宇咸畅",以及扬州瘦西湖的"小金山"等都借鉴了这"山被寺裹""塔拔山高"的建筑艺术。

2. 焦山

焦山原名樵山,高150米,周2 000米,位于市区东北,岿然耸立扬子江心,与对岸象山夹江对峙。相传东汉末年,陕中高士焦光隐居于此,皇帝三下诏书而不出,宋徽宗为纪念焦光赐名此山为焦山。又因绿波环抱,林木蓊郁,绿草如茵,满山苍翠,宛然碧玉浮江,帮又有一名称"浮玉山"。山东北有两座小山一近一远在江中洲上,叫作松廖山和夷山。好像两块石阙守卫在古代大江入海的海口,故而又称"海门"。

焦山,系"京口三山"名胜之一,向以山水天成,古朴幽雅闻名于世,是万里长江中唯一四面环水的游览岛屿。焦山山水天然真实,焦山耸峙于江心,似"中流砥柱""镇江靖涛",气势磅礴;加上山寺隐约,林木苍翠,水域广阔,环境幽美,宛若人间仙岛在水中缥缈。

3. 北固山

在"天下第一江山"题刻照壁的辉映中,甘露寺的寺门轻轻开启,两边是清末名书画家苏涧宽用篆书所写的北固山一副楹联"地窄天宽江山雄楚越,沤浮浪卷栋宇自孙吴",既表达了北固山的雄秀气势,又点出了甘露寺的建筑年代,其上的横批则为"南徐净域",可谓言简意深,寄托无限。甘露寺的建筑特点与金、焦二山不同,采用了"以寺镇山"的手法,故有凌空飞阁之势,形成了"寺冠山"的特色。在寺中众多的建筑中,最著名的是清晖亭、铁塔、多景楼和祭江亭。

铁塔在清晖亭东。此塔系唐卫公李德裕于宝历元年(825 年)所建,故又名卫公塔。原为石塔,约在乾符年间(874—888 年)石塔倒坍湮没。至北宋熙宁二年(1069 年),甘露寺僧主持为了扩充庙宇,掘得李德裕建石塔时埋入塔基的遗物,在旧址兴建九级铁塔,建于宋熙宁九年(1016 年),成于宋元丰元年(1078 年)。在重瘗唐代遗物金馆、银椁及李德裕亲书的碑记石刻等的同时,并又增添舍利子、石函等物。明万历十一年(1583 年),因海啸、雷击而毁,后仿原式复制为七级铁塔,高约 13 米,仍有尖顶、相轮,耸峙崇山,成为北固山胜景。清代乾隆皇帝所写的"长江好似砚池波,提起金焦当墨磨。铁塔一枝堪作笔,青天够写几行多"形象地描绘了"京口三山"风光的美妙。至光绪年间"雷坠铁塔四层"。见到的铁塔为四层,约 8 米高。塔基及一、二层为宋代原物,三、四层为原塔的五、六层,系明代所铸。现存的塔基(即莲座)和塔身均有精美的图案,塔座为须弥宝座式,上镌如意水纹、卷浪等图案,佛座束腰的每一面雕有壶门和佛像,塔身每层皆八面四门,上铸飞天、莲座、云水纹、莲瓣双雀、游龙戏珠、坐佛、站佛佛像等,造型精美,生动逼真,栩栩如生。

(七)镇江港与西津古渡

镇江港是我国的主要港口之一,地处京杭大运河与长江十字交汇处,上距南京 87 公里,下距长江入海口 279 公里,是长江三角洲地区对外开放的重要贸易口岸之一,目前分为高资港区、龙门港区、镇江港区、谏壁港区、大港港区、高桥港区、扬中港区。

清初,长江主泓是沿着北固山从焦山与象山间奔流而下。道光二十年(1840 年)以后,长江主泓北移,北岸坍塌,镇江港所在的南岸开始淤涨。咸丰四年(1854 年),金山北涨出新滩。同治十二年(1873 年),新沙又在金山西、南两面出现。至光绪五年(1879 年),涨沙与南岸相连,山南已不通舟楫,水涸可以徒步登山。在金山一线淤涨的同时,江中沙洲也逐渐扩展。

随着江中沙洲的逐渐扩展,江边的太古、怡和等码头在江潮退落时船舶已不能泊近。由于航行发生困难,所有趸船不断向江中方向迁移,各个栈桥亦随之多次延长达数百英尺。

1954 年特大洪水以后,镇扬河段河势发生变化。征润洲迅速地发育伸展,向北加宽 3.5 公里,向东北延伸了 7 公里,沙尾与象山沙滩相接,成钳形之势封锁港区,使镇江港老港区从原来凹岸开敞式的深水港演变成沙滩封堵式的倒套式港湾,仅在焦山西面留下一个宽 85 米、深 7~8 米的深槽,成为镇江港区与大江相接的要道(即焦北航道),江轮从此道进港,但它仍不断淤浅。

1955 年汛期后,征润沙滩又向东延伸 250 米;11 月,焦山航道宽仅 80 米,水深 2.06 米,申汉班轮已不能进港,旅客只能由小轮过驳接送。1955 年 11 月至 1956 年 5 月,航道疏浚土方 31 万立方米,拓宽至 120 米;10 月,航道又因回淤,再挖泥 18 万立方米,申汉班轮才能进港。

由于焦北航道常年依靠疏浚才能保证通航,为改变这种状况,曾于 1958 年试挖引河,利用引流刷沙,但因引河断面小水量不够,上游带来的泥沙大部分沉淀在码头水域附近,在距岸 100 米的区域内淤积程度更大。1962 年封堵了试挖的引河。

1962年，焦北航道宽度仅50米，水深3.2米。1963年7月，交通部批准放弃焦北航道，在焦山以南开挖进港航道。1964年，焦山以南进港航道竣工通航，焦南航道全长7公里，底宽80米，中线深6米，边缘深4.5米，枯水位保持3.8米。焦南航道开通后，仍有淤积，仅1965年和1966年维护性挖泥量就达38万多立方米。1966年枯水位时，水深尚有3.8米，宽38米左右。到1967年，枯水期淤浅达1米，水深仅2.8米左右，申汉班轮不能进港。为此不得不将趸船移至航道口处，用驳船接送旅客。1968年7月下旬，疏浚镇江港班轮调头区土方19万立方米、焦南航道土方11万立方米。此后，每年靠挖泥维持通航。

为彻底解决焦南航道淤浅问题，1983年3月，镇江市人民政府和交通部长江航务管理局邀请相关单位和部门，共同制定了整治和改造老港区的新方案，即“中口袋”方案（见图8-7）。“中口袋”方案就是放弃焦南航道，另辟一条新的进港航道，在老港区码头前形成一个口袋形的船舶靠泊、调头区。1986年11月15日镇江港老港区进港新航道正式通航。但是由于淤积和污染等原因，20世纪末，镇江港最终下定决心搬迁至大港港区，将老港区改建成为沿江大道和江滨公园。

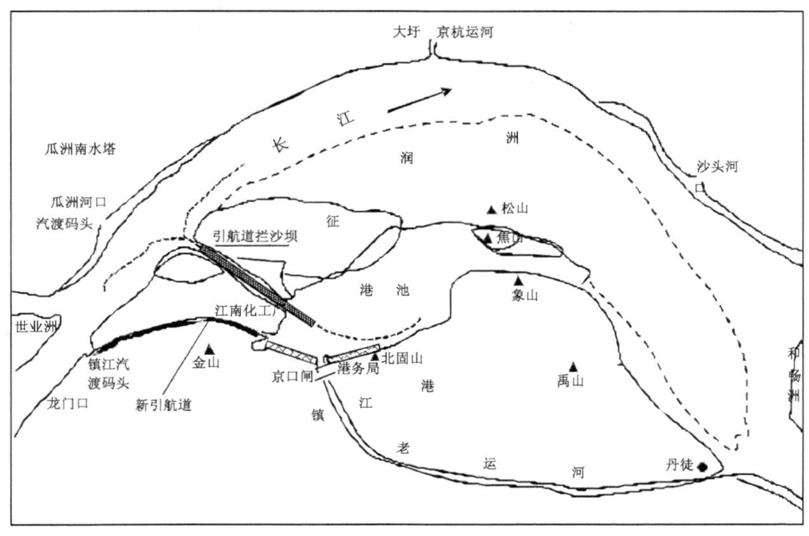

图8-7　中口袋方案示意图

（图片根据《镇江市志》，由作者自绘）

西津渡古街坐落在镇江城西的云台山麓，是一条有着千年历史的古街，全长虽仅500公尺，但有唐宋的青石街道、元明的石塔、晚清的楼阁，沿坡而建的几道石门古色古香，门楣上历代名人的题字清晰可见，西边的小码头街仍保持着唐宋风韵。

史载西津渡形成于三国时期，唐代具有完备的渡口功能，一直是我国南北水上交通、漕运枢纽，这里发生过众多政治、军事、经济、文化、宗教等重大历史事件。后因江面南涨北坍，原本是江水的位置，逐渐成为陆地。唐代镇江名金陵，故称为金陵渡，当时的大诗人如李白、孟浩然等都曾在此候船待渡。宋熙宁元年春，王安石应召赴京，从西津渡扬舟北去，船到瓜洲时，见景抒情，写下了著名的《泊船瓜洲》诗："京口瓜洲一水间，钟山只隔数重山。春风又绿江南岸，明月何时照我还。"

西津渡古街是镇江文物古迹保存最多、最集中、最完好的地区，是镇江的"文脉"所在（见图 8-8）。这里共有文物保护单位 12 处，其中国家级文物保护单位 3 处，省级文物保护单位 38 处。现为国家 AAAA 级旅游景区，主要景点有英国领事馆旧址、云台阁、五十三坡、救生会、昭关石塔、观音洞、待渡亭、超岸寺、蒜山等。

图 8-8　西津渡古街

（图片来源：作者自摄）

（八）扬州港

扬州港位于长江镇扬河段北岸、扬州市区南 11 km，毗邻京杭大运河，背倚江淮平原，是国家一类开放港口，也是扬州地区对外交通的水上门户，形成了以六圩港区为龙头，仪征港区、江都港区为两翼的港口群（见图 8-9）。

扬州港占用长江岸线 2.75 km，占地 107 ha，拥有万吨级以上泊位 7 座，拥有各类运输起重设备 300 多台（辆），仓库 2.6 万 m^2。扬州港一直坚持走"以木兴港，以箱强港"之路。木材是扬州港的一大货种，已稳居国内木材中转港"亚军"位置，集装箱也快速增长。2008 年，扬州港的吞吐量接近 5 000 万吨。

2014 年，扬州出台了《关于加快扬州港"亿吨大港、百万标箱"建设的实施意见》，提出目标：到 2020 年，扬州港货物吞吐量达 1.5 亿吨，集装箱吞吐量达 120 万标箱，将扬州港建设成为区域性重要港口。《意见》还提出，要以港区为中心，以航道、铁路、高速公路、干线公路、疏港公路为支撑，加快沿江互通连接线工程建设；依托扬州泰州机场、宁启铁路、淮扬镇铁路等重要通道，实现空港、水港与陆港的"三港"有机衔接，形成多式联运的综合交通运输体系。

图 8-9　扬州港

（图片来源：www.yzport.com）

（九）瘦西湖

瘦西湖原名保障湖，位于扬州城西北郊，总面积 133 ha，水上面积 47 ha，游览区面积 100 ha。1988 年瘦西湖被国务院列为“具有重要历史文化遗产和扬州园林特色的国家重点名胜区”，2010 年被评为国家 AAAAA 级旅游景区，2014 年被列入世界文化遗产名录。

瘦西湖原是唐罗城、宋大城的护城河遗迹，南起北城河，北抵蜀冈脚下，明清时期，许多盐业巨子重金聘请造园名家擘画经营，构筑水上园林。乾隆极盛时期沿湖有二十四景。康熙和乾隆两位皇帝均六次南巡来此，对这里的景色赞赏有加。瘦西湖名称的来历，是乾隆年间寓居扬州的诗人汪沆的一首诗作：“垂杨不断接残芜，雁齿虹桥俨画图。也是销金一锅子，故应唤作瘦西湖。”瘦西湖的特点是湖面瘦长，蜿蜒曲折。清嘉庆二十年（1815年）后，扬州盐业衰退，湖上园林也逐渐萧条荒废。此后这里又经历了太平天国时期的战乱，残破不堪。光绪年间恢复了一小部分五亭桥、小金山。

中华人民共和国成立之后，瘦西湖开始全面复修，在保留原有古典园林景观特色的同时又考虑现代人对景观功能的需求，适当增加了一些功能性建筑和设施。20 世纪 80 年代恢复了二十四桥、熙春台、卷石洞天等景点，2007 年恢复了四桥烟雨、石壁流淙等景点。目前，景区内主要有卷石洞天、西园曲水、虹桥揽胜、长堤春柳、荷浦熏风、徐园、叶林、四桥烟雨、小金山、枯木逢春、吹台、五亭桥（见图 8-10）、凫庄、白塔、二十四桥、静香书屋、石壁流淙、书画碑廊、锦泉花屿、扬派盆景博物馆、唐罗城西门遗址、波光亭、醉月飞琼等景点。

图 8－10 瘦西湖五亭桥
（图片来源：作者自摄）

第四节 人文地理调查工作方法

一、沿途观察

（一）观察自然景观的变化

沿途可以观察地形、河流、土壤、植被的变化，了解沿途自然地理状况及其对人类活动的影响。应特别注意自然地理界限与自然景观的变化，如气温、植被变化，以及由此引起的景观类型和文化景观的变化。

（二）观察人文景观的变化

1．农业

观察农作物及其分布情况、轮作情况、灌溉情况等。记录沿线地区农作物的特点，注意不同地形区农作物的差异。在此基础上，分析农业景观形成的地理环境原因。

2．工业

根据沿线车站的货流可以考察当地的工业状况，可记录沿线车辆的运货情况。在此基础上，分析影响工业分布的因素。

3．聚落

对于城市聚落，可以观察其物质外貌、吸引范围，以及城市与郊区的关系、城市与其辐射区的物流等；注意城市是否邻近大河，是否靠近河口或海岸，临近哪些自然或者历史纪念物；观察城市道路的宽度、房屋建筑的形式、主要建筑材料等。在此基础上，分析城市的地域结构特征。

对于农村聚落，可以观察其地理位置、聚落密度以及物质外貌等，特别要注意观察农村聚落是群聚还是散落，农村房屋建筑的特点、层次与规模等。在此基础上，分析村落的空间结构特征。

4. 交通运输业

沿途考察交通运输业，了解主要交通运输方式。对于港口，应考察港口水深、港口规模、码头泊位数、码头岸线长度等。

（三）沿途记录

沿途需要观察的内容很多，要把观察到的事物及时记录下来。每人应手持一张路线图，将道路、河流及重要节点等事先画好，将沿途观察到的事物随时填入图中，从而绘成一张沿途观察略图。

二、旅游资源分类、调查与评价

（一）旅游资源分类

为了适应旅游业的快速发展，避免由于分类体系不统一对旅游资源调查、评价和开发的影响，国家质量监督检验检疫总局于 2003 年颁布了中华人民共和国国家标准《旅游资源分类、调查与评价》(GB/T 18972—2003)，规定了旅游资源的类型体系，以及旅游资源调查、等级评价的技术与方法。按照上述标准，我国的旅游资源可以划分为 8 个主类、31 个亚类、155 个基本类型(见表 8－1)。

表 8－1 旅游资源分类表

主类	亚类	基本类型
A 地文景观	AA 综合自然旅游地	AAA 山丘型旅游地 AAB 谷地型旅游地 AAC 沙砾石地型旅游地 AAD 滩地型旅游地 AAE 奇异自然现象 AAF 自然标志地 AAG 垂直自然地带
	AB 沉积与构造	ABA 断层景观 ABB 褶曲景观 ABC 节理景观 ABD 地层剖面 ABE 钙华与泉华 ABF 矿点矿脉与矿石积聚地 ABG 生物化石点
	AC 地质地貌过程形迹	ACA 凸峰 ACB 独峰 ACC 峰丛 ACD 石(土)林 ACE 奇特与象形山石 ACF 岩壁与岩缝 ACG 峡谷段落 ACH 沟壑地 ACI 丹霞 ACJ 雅丹 ACK 堆石洞 ACL 岩石洞与岩穴 ACM 沙丘地 ACN 岸滩
	AD 自然变动遗迹	ADA 重力堆积体 ADB 泥石流堆积 ADC 地震遗迹 ADD 陷落地 ADE 火山与熔岩 ADF 冰川堆积体 ADG 冰川侵蚀遗迹
	AE 岛礁	AEA 岛区 AEB 岩礁
B 水域风光	BA 河段	BAA 观光游憩河段 BAB 暗河河段 BAC 古河道段落
	BB 天然湖泊与池沼	BBA 观光游憩湖区 BBB 沼泽与湿地 BBC 潭池

续 表

主类	亚类	基本类型
	BC 瀑布	BCA 悬瀑 BCB 跌水
	BD 泉	BDA 冷泉 BDB 地热与温泉
	BE 河口与海面	BEA 观光游憩海域 BEB 涌潮现象 BEC 击浪现象
	BF 冰雪地	BFA 冰川观光地 BFB 常年积雪地
C 生物景观	CA 树木	CAA 林地 CAB 丛树 CAC 独树
	CB 草原与草地	CBA 草地 CBB 疏林草地
	CC 花卉地	CCA 草场花卉地 CCB 林间花卉地
	CD 野生动物栖息地	CDA 水生动物栖息地 CDB 陆地动物栖息地 CDC 鸟类栖息地 CDE 蝶类栖息地
D 天象与气候景观	DA 光现象	DAA 日月星辰观察地 DAB 光环现象观察地 DAC 海市蜃楼现象多发地
	DB 天气与气候现象	DBA 云雾多发区 DBB 避暑气候地 DBC 避寒气候地 DBD 极端与特殊气候显示地 DBE 物候景观
E 遗址遗迹	EA 史前人类活动场所	EAA 人类活动遗址 EAB 文化层 EAC 文物散落地 EAD 原始聚落
	EB 社会经济文化活动遗址遗迹	EBA 历史事件发生地 EBB 军事遗址与古战场 EBC 废弃寺庙 EBD 废弃生产地 EBE 交通遗迹 EBF 废城与聚落遗迹 EBG 长城遗迹 EBH 烽燧
F 建筑与设施	FA 综合人文旅游地	FAA 教学科研实验场所 FAB 康体游乐休闲度假地 FAC 宗教与祭祀活动场所 FAD 园林游憩区域 FAE 文化活动场所 FAF 建设工程与生产地 FAG 社会与商贸活动场所 FAH 动物与植物展示地 FAI 军事观光地 FAJ 边境口岸 FAK 景物观赏点
	FB 单体活动场馆	FBA 聚会接待厅堂(室)FBB 祭拜场馆 FBC 展示演示场馆 FBD 体育健身馆场 FBE 歌舞游乐场馆
	FC 景观建筑与附属型建筑	FCA 佛塔 FCB 塔形建筑物 FCC 楼阁 FCD 石窟 FCE 长城段落 FCF 城(堡)FCG 摩崖字画 FCH 碑碣(林)FCI 广场 FCJ 人工洞穴 FCK 建筑小品
	FD 居住地与社区	FDA 传统与乡土建筑 FDB 特色街巷 FDC 特色社区 FDD 名人故居与历史纪念建筑 FDE 书院 FDF 会馆 FDG 特色店铺 FDH 特色市场
	FE 归葬地	FEA 陵区陵园 FEB 墓(群)FEC 悬棺
	FF 交通建筑	FFA 桥 FFB 车站 FFC 港口渡口与码头 FFD 航空港 FFE 栈道
	FG 水工建筑	FGA 水库观光游憩区段 FGB 水井 FGC 运河与渠道段落 FGD 堤坝段落 FGE 灌区 FGF 提水设施

续　表

主类	亚类	基本类型
G 旅游商品	GA 地方旅游商品	GAA 菜品饮食 GAB 农林畜产品与制品 GAC 水产品与制品 GAD 中草药材及制品 GAE 传统手工产品与工艺品 GAF 日用工业品 GAG 其他物品
H 人文活动	HA 人事记录	HAA 人物 HAB 事件
	HB 艺术	HBA 文艺团体 HBB 文学艺术作品
	HC 民间习俗	HCA 地方风俗与民间礼仪 HCB 民间节庆 HCC 民间演艺 HCD 民间健身活动与赛事 HCE 宗教活动 HCF 庙会与民间集会 HCG 饮食习俗 HGH 特色服饰
	HD 现代节庆	HDA 旅游节 HDB 文化节 HDC 商贸农事节 HDD 体育节
数量统计		
8 主类	31 亚类	155 基本类型

[注]如果发现本分类没有包括的基本类型时，使用者可自行增加。增加的基本类型可归入相应亚类，置于最后，最多可增加 2 个。编号方式为：增加第 1 个基本类型时，该亚类 2 位汉语拼音字母＋Z；增加第 2 个基本类型时，该亚类 2 位汉语拼音字母＋Y。

（二）旅游资源调查

1. 旅游资源调查的内容

（1）旅游资源存量状况调查

对旅游资源的类型、特征、成因、级别、规模、数量、组合结构等基本情况进行具体的调查，并提供调查区的旅游资源分布图、照片、录像及其他有关资料。

（2）旅游资源环境条件调查

对旅游资源形成的自然、社会、经济等背景条件以及影响旅游资源利用的环境保护状况进行调查。

（3）旅游资源开发条件调查

对与旅游活动六大要素食、住、行、游、购、娱等相应的餐饮、饭店、交通、景区（点）、购物、娱乐等旅游服务设施情况的调查。此外，还应对区域内各类旅游资源之间的组合与集聚情况，以及与邻近区域旅游资源之间的相互联系等进行调查。

2. 旅游资源调查的方法

（1）文案调查法

文案调查法又称间接调查法，是通过收集旅游资源的各种现有信息数据和情报资料，从中摘取与旅游资源调查项目有关的内容，进行分析研究的一种调查方法。

（2）询问调查法

询问调查法是调查者用访谈询问的方式了解旅游资源情况的一种调查方法。通常可以采用设计调查问卷、调查卡片、调查表等，通过面谈调查、电话调查、邮寄调查、留置问卷调查等形式进行询问访谈，获取需要的资料信息。

(3) 观察调查法

观察调查法是调查者在现场对被调查对象直接观察或者借助仪器设备进行观测，以获得旅游资源信息资料的调查方法。

(4) 遥感调查法

遥感调查法是采用遥感技术手段，收集多种比例尺、多种类型的遥感图像，并对照与之相匹配的地形图、地质图及其他各类地图，通过解译判读以获得旅游资源信息资料的调查方法。

(三) 旅游资源评价

1. 旅游资源评价的内容

(1) 旅游资源质量评价

① 旅游资源的特色：是衡量一个地区对游客吸引力大小的重要因素，也是旅游资源开发可行性的决定条件之一。

② 旅游资源的价值：主要包括美学价值、艺术观赏价值、历史文化价值、科学考察价值和经济社会价值，它们是旅游资源质量和水平的反映。

③ 旅游资源的功能：旅游资源的功能结构越复杂，可提供开展旅游活动的形式就越多，吸引的游客群也就越大。

④ 旅游资源的密度：是指单位面积内旅游资源的数量，它反映了特定区域旅游资源的集中程度。

⑤ 旅游资源的容量：是指在一定时间内旅游资源的特质和空间规模能够容纳的旅游活动量。

⑥ 旅游资源的地域组合：是指旅游资源单体的多要素组合形式以及更大范围风景区旅游资源种类的配合状况。各种旅游资源呈线型、环闭型或马蹄形旅游线排列，是一个风景区最佳的旅游资源组合态势。

(2) 旅游资源环境评价

① 旅游资源的自然环境：旅游资源的自然环境评价要求对旅游资源所在区域的自然环境及其各组成要素进行综合评价分析。

② 旅游资源的社会环境：是指旅游资源所在区域的政治局势、社会治安、政策法令、医疗保健、风俗习惯以及当地居民对旅游业的支持态度等，直接影响着旅游资源开发利用的需求、速度、质量和总体规模，因而是分析评价的重要内容。

③ 旅游资源的经济环境：是指旅游资源所在区域能够满足游客开展旅游活动的一切外部经济条件，包括经济发展水平、人力资源、物资和产品供应、基础设施等条件。社会经济需要和地区经济实力直接决定、影响着旅游资源的开发。

(3) 旅游资源开发利用条件评价

① 旅游资源的区位条件：旅游资源所在地区的地理位置、交通条件以及与周边旅游区旅游资源的关系往往影响到旅游资源的吸引力、开发规模、线路布置和利用的方向，决定了旅游资源的开发能否成功。大量事实表明，世界上许多旅游点(区)其经济价值大小有时并不与旅游资源价值成正比，而往往在很大程度上因其特殊的地理位置而增强吸

引力。

② 旅游资源的客源市场条件：客源市场决定着旅游资源的开发规模和开发价值。客源市场条件评价的内容包括客源地区位条件、区域人口出游水平以及与相邻旅游地的关系（是互补关系还是替代关系）。通过对旅游资源开发后所能吸引的客源范围、客源层次、客源特点的分析研究，确定主要的客源市场，有针对性地进行规划开发，有利于促进区域旅游业的发展。

③ 旅游资源的施工环境条件：旅游资源的开发还要考虑项目施工的难易程度和工程量的大小，包括工程建设的自然基础条件和供应条件等。

2. 旅游资源评价的方法

旅游资源评价常用的方法一般有定性和定量两种。

(1) 定性评价法

定性评价法是评价者在考察旅游资源后根据自己的印象所做的主观评价，也叫经验性评价法。该方法简单易行、见效快，对数据资料和精确度要求不高，但不可避免地存在结论的非精确性和推理过程的相对不确定性等缺点。由于评价方法很多，在此仅选择一些具有代表性的方法来介绍。

① 卢云亭的“三三六”评价体系

- 三大价值
  - 历史文化价值
  - 艺术观赏价值
  - 科学考察价值
- 三大效益
  - 经济效益
  - 社会效益
  - 环境效益
- 六大条件
  - 地理位置及交通条件
  - 景物或景类的地域组合条件
  - 景区旅游容量条件
  - 施工难易条件
  - 客源市场条件
  - 投资能力条件

② 一般体验性评价

一般体验性评价是评价者根据自己的亲身体验，对某一或一系列的旅游资源就其整体质量进行定性评估。常用方式是旅游者在问卷上回答有关旅游资源的优劣顺序，或由各方面专家讨论评价，或统计在常见报刊或旅游图书、旅行指南上出现的频率等。这种评价多由传播媒介或行政管理机构发起，如我国曾评选的“中国十大名胜”和“中国旅游胜地四十佳”就是运用这种方法得出的。评价的结果可以提高某些旅游地的知名度，客观上会对旅游需求流向产生诱导作用。一般体验性评价的项目很简单，只要求就旅游资源进行整体质量评价，或在问卷上按序号（表示质量优劣的顺序）填上评价者认定的旅游地（旅游资源）即可。这种方法常局限于少数知名度较高的旅游资源开发地，无法用于一般类型或尚未开发的旅游资源。

（2）定量评价法

定量评价法是根据一定的评价标准和评价模型，以全面系统的方法，将有关旅游资源的各评价因子予以客观量化，其结果具有可比性，也叫技术性评价法。这种方法具有准确性与全面性的特点。

定量评价方法很多，如指数评价法、模糊数学法、层次分析法、综合打分法、综合价值法等。本书重点介绍国家标准《旅游资源分类、调查与评价》(GB/T 18972—2003)中的旅游资源评价方法——综合打分评价法。综合打分评价法的关键在于要理解其中的“评价指标体系”“定量评价指标的基本分值”“评价结果计分与等级划分”等基本要点。

① 评价指标体系：国家标准中的旅游资源评价方法是对旅游资源单体进行评价，由调查组依据“旅游资源共有因子评价系统”赋分。该评价系统确立的评价指标体系包括 2 个档次 3 个项目 8 项评价因子，即设“评价项目”和“评价因子”2 个档次，“资源要素价值”“资源影响力”“附加值”3 个评价项目（见表 8－2）。其中“资源要素价值”含“观赏游憩使用价值”“历史文化科学艺术价值”“珍稀奇特程度”“规模、丰度与几率”“完整性”5 项评价因子；“资源影响力”含“知名度和影响力”“适游期或使用范围”2 项评价因子；“附加值”含“环境保护与环境安全”1 项评价因子。

表 8－2 旅游资源评价赋分标准

评价项目	评价因子	评价依据	赋值
资源要素价值（85 分）	观赏游憩使用价值（30 分）	全部或其中一项具有极高的观赏价值、游憩价值、使用价值。	30～22
		全部或其中一项具有很高的观赏价值、游憩价值、使用价值。	21～13
		全部或其中一项具有较高的观赏价值、游憩价值、使用价值。	12～6
		全部或其中一项具有一般观赏价值、游憩价值、使用价值。	5～1
	历史文化科学艺术价值（25 分）	同时或其中一项具有世界意义的历史价值、文化价值、科学价值、艺术价值。	25～20
		同时或其中一项具有全国意义的历史价值、文化价值、科学价值、艺术价值。	19～13
		同时或其中一项具有省级意义的历史价值、文化价值、科学价值、艺术价值。	12～6
		历史价值，或文化价值，或科学价值，或艺术价值具有地区意义。	5～1
	珍稀奇特程度（15 分）	有大量珍稀物种，或景观异常奇特，或此类现象在其他地区罕见。	15～13
		有较多珍稀物种，或景观奇特，或此类现象在其他地区很少见。	12～9

续　表

评价项目	评价因子	评价依据	赋值
		有少量珍稀物种，或景观突出，或此类现象在其他地区少见。	8～4
		有个别珍稀物种，或景观比较突出，或此类现象在其他地区较多见。	3～1
	规模、丰度与几率（10分）	独立型旅游资源单体规模、体量巨大；集合型旅游资源单体结构完美、疏密度优良级；自然景象和人文活动周期性发生或频率极高。	10～8
		独立型旅游资源单体规模、体量较大；集合型旅游资源单体结构很和谐、疏密度良好；自然景象和人文活动周期性发生或频率很高。	7～5
		独立型旅游资源单体规模、体量中等；集合型旅游资源单体结构和谐、疏密度较好；自然景象和人文活动周期性发生或频率较高。	4～3
		独立型旅游资源单体规模、体量较小；集合型旅游资源单体结构较和谐、疏密度一般；自然景象和人文活动周期性发生或频率较小。	2～1
	完整性（5分）	形态与结构保持完整。	5～4
		形态与结构有少量变化，但不明显。	3
		形态与结构有明显变化。	2
		形态与结构有重大变化。	1
资源影响力（15分）	知名度和影响力（10分）	在世界范围内知名，或构成世界承认的名牌。	10～8
		在全国范围内知名，或构成全国性的名牌。	7～5
		在本省范围内知名，或构成省内的名牌。	4～3
		在本地区范围内知名，或构成本地区名牌。	2～1
	适游期或使用范围（5分）	适宜游览的日期每年超过300天，或适宜于所有游客使用和参与。	5～4
		适宜游览的日期每年超过250天，或适宜于80%左右游客使用和参与。	3
		适宜游览的日期超过150天，或适宜于60%左右游客使用和参与。	2
		适宜游览的日期每年超过100天，或适宜于40%左右游客使用和参与。	1
附加值	环境保护与环境安全	已受到严重污染，或存在严重安全隐患。	－5
		已受到中度污染，或存在明显安全隐患。	－4
		已受到轻度污染，或存在一定安全隐患。	－3
		已有工程保护措施，环境安全得到保证。	3

② 定量评价指标的基本分值：资源要素价值和资源影响力总分值为100分。其中：资源要素价值为85分，包括观赏游憩使用价值30分，历史科学文化艺术价值25分，珍稀或奇特程度15分，规模、丰度与几率10分，完整性5分；资源影响力为15分，包括知名度和影响力10分，适游期或使用范围5分。附加值为环境保护与环境安全，分值介于－5分与3分之间。

③ 评价结果计分与等级划分：依据旅游资源单体评价总分，将其分为五级，从高级到低级为：

五级旅游资源，得分值域≥90 分；

四级旅游资源，得分值域≥75～89 分；

三级旅游资源，得分值域≥60～74 分；

二级旅游资源，得分值域≥45～59 分；

一级旅游资源，得分值域≥30～44 分。

其中，五级旅游资源为"特品级旅游资源"；四级、三级旅游资源为"优良级旅游资源"；二级、一级旅游资源为"普通级旅游资源"。

三、旅游市场调查

(一) 旅游市场调查的类型

1. 观察法调查

分为直接观察和实际痕迹测量两种方法。

(1) 直接观察法，指调查者在调查现场有目的、有计划、系统地对调查对象的行为、言辞、表情进行观察记录，以取得第一手资料。它最大的特点是在自然条件下进行，所获得的材料真实生动，但也会因为观察对象的特殊性而使观察结果流于片面。

(2) 实际痕迹测量法，是通过某一事件留下的实际痕迹来观察调查，一般用于对用户的流量、广告效果等的调查。

2. 访谈调查

访谈调查是旅游市场调查的一种辅助方法，调查者可用访谈、问卷调查的方式，从旅游客源地或旅游目的地了解旅游市场的客观事实。访谈调查一般可采用两种方法：一种是询问调查法，可依据调查提纲进行简单访谈；另一种是问卷调查法，需先设计印制较详尽的调查问卷，通过现场填写、问话填写完成，亦可使用网络答题形式完成。调查地点一般应选择游客集中的机场、车站、码头、广场、景区景点、宾馆饭店、餐馆等场所进行，以保证调查结果的效度、信度和客观性。

3. 实验法调查

该方法通常用来调查某种因素对市场销售量的影响，是在一定条件下进行小规模实验，然后对实际结果做出分析，研究是否值得推广。它的应用范围很广，任何旅游商品改变品种、品质、包装、设计、价格、广告、陈列方法等因素时，都可以应用这种方法，以调查用户的反应。

4. 深度访谈法

这是由一个掌握高级访问技巧的调查人员采取一种无结构的、直接的、个体性的访问，深入访谈被调查者，以揭示对某一问题深层次的潜在动机、信念、态度、情感和知觉的一种调查方式。若运用得当，可弥补调查问卷法的不足，扩展资料的层面、加大资料分析的深度。主要应用范围包括：详细了解复杂的行为、敏感的话题，或对企业高层、专家、政府官员进行访问，如对旅游企业老总、旅游局领导、景区景点负责人等的访谈。

5. 小组(焦点)座谈法

这是调查人员通过召集或走访被访问者，以召开座谈会形式与被访问者直接面对面交谈从而获取数据的一种调查方法。基本形式是由一个经过训练的主持人，以一种无结构的自然形式与小组被调查者交谈，主持人负责组织讨论。其主要目的是通过对一组被调查者的倾听调查，获取对一些问题的深入了解。这种方法的价值在于从自由小组讨论中得到一些意想不到的发现，对旅游、发改委、文化、国土、文物、园林、林业、农业、工业、城建、环境等部门领导、专业人员的调查就属于这种方法。

(二) 旅游市场调查技术

旅游市场调查不仅需要有明确的调查目标和科学的调查方法，还必须应用一定的调查技术。问卷技术和抽样技术是旅游市场调查最常用的技术。

1. 问卷技术

问卷调查法是收集第一手资料的主要方法之一，设计问卷是旅游调查人员的必备技能。问卷的基本结构包括：

(1) 问卷标题。确定标题应简明扼要，易于引起被调查者的兴趣。例如“旅游者消费行为调查”。

(2) 问卷说明。旨在向被调查者说明调查的目的和意义，以引起被调查者对问卷的重视和兴趣，有些问卷还包括填表方法与要求、调查项目必要的解释说明等事项。

(3) 被调查者基本情况。如性别、年龄、文化程度、职业、收入等主要特征，在资料分类中常用到这些资料。

(4) 调查主体内容。它是问卷的主体和核心部分，通常是以一系列问句形式提供给被调查者，这部分内容设计的好坏直接关系到该项调查所能获得资料的数量与质量。

(5) 编码。多数的调查问卷均加以编码，以便分类整理和统计分析。

2. 抽样技术

在现实生活中，大部分市场调查项目的调查对象很多，分布面较广，加之调查费用等限制，非全面调查成为更多的旅游市场调查选择形式。而抽样调查作为非全面调查的重要方式之一，成为国内外市场调查普遍乐于选用的调查手段。

抽样调查按照调查对象总体中每一个样本单位被抽取的机会是否相等的原则，分为非随机抽样方法和随机抽样方法两大类。

(1) 非随机抽样方法。指根据调查人员的需要和经验，凭借个人主观设定的某个标准抽取样本单位的调查方式。在非随机抽样调查中，调查人员有意识地选择具有代表性的个体作为样本，通过调查样本达到推测总体状况的目的。常用的非随机抽样方法有任意抽样、判断抽样和配额抽样三种。

(2) 随机抽样方法。指从调查对象总体中完全按照随机原则抽取一定数目的样本单位进行调查，以样本调查结果推断总体结果的一种调查方式。这种方法对调查总体中每一个样本单位都赋予平等的抽取机会，完全排除了人为的主观因素的影响，这也是它与非随机抽样方法的根本区别。常用的随机抽样方法有简单随机抽样、分层随机抽样、分群随机抽样和等距随机抽样四种。

（三）旅游市场调查问卷设计

1. 调查问卷设计的步骤

（1）明确调查目的，把握调查主题。弄清调查目的和调查结果的用途，并在对其全面分析的基础上，确定调查的主题，由此确定所要收集的特定范围的第一手资料信息，以及调查问卷应侧重的方面、调查对象和对各种信息资料的取舍。

（2）确定调查内容。在充分分析调查主题前提下，拟定所要调查的项目，全面考虑，把各种与调查主题有关的内容一一罗列出来，并针对被调查对象的特征，进一步分解成更详细的题目。

（3）决定问句类型。根据实地调查使用的方法不同和每一个详细问题所获取的信息差别，决定采用的问句类型。

（4）拟定问句的措辞。问句用词尽量使用简单、熟悉的词汇，避免含义模糊、生僻的词汇。不超越太大时间跨度，限于被访问者个人经验范围之内。问句不带倾向性和诱导性；确定问句类型之后，还要了解对谁提问，何处提问，何时提问；针对不同的调查形式和调查对象使用不同的问句措辞。力争具体、简明和重点突出。

（5）确定问句顺序。每一个具体的问题及问句措辞，还必须认真编排、梳理其前后序位，把被调查者感兴趣、容易回答并能调动其热情的问句作为先导，难度大的问句宜于放在问卷当中或末尾，同时要考虑整个问卷的逻辑层次性，以符合被访问者思维方式，最后组装成一份完整的问卷。

（6）预试审定问卷。在小范围内进行试验性调查，以弄清问卷还存在的问题，包括需要的资料是否都能得到；问卷的指示合适与否；问卷措辞能否引出其他问题；问句的排列顺序恰当与否；对答案整理分析方便与否，等等。

（7）修正问卷并定稿付印。通过预试问卷，针对问题做进一步的修改、定稿，按调查工作的需要，打印复制，最后制成正式问卷。

2. 问题设计

一般而言，调查人员将所拟调查内容，通过面谈、书面或电话等方式询问被调查者，以获取所需资料。这种调查关键在于问题设计要明确、简洁，不可含糊其词。其常见询问有：

（1）闭合式问题。

① 二元选择：安排本次旅行，是通过旅行社吗？ A. 是 B. 否

② 多元选择：本次旅行中您和谁结伴？ A. 独自 B. 孩子 C. 配偶 D. 同事/朋友/亲戚 E. 其他________

③ 顺位式问句：您对本酒店的总体评价？ A. 很好 B. 较好 C. 一般 D. 较差 E. 很差

（2）开放式问题。例如：您喜欢本景区哪些方面？不喜欢哪些方面？有何意见和要求？

钟山风景区生态环境与客源市场调查问卷

问卷编号：________　　调查人员：________

调查时间：________　　调查地点：________

尊敬的游客：

您好！这是一项关于钟山风景区生态环境与客源市场的调查，旨在促进钟山风景区的生态环境保护与旅游市场开发。本调查采用不记名方式，以下问题没有正确与错误的区别，请根据自己的实际情况放心填写。

谢谢您的协助！

****

1. 吸引您来钟山风景区的原因是(可多选)：________

A. 空气质量好　B. 植被覆盖率高　C. 交通便利　D. 人文景观丰富

E. 知名度高　F. 其他________

2. 您来钟山风景区的目的是(可多选)：________

A. 锻炼身体　B. 结交朋友　C. 旅游观光　D. 科学考察

E. 商务公务活动　F. 其他________

3. 您认为钟山风景区的空气质量如何？________

A. 很好　B. 较好　C. 一般　D. 较差

E. 很差

4. 您认为钟山风景区的固体垃圾处理如何？________

A. 很好　B. 较好　C. 一般　D. 较差

E. 很差

5. 您认为钟山风景区的水体是否有污染？________

A. 没有污染　B. 略有污染　C. 严重污染

6. 您认为钟山风景区的植被保护状况如何？________

A. 很好　B. 较好　C. 一般　D. 较差

E. 很差

7. 您认为钟山风景区的拥挤程度如何？________

A. 还好，不算拥挤　B. 一般，略感拥挤　C. 人多，非常拥挤

8. 您认为钟山风景区的生态环境变化趋势是怎样的？________

A. 趋于好转　B. 相对稳定　C. 趋于恶化

9. 您认为当地人的环境保护意识如何？________

A. 很好　B. 较好　C. 一般　D. 较差

E. 很差

10. 您来钟山风景区的频率约为：________

A. 每天都来　B. 每周都来　C. 每月都来　D. 每逢小长假来

E. 一年几次或第一次来

11. 您会推荐其他人来钟山风景区吗？________

A. 会　　　　B. 不会

12. 您的居住地是：________省________市________区/县

13. 关于您的个人基本情况，请在相应位置打“√”。

性别	年龄	学历	家庭结构	职业	个人月收入
□男 □女	□18 岁以下 □18～24 岁 □25～34 岁 □35～44 岁 □45～54 岁 □55～64 岁 □65 岁以上	□初中及以下 □中专或高中 □本科或大专 □硕士及以上	□独身一人 □夫妻二人 □夫妻和孩子 □三代同堂 □其他________	□公务员 □事业单位人员 □企业单位人员 □民营企业负责人 □自由职业者 □离退休人员 □学生 □军人 □农民 □其他________	□小于 2 000 元 □2 000～4 000 元 □4 001～6 000 元 □6 001～8 000 元 □8 000 元以上

************************** 问卷到此结束，谢谢您的配合！ **************************

四、旅游规划

规划通常包含两层含义：一是描绘未来，即规划是人们根据现在的认识对未来目标和发展状态的构想；二是行为决策，即规划是实现未来目标或达到未来发展状态的行动顺序和步骤的决策，其核心是确定发展方案。

规划按性质可分为不同类型，如风景区规划、城市规划、土地规划、园林规划、环境保护规划、文物保护规划和文化产业发展规划等。每个行业、每个部门都可从自身工作实际出发编制发展规划。

旅游规划(tourism planning)是从区域规划理论及管理科学理论衍生而来，根据不同的标准可以分为不同的类型：按空间尺度，可以分为国际旅游规划、国家旅游规划、区域旅游规划、景区景点规划；按使用性质，可以分为旅游业规划、旅游区规划、专项旅游规划；按规划层次，可以分为旅游区总体规划、旅游区控制性详细规划、旅游区修建性详细规划。从旅游区总体规划到控制性详细规划再到修建性详细规划，是由宏观到微观、由抽象到具体、由浅到深、由粗到细的过程，本书重点介绍这种分类方法。

（一）旅游区总体规划

旅游区总体规划是以旅游创意策划和产品开发为特色，以旅游区用地布局和配套旅游功能优化为依托的总体规划，属于旅游开发策划与物质空间落实并重的旅游规划。一般来说，总体规划应当包括以下基本内容：(1) 规划设计总则；(2) 规划设计理念；(3) 旅游发展环境分析；(4) 旅游资源分析与评价；(5) 客源市场分析与预测；(6) 旅游形象定位与营销规划；(7) 功能分区与空间布局；(8) 旅游产品开发与项目策划；(9) 基础设施规划;(10) 服务设施规划;(11) 环境保护与旅游资源保护规划;(12) 投资估算和效益分析;(13) 土地利用规划;(14) 人力资源开发规划;(15) 法规、政策支持与管理体制保障;(16) 分期发展建设规划与规划实施建议。

(二) 旅游区控制性详细规划

在旅游区总体规划指导下,为了满足近期建设需要可编制旅游区控制性详细规划。其任务是,以总体规划为依据,详细规定区内建设用地的各项控制指标和其他规划管理要求,为区内一切开发建设活动提供指导。其主要内容:(1) 详细划定所规划范围内各类不同性质用地的界线,规定各类用地内适建、不适建或者有条件地允许建设的建筑类型;(2) 规划分地块,规定建筑高度、建筑密度、容积率、绿地率等控制指标,并根据各类用地的性质增加其他必要的控制指标;(3) 规定交通出入口方位、停车泊位、建筑后退红线、建筑间距等要求;(4) 提出对各地块的建筑体量、尺度、色彩、风格等要求;(5) 确定各级道路的红线位置、控制点坐标和标高。

(三) 旅游区修建性详细规划

对旅游区当前要建设地段应编制修建性详细规划。其任务是,在总体规划或控制性详细规划的基础上进一步深化和细化,用以指导各项建筑和工程设施的设计、施工。其主要内容:(1) 综合现状与建设条件分析;(2) 用地布局;(3) 景观系统规划设计;(4) 道路交通系统规划设计;(5) 绿地系统规划设计;(6) 旅游服务设施及附属设施系统规划设计;(7) 工程管线系统规划设计;(8) 竖向规划设计;(9) 环境保护和环境卫生系统规划设计等。

思考题

1. 分析南京老山自然与人文景观特征。
2. 分析狮子岭兜率寺佛教建筑特征。
3. 分析钟山风景区生态环境保护现状与问题。
4. 分析钟山风景区客源市场特征。
5. 分析钟山风景区山、水、城、林资源组合优势。
6. 叙述盱眙第一山旅游资源分类与评价。
7. 叙述镇江港与扬州港的变迁及其对城市发展的影响。

参考文献

[1] 保继刚,楚义芳.旅游地理学(第三版)[M].北京:高等教育出版社,2012.

[2] 仇银娜.镇江旅游资源的开发与整合[J].商业文化月刊,2011(5).

[3] 官卫华,叶斌,何流.基于深度开发的城市文化旅游资源开发利用——以南京为例[J].经济地理,2006(S2).

[4] 淮安市规划局.淮安市城市总体规划(2009—2030年)[EB/OL]. http://ghj.huaian.gov.cn/ghgs/ghbzphgs/content/ff80808135a443fe0135d14553ed1929.html,2012-03-02.

[5] 淮安市国土资源局.淮安市土地利用总体规划(2006—2020年)[EB/OL]http://www.jsmlr.gov.cn/gtapp/nrglIndex.action?type=2&messageID=2c9082b55b0d5d2f015b0dbb40b50119,2011-07-27.

[6] 淮安市水利局.2015年水资源公报[EB/OL]. http://slj.huaian.gov.cn/ggfw/szygb/5e38cfb95697206901569b7196ac06d0.html,2016-08-18.

[7] 淮安市统计局.2016年淮安统计年鉴[M].北京:中国统计出版社,2017.

[8] 江苏省地方志编纂委员会办公室.江苏省志·交通志[EB/OL]. http://www.jssdfz.com/book/glp/JTZML.HTM,2010-01.

[9] 江苏省旅游局.江苏省A级旅游景区名录[Z].2016.

[10] 雷安渝,卢无疆,吴士良.南京地区深层地下水开发利用和保护[J].水利水电科技进展,1995(3).

[11] 刘兴目,韩慧敏,揭毅,杜文正.自然地理野外综合实习改革[J].实验室研究与探索,2014,33(1).

[12] 吕宜平,代合治.地理学野外实习的教学模式与评价探讨[J].高等理科教学,2006(2).

[13] 罗浩,陈浩,钟国平.南京市旅游业发展现状与发展战略设想[J].商业研究,2009(4).

[14] 马耀峰.旅游规划[M].北京:中国人民大学出版社,2011.

[15] 南京地方志编纂委员会办公室.南京市志[EB/OL]. http://dfz.nanjing.gov.cn/,2016-12-25.

[16] 南京市规划局.南京市城市总体规划(2011—2020)[EB/OL]. http://www.njghj.gov.cn/NGWeb/Page/Detail.aspx?InfoGuid=8d1b97a9-5d83-4cfe-bd7f-dad74a5b39be,2017-05-01.

[17] 南京市国土资源局.南京市矿产资源总体规划(2008—2015年)[EB/OL]. http://www.jsmlr.gov.cn/gtapp/nrglIndex.action?type=2&messageID=

2c9082b55f9abe3a015fa0156c4103ae,2017-11-09.

[18] 南京市国土资源局.南京市土地利用总体规划(2006—2020)[EB/OL]. http://www.jsmlr.gov.cn/gtapp/nrglIndex.action? messageID=c736cddb6e9f47f88c6915c08fcf0028&type=2,2016-10-17.

[19] 南京市国土资源局.南京市土地利用总体规划(2006—2020年)调整方案[EB/OL]. http://www.nanjing.gov.cn/xxgk/bm/gtj/201801/t20180108_5228596.htm,2017-11-01.

[20] 南京市环境保护局. 2015年南京市环境状况公报[EB/OL]. http://www.nanjing.gov.cn/xxgk/bm/hbj/201606/t20160604_3970056.html,2016-06-04.

[21] 南京市水务局. 2014年水资源公报[EB/OL]. http://www.njsl.gov.cn/cslm/szyc/szygb/201505/P020150529632967083822.pdf,2015-05-29.

[22] 南京市水务局. 2015年水资源公报[EB/OL]. http://www.njsl.gov.cn/cslm/szyc/szygb/201603/P020160324587719590618.pdf,2016-03-24.

[23] 南京市统计局. 2016年南京统计年鉴[M].北京:中国统计出版社,2017.

[24] 南京市统计局.南京市2015年国民经济和社会发展统计公报[EB/OL]. http://tjj.nanjing.gov.cn/njstjj/201604/t20160421_3916564.html,2016-03-21.

[25] 任黎秀.旅游规划[M].北京:中国林业出版社,2002.

[26] 沈永明,周勤,曾华.自然地理野外实习中学生科研素质的培养[J].南京晓庄学院学报,2008(3).

[27] 陶卓民,胡静.旅游市场学[M].北京:高等教育出版社,2001.

[28] 吴丹.对镇江旅游商品开发的研究[J].江苏科技大学学报(社会科学版),2010,10(3).

[29] 谢颖.扬州市旅游资源的整合开发模式探析[J].太原城市职业技术学院学报,2015(7).

[30] 扬州市规划局.扬州市城市总体规划(2011—2020年)[EB/OL]. https://wenku.baidu.com/view/f1d18cab9ec3d5bbfc0a7444.html,2014-12-12.

[31] 扬州市国土资源局.扬州市土地利用总体规划(2006—2020)[EB/OL]. http://www.jsmlr.gov.cn/gtapp/nrglIndex.action? type=2&messageID=2c9082b55fc9c1c2015fd76c5b8f00b1,2017-09-20.

[32] 扬州市环境保护局. 2015年扬州市年度环境质量公报[EB/OL]. http://hbj.yangzhou.gov.cn/yzhbjceshi/ndhjzlgb/201606/7318bce7d66b4fd587b12cd78537bf1d.shtml,2016-06-03.

[33] 扬州市人民政府.历史文化[EB/OL]. http://www.yangzhou.gov.cn/yangzhou/lswh/201111/ccf95f4b56164e23b2596719b84f97c0.shtml,2011-11-25.

[34] 扬州市人民政府.自然地理[EB/OL]. http://www.yangzhou.gov.cn/yangzhou/zrdl/2017/01/18/content_345ceddd6476432f93591296563cbe29.shtml,2017.

[35] 扬州市统计局. 2016年扬州统计年鉴[M].北京:中国统计出版社,2017.

[36] 扬州市统计局. 扬州市 2015 年国民经济和社会发展统计公报[EB/OL]. http://tjj.yangzhou.gov.cn/yztjj/tjjtjgb/201704/315d4b8eeb3341a6bf5348145069a9a4.shtml, 2017-04-21.
[37] 杨达源, 徐永辉, 和艳. 南京主城区水系变迁研究[J]. 人民长江, 2007, 38(11).
[38] 杨国华. 南京植被性质初探[J]. 南京师院学报(自然科学版), 1982(4).
[39] 赵庆英, 杨世伦, 刘守祺. 长江三角洲的形成和演变[J]. 上海地质, 2002(4).
[40] 赵荣, 王恩涌, 张小林, 等. 人文地理学[M]. 2 版. 北京: 高等教育出版社, 2006.
[41] 赵西萍. 旅游市场营销学[M]. 2 版. 北京: 高等教育出版社, 2011.
[42] 镇江史志办公室. 镇江志[EB/OL]. http://szb.zhenjiang.gov.cn/htmA/fangzhi/zj/0305.htm, 2015.
[43] 镇江市规划局. 镇江市城市总体规划(2002—2020 年)[EB/OL]. http://www.zjsghj.gov.cn/ghbz/ztgh/201705/t20170524_1857757.htm, 2017-05-22.
[44] 镇江市国土资源局. 镇江概况[EB/OL]. http://www.zjlra.gov.cn/zygl/zygk/zjgk/201010/t20101018_388024.htm, 2015-05-28.
[45] 镇江市国土资源局. 镇江市土地利用总体规划(2006—2020)[EB/OL]. http://www.zjlra.gov.cn/zygl/tdzygl/201211/t20121123_830711.htm, 2015-01-24.
[46] 镇江市环境保护局. 镇江市 2015 年环境状况公报[EB/OL]. http://hbj.zhenjiang.gov.cn/zwgk/hbgb/201606/t20160603_1744159.htm, 2016-06-03.
[47] 镇江市史志办公室. 镇江市志[EB/OL]. http://szb.zhenjiang.gov.cn/, 2015-12-14.
[48] 镇江市统计局. 2016 年镇江统计年鉴[M]. 北京: 中国统计出版社, 2017.
[49] 镇江市统计局. 镇江市 2015 年国民经济和社会发展统计公报[EB/OL]. http://tjj.zhenjiang.gov.cn/tjzl/tjgb/201603/t20160304_1627612.htm, 2016-03-04.
[50] 中国天气网江苏站. 南京[EB/OL]. http://js.weather.com.cn/jsqh/js13csqhtd/08/914899.shtml, 2010-08-20.
[51] 中国中元国际工程有限公司, 中元国际(南京)城市规划建筑设计研究院. 南京老山景区总体规划(2015—2030 年)[EB/OL]. http://www.njghj.gov.cn/NGWeb/Page/Detail.aspx? InfoGuid=be3cc976-db92-4c9c-88af-66f43a06c2d7, 2015-07-06.
[52] 中华人民共和国国家质量监督检验检疫总局. 中华人民共和国国家标准《旅游资源分类、调查与评价》(GB/T18972-2003)[S]. 2016-12-15.
[53] 钟山风景名胜区网站. 中山陵景区[EB/OL]. http://zschina.nanjing.gov.cn/zsljq/jqgk/201411/t20141119_3059676.html, 2014-11-19.
[54] 周勤, 韩艳红. 江苏地理新论[M]. 南京: 南京大学出版社, 2008.
[55] 周武忠. 旅游学概论[M]. 北京: 化学工业出版社, 2009.